走近五帝时代

韩建业 ——— 著

文物出版社

国家社科基金重大项目「欧亚视野下的早期中国文明化进程研究」（18ZDA172）

图书在版编目（CIP）数据

走近五帝时代／韩建业著 . —北京：文物出版社，
2019. 10（2021. 9 重印）

ISBN 978 - 7 - 5010 - 6245 - 4

Ⅰ . ①走… Ⅱ . ①韩… Ⅲ . ①原始社会考古 – 中国 –
三皇五帝时代 – 文集 Ⅳ . ①K871. 2

中国版本图书馆 CIP 数据核字（2019）第 185170 号

走近五帝时代

著　　者：韩建业

责任编辑：秦　彧　杨新改
封面设计：李　红
责任印制：苏　林

出版发行：文物出版社
地　　址：北京市东城区东直门内北小街 2 号楼
邮　　编：100007
网　　址：http：//www.wenwu.com
经　　销：新华书店
印　　刷：宝蕾元仁浩（天津）印刷有限公司
开　　本：710mm×1000mm　1/16
印　　张：14. 5
版　　次：2019 年 10 月第 1 版
印　　次：2021 年 9 月第 2 次印刷
书　　号：ISBN 978 - 7 - 5010 - 6245 - 4
定　　价：80. 00 元

自 序

八十多年前，冯友兰先生就提出，史学界对于古史，分信古、疑古、释古三派。其实这三者未尝不能视作同时并存不可或缺的治学态度：认为古史传说有着真实历史背景，就是信；承认传说资料错综复杂，真假参半，就是疑；试图用科学方法去伪存真，就是释。

我就是抱着这样半信半疑的态度，进入到古史和考古对释研究的天地。从1995年发表《禹征三苗探索》开始，到2002年发表《涿鹿之战探索》为止，先后发表了十几篇相关论文，基本构建了一个五帝时代古史和考古学文化对应关系的大致框架。2006年，自感在古史研究方面很难再投入大量精力，于是就以已经发表的论文为主，加上新写的总括性论述，结集出版《五帝时代——以华夏为核心的古史体系的考古学观察》一书。此后虽然还有若干相关文章发表，在《早期中国——中国文化圈的形成和发展》一书中并有进一步论述，但总体框架并未有大的改变。

近十余年以来，中国人对于古史的态度，总体似乎在朝向"信"的方面变化，各类研究不绝如缕，祭祖大典异彩纷呈，其中不乏深思熟虑者，但盲从迷信者更多。也有不少人仍沉浸于极端疑古，不但视五帝为子虚乌有，就连夏代的有无也要怀疑，漠视近几十年来夏商考古的重大成就。近些年地下出土文献的增多，证明早先对很多传世先秦文献的怀疑不实，但如果还非要纠结于以当时文献研究当时之事的所谓严谨逻辑，而否认传说史料中可能包含的历史真实素地，那就多半还是回到极端疑古的老路。只是传说史料中可能包含的历史真实，很难用传说史料本身证实，必须和考古学结合才有可能。

可古史和考古的结合谈何容易！那需要对古史和考古都有相当深入精

当和全局性的把握。否则，浅尝辄止，胡乱比附，徒增混乱而已。实际情况是，当下学术界能做古史和考古对证研究的人似乎越来越少，研究进展有限。主要原因或许是人文学科越来越专业化、碎片化、科学化，绝大多数人已经不可能同时熟悉考古和古史的缘故。因此我便萌发了再结集出版有关古史论集的想法。毕竟先前的书出版已经十余年，书店早已告罄，而且还有不少新的文章可以收录进去。让更多关心古史的人多了解一些考古背景，多开展一些讨论，应该不是一件坏事。

本书共收录 20 篇文章，分概论、五帝时代的战争"三部曲"、五帝时代的族属与文化、五帝时代的交互关系、夏商周的起源、总论等六个部分。是在《五帝时代——以华夏为核心的古史体系的考古学观察》一书的基础上，删去《王湾三期文化研究》《晋西南豫西西部庙底沟二期—龙山时代文化的分期与谱系》两篇长文，加上七篇新文而成。所有文章都已经发表过，这次基本保持发表时的样子，不再做大的改动。2002 年以前发表的一些论文，在《五帝时代——以华夏为核心的古史体系的考古学观察》一书中我写过"附记"，来对新的考古资料和论文存在的问题进行补充说明，这次仍然附在每篇论文后面。

概论部分第一篇文章《走近五帝时代》，实际上是在原《五帝时代》一书前言的基础上略加删改而成，主要论述了五帝时代的概念，埋在地下的古史系统，古史的考古学探索方法，回顾了我对中国古史的考古学探索之路。我于 2002 年以前发表的古史论文的概况，在其中都有介绍。古史传说悠远暗昧，当时文字缺乏，无论用何种方法，恐怕只能接近真相，得到某些可能性的推论，而难以精确把握，这正是本文本书取名《走近五帝时代》之意。比《五帝时代考古》这样的名称，可能更易于让人接受。第二篇《传说时代的古史并非不可证明》是最近发表的通俗性文字，原来的题目是《中国古史的传说时代能否被考古学证实》，《人民日报》编辑修改成现在这样。第三篇《传说时代古史的考古学研究方法》，是为《遗产》创刊号写的短文，本来只想随便谈谈，后应主编要求加上了注释。

五帝时代的战争"三部曲"，就是《禹征三苗探索》《唐伐西夏与稷放丹朱》《涿鹿之战探索》这三篇，是我自认为研究古史的三块基石。其中提出距今 4000 多年前的龙山后期，北方文化南下影响晋南中原，中原文化再南下侵扰江汉等观点，多年以后，在北方发现雄伟的石峁古城，在中原发现存在明显动乱暴力现象的陶寺古城，在豫南江汉发现更多龙山前后期文化巨变的证据，说明古史传说和考古学的确存在互证的可能性。至于仰韶文化半坡类型对应炎帝、庙底沟类型对应黄帝等推测，也被越来越多的人所接受。

五帝时代的族属与文化部分的四篇文章，有三篇是新加的。《大汶口文化的立鸟陶器和瓶形陶文》一文，提出安徽蒙城尉迟寺遗址发现的大汶口文化晚期的立鸟陶器，可能是带有茅草或羽状装饰的陶祖，是东夷人祖先崇拜的产物。《古燕国与燕子》一文，讨论了燕国、燕山的来历与黄帝族系崇鸟的可能联系。近年石峁的发现令人震撼，其与古史传说的关系自然不能回避。我根据《唐伐西夏与稷放丹朱》的逻辑延伸，写成《石峁人群族属探索》一文，暂解我心中疑团。

五帝时代的交互关系部分的四篇文章，其中《庙底沟时代与"早期中国"》是新加的。该文指出，在仰韶文化东庄—庙底沟类型的强力扩张和影响下，中国大部地区文化首次交融联系形成以中原为核心的文化共同体，是为最早的"早期中国文化圈"或文化上的"早期中国"，这个文化共同体所处的新时代即为庙底沟时代，也就是黄帝时代。

夏商周的起源部分的四篇文章，新加的是《论二里头青铜文明的兴起》一文，论证了二里头青铜文明是在具有兼容并蓄特征的中原文化的基础之上，接受齐家文化带来的西方文化的间接影响而兴起。结合文献记载推测：后期王湾三期文化主体为早期夏文化遗存，新砦类型可能是少康中兴之后融合大量豫东造律台类型等因素而形成的中期夏文化遗存，二里头文化可能是少康数代之后某夏王西迁洛阳盆地而发展起来的晚期夏文化遗存。

总论部分有两篇文章。《以华夏为核心的五帝时代古史体系的考古学观察》一文对传说和考古的对证比附过于具体，或许会使一些人嗤之以鼻，但我认为大体能够自圆其说，故仍然收录，供大家继续批评。最后一篇《古史传说中的原始文化》是严文明先生给我布置的作业，主要从文献角度对传说时代文化方面的表现略做梳理介绍，并简单提到考古学上的一些对应情况，不少地方其实已超出了五帝时代的范畴。

关于古史方面的研究，主要是在北京大学读硕士和博士学位前后完成的，特别感念恩师严文明先生把我带到这条道路上来。我一直以为，有关古史的研究，是我一生中最重要、最激动人心的事业。读研究生的时候，心无旁骛，常常白天思考，或不求甚解，夜晚在梦中醒来，便融会贯通。虽然很多史学界、考古界同仁并不理解这类研究，但严先生一直支持和鼓励我。严先生自己也时有关于古史的高论发表，给我很大启迪和继续前行的勇气。

我的妻子杨新改，也是我大学时的同学，一路陪伴、支持我走到今天。我的很多观点，都是和她讨论形成。本书所收《禹征三苗探索》《苗蛮集团来源与形成的探索》《大汶口文化的立鸟陶器和瓶形陶文》三篇文章，更是与她合写。

大概十年前，有出版社约我写一部关于五帝时代的通俗读物，起个什么样的书名让我颇费心思。当时只有十一岁的女儿熙如建议叫《走进五帝时代》。后来这书写了一半，就没有时间写下去了，只好先搁在那里，但名字就先用在这本书吧，只是改掉了一个字。

2019 年 3 月

于北京融域嘉园

目　录

走近五帝时代

一 关于五帝时代

司马迁著《史记》，径以《五帝本纪》为开端。在《五帝本纪》的赞里，司马迁说："学者多称五帝，尚矣。然尚书独载尧以来；而百家言黄帝，其文不雅驯，荐绅先生难言之。"诸多学者都称道五帝，说明其实不虚，但由于多出于传说，因此对于细节方面的众说纷纭，连太史公也难以取舍。

"帝"这个字，早在甲骨文中就已出现。本意类似现在所说的"神"，引申意指祭帝的礼，后来加示旁作"禘"①。从甲骨文来看，商人对先公先王也行"帝"礼，末期商王已可称"帝"（"帝乙""帝辛"）。至西周春秋时期，除了"皇天上帝"（《尚书·召诰》）"皇矣上帝"（《诗经·大雅·皇矣》）这样的用法外，在《国语》《左传》中明确出现具有人格的"黄帝""炎帝""帝喾"等，其他颛顼、尧、舜、丹朱以至于夏商诸王也都以"帝"相称。在战国后期的文献中，才出现"五帝"一词。最早在《荀子》中出现 3 处，《战国策》中也有 3 处，且多与三王、五伯并举。在《吕氏春秋》中更是有 14 处之多，一般连称"三皇五帝"或"五帝三王"。这或许是当时五行学说或者五德始终说影响的结果，又与当时的"帝制运动"有关②。正如徐旭生所说，"是先有五帝的观念，以后才找五位帝的名字来充

---

① 徐旭生：《中国古史的传说时代》（新一版），文物出版社，1985 年，第 198 ~ 199 页。

② 顾颉刚、杨向奎：《三皇考》，《古史辨》（第七册）（中），上海古籍出版社，1982 年，第 20 ~ 282 页。

实它"①。由于拟订"五帝"名单的人的立场、见解、时代不同，就出现了不止一种结果，刘起釪共归纳出七种五帝说②。这七种组合的五帝，其实只有前三种最值得注意，后四种因为都是汉代以后依据不同需要和体系重新编排的结果，其中第七种更是指东汉纬书《河图纬》中提到的天上五方五帝，所以大可以略而不论。

前三种五帝说，第一种为黄帝、颛顼、帝喾、尧、舜，明确出自《大戴礼记·五帝德》③，更早的出处却在《国语》。在《国语·鲁语》中有这样一段话："黄帝能成命百物，以明民共财，颛顼能修之。帝喾能序三辰以固民，尧能单均刑法以仪民，舜勤民事而野死。"不正是在说五帝吗？不过在这段话的后面又提到了鲧等八位古人，显然并没有特别突出这五人为五帝的意思。这种说法当是各种五帝说中最有根据的一种，《史记》唯独采用此说，足见司马迁的非凡鉴别能力。第二种五帝说为庖牺、神农、黄帝、尧、舜，出于《战国策·赵策》④。其中黄帝、尧、舜是和第一种相同的，但却在前面加上了战国时期流行起来的庖牺、神农。第三种五帝说为太昊、炎帝、黄帝、少昊、颛顼，始见于《吕氏春秋·十二记》。早先顾颉刚曾对第一、二种说法做过深入辨析，认为他们分别是战国驺衍时的"前期五帝说"和秦以后的"后期五帝说"⑤；徐旭生曾对第一、三种说法进行过重点讨论，认为他们分别属于华夏集团和东夷集团后裔的主张⑥。

由此可见，实际上并不存在严格意义上的"五帝"。但这并非说纳入"五帝"名单的那些古人没有实际存在过，或者"五帝"的名单可以随便开具。

---

① 徐旭生：《中国古史的传说时代》（新一版），文物出版社，1985 年，第 204 页。
② 刘起釪：《几次组合纷纭错杂的"三皇五帝"》，《古史续辨》，中国社会科学出版社，1991 年，第 92 ~ 119 页。
③ 《大戴礼记·五帝德》："黄帝，少典之子也，曰轩辕。……颛顼，黄帝之孙，昌意之子也，曰高阳。……帝喾，……玄嚣之孙，蟜极之子也，曰高辛。……帝尧，……高辛之子也，曰放勋。……帝舜，……蟜牛之孙，瞽叟之子也，曰重华。"
④ 《战国策·赵二》："宓戏、神农教而不诛，黄帝、尧、舜诛而不怒。"《易·系辞下》也是这种排列。
⑤ 顾颉刚：《五德终始说下的政治和历史》，《古史辨》（第五册），上海古籍出版社，1982 年，第 404 ~ 616 页。
⑥ 徐旭生：《中国古史的传说时代》（新一版），文物出版社，1985 年，第 197 ~ 204 页。

可以设想，从众多传说的古人中仅仅挑选出五个人来作为"帝"，那应当是一件十分审慎的工作，只有在传说中举足轻重者才可以入选。在这个意义上，我们就可以使用"五帝时代"这个概念，指称以"五帝"为代表的那个时代①。五帝时代已经有了文字，但还比较幼稚而不足以记录大事，我们只是从周代的文献中才见到关于这个时代的记述，那多半是"口耳相传"的结果。因此，五帝时代属于"传疑时代"②或"传说时代"③的范畴，相当于西方人所谓"原史"时期。不过，"五帝时代"只相当于"传疑时代"或"传说时代"的早期阶段，其下限至于夏王朝的建立，而徐旭生所说的"传说时代"下限至于盘庚迁殷，夏曾佑所说"传疑时代"的下限更晚至东周之初。

二　埋在地下的古史系统

自秦汉以后，虽有经今古文之争，有唐宋乃至于清代学者对古书古史的疑辨整理，可其辨别和分歧都集中在细节方面，从来没有人从整体上否定五帝时代这个古史系统。但自晚清以来，随着中西文化碰撞幅度的加强，中国的弱势地位日益明显。不少人开始转向西方寻求真理，并对中国上古史产生怀疑，疑古思潮在中国乃至于日本、欧洲逐渐蔓延开来。夏曾佑于1904年出版的《最新中学中国历史教科书》第一册，就曾将东周以前都归入"传疑时代"。20世纪20年代开始，随着顾颉刚主编的《古史辨》的陆续印行，疑古思潮达到顶峰。当然在20世纪前期并非只有一种声音。除和顾颉刚等互相辩驳的刘掞藜等人外，还有王国维、蒙文通、傅斯年以及稍后的徐旭生等，他们都不同意过分疑古。王国维认为，连尧、舜、禹都加以怀疑显然是疑古太过④。蒙文通和徐旭生并且都依据传说史料，将上古的

---

① 白寿彝总主编的《中国通史》（上海人民出版社，1994年）第二卷中的"五帝时代"一词，就是这个含义。

② 夏曾佑：《中国古代史》，河北教育出版社，2000年，第8～38页。

③ 徐旭生：《中国古史的传说时代》（新一版），文物出版社，1985年。

④ "而疑古之过，乃并尧、舜、禹之人物而亦疑之，其于怀疑之态度，反批评之精神，不无可取，然惜于古史材料未尝为充分之处理也"，见王国维：《古史新证——王国维最后的讲义》，清华大学出版社，1994年，第2页。

中国划分为三大民族或三大集团①，傅斯年则提出夷夏东西说②。冯友兰曾提到信古—疑古—释古的三阶段说，主张应以释古代替疑古③。但信古也好，疑古也好，释古也好，都基本局限在狭义的史学本身。由于利用的是传说资料，难免错综复杂，即使用功再勤、方法再正确，也难以让人尽信。

显然，探索古史不能仅依靠传世文献这一条路。于是人们逐渐开始意识到地下材料的重要性，对新产生的考古学寄以厚望。王国维提出著名的"二重证据法"，即地下的和地上的证据相互印证④，所谓地下证据虽然主要只是出土文献资料，但其着眼点已与传统有别。李玄伯提出："要想解决古史，唯一的方法就是考古学"⑤。顾颉刚也认为，地下出土的古物所透露出的古代文化的真相，可以用来建设新古史，也可以破坏旧古史⑥。徐旭生不但重视地下材料，而且身体力行，早年主持发掘了宝鸡斗鸡台墓地，晚年调查发现了偃师二里头等重要遗址⑦。尹达在晚年也提出结合考古学以研究古史的要求，还特别指出："从地望上，从绝对年代上，从不同文化遗存的关系上，都可以充分证明这些神话般的传说自有真正的史实素地，切不可一概抹煞"⑧。在新近出版的由白寿彝总主编、苏秉琦主编的《中国通史》第二卷的序言里头，有这么一句话："若从整理传说史料本身来说，史前考古资料则已成为不可忽视的最可靠的参照系"⑨。

---

① 蒙文通：《古史甄微》，巴蜀书社，1999 年；徐旭生：《中国古史的传说时代》（新一版），文物出版社，1985 年。

② 傅斯年：《夷夏东西说》，《庆祝蔡元培先生六十五岁论文集》（下册），国立中央研究院历史语言研究所集刊外编第一种，1935 年，第 1093~1134 页。

③ 冯友兰：《中国近年研究史学之新趋势》，《世界日报》1935 年 5 月 14 日。

④ 王国维：《古史新证——王国维最后的讲义》，清华大学出版社，1994 年，第 2 页。

⑤ 李玄伯：《古史问题的唯一解决方法》，《古史辨》（第一册），上海古籍出版社，1982 年，第 268~269 页。

⑥ 顾颉刚：《答李玄伯先生》，《古史辨》（第一册），上海古籍出版社，1982 年，第 270~274 页。

⑦ 徐旭生：《1959 年夏豫西调查"夏墟"的初步报告》，《考古》1959 年第 11 期，第 592~600 页。

⑧ 尹达：《衷心的祝愿——为〈史前研究〉的创刊而作》，《史前研究》创刊号（1983 年），第 5 页。

⑨ 白寿彝总主编、苏秉琦主编：《中国通史》（第二卷），上海人民出版社，1994 年，"序言"部分第 17 页。

　　史前考古资料长埋于地，没有人为窜改增删的可能，其客观真实性毋庸置疑，的确是传说史料最可靠的参照系。经过近一个世纪艰苦的考古工作，这个参照系的内在逻辑秩序和主要内容已经逐渐被破解释读，中国史前（原史）考古学文化谱系已经基本建立。如果真有过一个"五帝时代"，那么那些人们集团的遗存及其时空框架也应基本被发现。可以说现在实际上已经有了两个古史系统，一个在传说史料中，一个在史前考古资料中，迫切需要一种有效的方法，达成两者之间的互证与互释。

三　古史的考古学探索方法

　　时至今日，夏商周古史的考古学探索已取得辉煌成就。殷墟和甲骨文的发现与研究，使晚商史成为信史；郑州商城、偃师商城和二里头等遗址的发现和研究，确认了早商史和夏史的基本框架。今天大概没有什么人会再提什么"东周以上无史"论了。回顾夏商周古史的考古学探索历程，有两点是起到重要作用的：一是由近及远的方法，二是点面结合的方法。由近及远即由已知推未知，由晚商推到早商乃至于夏代，强调的是已知基点的重要性；点面结合是都城这些关键点与特定族属文化分布面的结合，强调的是都城基点的重要性。这两点仍然是我们探索五帝时代古史时要遵循的基本方法。当然，夏商周考古学的探索中也存在一些值得商榷的地方：或过分强调考古学文化与族属的一一对应，殊不知文化的发展变化还受族属以外其他因素的制约；或过分注重传说史料中的具体年代，并结合现代测年方法来为古史断代，殊不知记载中的年代越具体越可能存在问题，现代测年方法也有一定的相对性；或过分关注已经发现的大型城址或聚落，并急于将其与文献记载中的都邑逐一对应等。

　　早在 20 世纪 30 年代，徐中舒就提出虞夏为彩陶文化（仰韶文化），太昊少昊为黑陶文化（龙山文化）①。50 年代，范文澜又推测仰韶文化可能为黄帝时代文化②。七八十年代以来，对五帝时代进行考古学探索的学者日益

---

① 见丁山《由陈侯因㲼镈铭黄帝论五帝》一文"附记"，《中央研究院历史语言研究所集刊》第 3 卷第 4 期，1933 年，第 517～536 页。
② 范文澜：《中国通史简编》（第一编），人民出版社，1953 年。

增多。多数人倾向于从宏观上对考古和传说两个古史系统进行把握，如白寿彝总主编的《中国通史》第二卷"序言"所做的那样。当然也有一些较为具体，如对三苗文化①、东夷文化②、陶唐氏文化③的探索等，问题是这些探索多只是着眼于一时一地，缺乏较为综合而全面的考虑。最近还出现了综合讨论五帝时代的专著《追寻五帝》和《五帝时代研究》④，但似乎缺乏一些必要的考古学基点。可实际上随着新石器时代考古学文化谱系的日趋完善，对五帝时代进行较系统的考古学探索的时机已经基本成熟。我们现在进行五帝时代的考古学探索，在方法方面，除由近及远和点面结合这两条外，还应当特别注意两点：一是战争冲突在考古学上的反映，二是部族集团的辗转迁徙在考古学上的反映。激烈的战争有可能会造成文化上的巨变现象，部族集团的迁徙可能会引起文化格局的明显变动，并常常与战争联系在一起，这都是比较容易引起注意和易于辨别的。以考古学文化上的重大变迁来证实传说中的重要战争或迁徙事件，由此确立若干基点，并进而探索其他细节，就有可能大致把握五帝时代中国古史的基本脉络。

四　我对中国古史的考古学探索之路

我对古史传说最初产生兴趣，缘于神话故事，乃至于神怪小说的熏陶。我在老家农村上小学初中的时候，最幸福的事情莫过于一遍遍地阅读《西游记》《封神演义》等神怪小说，那都是经"文革"之劫而侥幸残存下来的民国时期的版本。1982 年上陇西师范后，我又阅读了袁珂编的《中国古代神话故事》，开始知道哪些是真正的中国上古神话，哪些是后来逐渐产生的。可像尧、舜、禹这样的人物还属于神话人物吗？大禹治水、尧舜禅让是否有其历史真实的一面？这些从当时的教科书中还不能完全得到答案。

---

① 俞伟超：《先楚与三苗文化的考古学推测》，《文物》1980 年第 10 期，第 1～12 页。

② 严文明：《东夷文化的探索》，《文物》1989 年第 9 期，第 1～12 页。

③ 李民：《尧舜时代与陶寺遗址》，《史前研究》1985 年第 4 期，第 34～38 页；王文清：《陶寺遗存可能是陶唐氏文化遗存》，《华夏文明》（第一集），北京大学出版社，1987 年，第 106～123 页。

④ 郭大顺：《追寻五帝》，商务印书馆（香港），2000 年；许顺湛：《五帝时代研究》，中州古籍出版社，2005 年。

带着对古史神话的兴趣，我在1987年考上了北京大学考古学系。上大学以后，要学习专业课，还要花大量时间阅读哲学、心理学等方面的著作，当然还有金庸等的武侠小说，对古史传说的兴趣实际上暂时被搁置了起来。记得直到大四的时候，有一次我和同学去当时的考古系主任严文明先生的家里，说起自己对神话古史的一些幼稚的想法，严先生认真地说，如果想真正了解古史，那得看顾颉刚编的《古史辨》和徐旭生的《中国古史的传说时代》，当然还有蒙文通的《古史甄微》。如果看书太杂而没有分辨，只会越看越乱。我如梦初醒。原来古史传说是那样的错综复杂，只有用科学的方法梳理、考证，才可能发现其中蕴含的真实。顾颉刚等从20世纪20年代开始就致力于整理古史，他们卓有成效的工作成果正是我们今天研究古史的立足点。1991年我被推荐上硕士研究生，导师正是我素所景仰的严文明先生和张江凯先生。导师指定我们阅读顾颉刚、徐旭生等前辈的古史方面的著作，并给予适时的指导。我才算真正开始了对中国古史传说的了解过程，而兴趣也日渐浓厚。

1992年秋季，作为研究生阶段田野实习的一项主要内容，我和当时还是博士生的宋豫秦老师一起奔赴河南，与驻马店市文物管理所的李亚东一起主持发掘了河南驻马店杨庄遗址。多数人知道的大概是这次发掘在环境考古方面取得的重要进展，而不知道其对梳理豫东南地区龙山时代至二里头文化时期的文化谱系也有关键性的意义。一开始整理发掘资料时，我对该遗址龙山时代遗存的阶段性差异感到惊讶，后来我逐渐认识到其中龙山前期遗存基本同于江汉文化系统的石家河文化，而龙山后期遗存则属于中原文化系统的王湾三期文化。这可是一个十分引人注意的重要现象！在此基础上，我进而发现，在豫南和湖北大部地区的龙山前后期之交都存在类似的文化上的巨变现象，其实质当是王湾三期文化对石家河文化的替代或强烈影响。规模如此之大的文化变迁，又发生在作为中国核心地带的中原江汉区域，绝不可能在古史传说中没有一点踪影。它很可能就是《墨子》等书记载的"禹征三苗"这一重大历史事件在考古学上的具体反映。而一旦这种认识是正确的，那就意味着夏王朝的上限在龙山后期之初，同时我们也就有了一个进一步探索夏之前传说时代古史的可靠基点。我相信这一点会引起学术界越来越多的重视。有了这些思考，我不但完成了硕士论文，还写了《禹征三苗探索》《王湾三期文化研究》两文，前者直接论述禹征三苗事件，后者是相关的考古学文化谱系的梳理。后来所写《斜腹杯与三苗文化》一文也是这个问题的进一步延伸。

1994 年研究生毕业后，我来到北京联合大学应用文理学院历史系工作。由于有了"禹征三苗"这次成功的尝试，我就开始把大量精力花在对传说时代古史以及夏代历史的探索方面，并发表了一些论文。其中 1996 年发表的《中国上古时期三大集团交互关系探讨》，从宏观角度讨论了华夏、苗蛮、东夷三大集团的交互关系及其在考古学上的表现，以及在中国文明形成过程中的作用。1997 年发表的《夏文化的起源与发展阶段》一文，将夏商文化的分界放在二里头三、四期之交，将二里头文化一至三期作为晚期夏文化，将王湾三期文化后期作为早期夏文化，并将夏的起源一直前溯到晋南地区的庙底沟二期类型。1998 年发表的《先商文化探源》一文则将早期先商文化定位在龙山后期，对王亥仆牛和上甲微伐有易氏等事件也进行了讨论。当时的一个直观感觉是，晋南是夏之前古史的关键所在：夏人的源头在晋南，尧所代表的陶唐氏也在晋南。但夏人和陶唐氏是什么关系？由于对晋南没有深入的研究，对晋南以北的北方地区更缺乏了解，因此一时无从着手。这期间我还写了《西山古城兴废缘由试探》《苗蛮集团来源与形成的探索》两文，对东夷和华夏、东夷和苗蛮集团的密切关系给予了进一步关注。

1996 年我考上博士研究生后，导师严文明先生指定我主要研究华北地区尤其是北方地区的新石器时代文化，并在整理已有考古发掘资料的基础上，完成博士论文的写作。这对我来说是一次挑战，也是一次难得的机遇。我意识到通过这次机会，就有可能把北方直至江汉地区文化贯通起来考虑，一定会使我在古史探索之路上取得新的进展。1997 年后半年，在内蒙古文物考古研究所田广金和郭素新老师的热情帮助和指导下，我开始系统复核整理他们自 1982 年以来在岱海周围发掘的一大批新石器时代的考古资料。记得当时我常常一个人坐在老虎山遗址突兀的大石头上，冥想着古人坐在这石头上的音容笑貌。他们的孩子也如今天的孩子们这样顽皮可爱吧，他们的老人一定知道自己属于哪个族属集团吧。是啊，老虎山文化与古史记载有联系吗？我和田广金老师在餐前饭后总讨论这些问题，但一时没有答案。

为准备博士论文，1998年暑期我在河北、内蒙古、山西、陕西等地进行了短暂的调查参观，其中襄汾陶寺遗址的发掘资料给了我深刻印象。陶寺遗址主要分庙底沟二期早段、龙山前期、龙山后期三个阶段，其中龙山前期遗存具有鲜明的东方文化特点，既明显与以前的庙底沟二期类型不同，也与和老虎山文化有亲缘关系的包含鬲的龙山后期遗存有着显著差异。也就是说，这类被称为陶寺类型的遗存，其出现和消亡都不是当地文化自然发展的结果，其背景应当与人群的移动和相互间的激烈冲突有关。我以为这两次文化变迁正好与古史传说中的"唐伐西夏"和"稷放丹朱"事件对应。如此一来，则不但将陶唐氏与陶寺类型、姬周早期与陶寺晚期类型联系到一起，而且也进一步确证了夏人的源头在于晋南，还可以进而探讨老虎山文化与姬周先人之间可能存在的联系。这些正是《唐伐西夏与稷放丹朱》和《先周文化的起源与发展阶段》两文的主要思路。而为了使这些推论更为可靠，我还对晋西南豫西地区龙山时代前后的文化谱系进行了梳理，写成了《晋西南豫西西部庙底沟二期—龙山时代文化的分期与谱系》一文。由于已经基本可确证陶唐氏尧及其文化，这就为进一步探索古史提供又一个更早的基点。由此前溯，我写了《涿鹿之战探索》一文，提出炎黄时期相当于仰韶文化前期，庙底沟类型、半坡类型、后岗类型对应传说中的黄帝、炎帝、蚩尤族系。如果该观点能够成立，那就是探索古史的最早的一个基点。禹征三苗、唐伐西夏与稷放丹朱，加上涿鹿之战，既是五帝时代最为重大的几个事件，也是我从事古史探索的几个立足点，我戏称其为"三部曲"。我此后所做的其他一些研究，主要就是在此基础上的拓展和延伸。

（在《五帝时代——以华夏为核心的古史体系的考古学观察》
（学苑出版社，2006年）一书前言的基础上稍加删改而成）

传说时代的古史并非不可证明

传说时代，就是缺乏当时的文献记载，但在后来的文献或传说中有所涉及的远古时代。在西方一般被称作"原史时期"。徐旭生在 20 世纪 40 年代出版《中国古史的传说时代》一书，提出中国古史的传说时代截止在晚商以前，原因是晚商时期在殷墟出土了大量甲骨文，已经进入历史时期。因此，早商、夏以及更早的五帝时代，都应当属于传说时代的范畴。

传说时代的事迹，或许有的是从远古口耳相传下来，到西周以后才被陆续加以记录，但也不排除更多是由远古文本传承译写而来，在传说译写的过程中难免错漏虚夸或神话化。去伪存真，自然是研究者应该做的，但应当有对古代文献足够的敬畏和同情之心，没有十足把握，不要轻易言伪，更不能因为传说中有神话色彩，就轻易将其归之为神话，而抛弃其真实的历史内核。疑古派虽于涤荡迷信古史的旧风气贡献不小，但疑古过猛，不可不察。比如《尚书·尧典》，因其文字浅近，或许可以判断为战国时成书，但又如何否定那只是战国时期将古代文本译写成"白话"的可能性？比如《左传》中一些春秋时期的人物，引用当时可能家喻户晓的黄帝、炎帝等的传说来为自己的说法张本，又如何能遽断黄帝、炎帝等就一定是《左传》作者的杜撰？

甲骨文不可能是中国最早的文字，晚商也不可能是中国有文献记载的开始。早商晚期的郑州小双桥遗址陶器上的朱书文字，已经和甲骨文别无二致，襄汾陶寺遗址龙山后期陶器上的朱书文字，也和甲骨文基本类似，说明甲骨文之前肯定已经有了较为成熟的文字。可惜中国古代文字应当基本都写在绢帛简牍等有机质材料之上，绝大多数难以保存至今。由于写在陶器上而保留下来的文字毕竟太少，不足以记录当时的主要史事。因此，将晚商以前作为传说时代的意见仍然可取。

传说时代能否证实? 传说真假参半,错综复杂,仅依靠后世的文献记载实际上很难证实。即便近年发现的一些西周金文中见有大禹治水平土一类的记载,但充其量也只是西周时期的传说,不能直接证明其为夏初前后的史实。其实在《古史辨》第一册中,李玄伯就明确指出:"要想解决古史,唯一的方法就是考古学"。顾颉刚也认为,地下出土的古物所透露出的古代文化的真相,可以用来建设新古史,也可以破坏旧古史。

考古学就真的能够在一定程度上证实传说时代古史吗? 方法又是什么?

按理说,如果传说时代的那些部族集团真实存在过,那就肯定会留下他们的物质遗存,考古学的确就应该是解决传说时代古史的最根本的手段。考古资料长埋于地,没有人为窜改增删的可能,其客观真实性毋庸置疑,应当是传说史料最可靠的参照系。经过一个世纪艰苦的考古工作,这个参照系的内在逻辑秩序和主要内容已经逐渐被破解释读,以陶器为中心的中国史前和原史考古学文化谱系基本建立,古史和考古对证研究的条件已经成熟。

回顾早商和夏文化的探索历程,以邹衡为代表的学者们所使用的方法,主要是由已知推未知,由已知的晚商文化,上推至早商文化、夏文化和先商文化,强调都城定性的重要性,并且注重考古学文化的空间格局和古史体系的整体比对,取得了卓越成绩。五帝时代考古探索的思路也基本是这样。这些讨论的前提,就是考古学文化一定程度上能够与特定族属对应,或者与以某主体族为核心建立的部族集团或早期国家对应。从甲骨文和传世文献记载中晚商王朝的王畿、四土、边疆方国,与殷墟文化中心区、亚文化区和影响区范围的基本对应,从西周封建在考古学上的清楚体现,可知这一前提基本成立。但问题是,在传说时代,特定族属的时空范围难以确切界定,又如何与特定的考古学文化对应? 何况考古学文化本身也有多种划分方案。在这种情况下,自然就容易导致歧见纷呈。

有一种方法有可能在一定程度上破解这个难题,这就是考古学文化巨变和部族战争对证研究的方法。激烈的部族之间的战争,有可能会造成文化格局和文化面貌上的巨变现象,这是特别容易引起注意和易于辨别的。"以考古学文化上的重大变迁来证实传说中的重要战争或迁徙事件,由此确立若干基点，并进而探索其他细节，就有可能大致把握五帝时代中国古史的基本脉络。"

以禹征三苗、稷放丹朱两个事件的考古学对证为例。

"禹征三苗"事件见于《墨子·非攻下》《古本竹书纪年》等。禹作为夏朝的实际创建者，居地当在豫中西部，而三苗一般认为在以江汉平原为核心的湖北大部地区。在大约公元前2100年之前的龙山前期，河南中西部的王湾三期文化地域狭小，而以江汉平原为核心的石家河文化的范围却十分广大，几乎十倍于王湾三期文化，北部甚至延伸到现在的豫南地区。石家河文化中心是面积达120万平方米以上的石家河城，周围还环绕着约20座古城，可以说当时石家河文化的实力远在王湾三期文化之上。但到公元前2100年前后，王湾三期文化和石家河文化之间发生了戏剧性的巨大变化，王湾三期文化在短时间内大规模南下，造成方圆千里的石家河文化的覆亡，城垣被毁，特殊的宗教祭祀物品基本不见。这样的剧烈变化，绝不可能是一般性的文化交流、贸易等可以解释，我认为只有一种可能性，就是中原和江汉之间大规模的激烈战争所致，可能正好对应"禹征三苗"事件。

"稷放丹朱"事件见于《古本竹书纪年》等。后稷即传说中周人的始祖，在《诗经》中有清楚记述。后稷与其母有邰氏姜嫄的居地，旧说以为在泾、渭水一带，独钱穆认为在晋西南地区。丹朱传说中为尧子，其始居地应该就在尧都。尧都有多种说法，最著名的就是"尧都平阳"，平阳或在晋南临汾。公元前2100年之前，临汾盆地分布着陶寺文化，陶寺古城面积近300万平方米，在石峁石城出现之前，曾经是中原北方地区龙山时代最大规模的中心聚落。陶寺文化还有大型宫城、大型"王墓"、"观象台"、精美玉器、彩绘陶木器、鼍鼓、特磬等高规格遗迹遗物。但到公元前2100年以后的龙山后期，陶寺文化的繁荣戛然而止，原本有斝无鬲的临汾盆地出现大量双鋬陶鬲，陶寺文化也就因此而变为陶寺晚期文化，我曾经认为这与老虎山文化的强力南下有关，说明北方和晋西南之间发生了冲突战争，可能对应"稷放丹朱"。后来陶寺等地发现的暴力屠杀、摧残女性、疯狂毁墓等现象，证明我们先前基于陶器的观察符合实际。

王湾三期文化对石家河文化、老虎山文化对陶寺文化的大规模代替，只能是激烈战争行为的后果，分别和传说中的禹征三苗、稷放丹朱事件对应，这就建立了古史和考古学对证的坚实基点。由此我们就可做出可能性很大的推论：公元前2100年以前的石家河文化属于三苗文化，之后的王湾三期文化后期属于早期夏文化；公元前2100年以前的陶寺文化属于陶唐氏文化，陶寺古城属于"尧都"，之后的陶寺晚期文化乃至于老虎山文化属于最早的稷周文化等。不仅如此，以此为基点，还可以建立龙山时代其他考古学文化和其他部族集团可能的对应关系。依此思路前溯，还可以进行更早的传说时代部族集团和考古学的对证研究。

对传说时代古史的考古学探索是一件非常困难的事情，前提是研究者必须熟悉先秦文献和相关研究，必须对新石器时代至先秦时期的考古学文化谱系格局有深入研究或了解。否则，没有整体性的系统思考，只就某些重要城址和相关传说做简单比附，就很难站得住脚。另外，由于传说时代文字的缺乏，对传说时代古史的"证实"还只能是相对的，即使文献记载和考古证据有很好吻合，所得"结论"也只是很有可能的推论，而非定论。关于五帝时代的探索如此，关于夏文化的探索也是如此。

但我们不能因此停下探索的脚步，更不能为了所谓学术的"严谨"，武断否定传说时代存在历史真实素地的可能性。传说时代古史期，恰是文明初创期，那些古代传说蕴含着先人们的珍贵记忆，那些考古遗存凝固了先辈们的智慧和汗水。对中国古史的传说时代的重视和研究，是学术界应有的学术追求和人文责任。

（原载《人民日报》2018年11月14日）

传说时代古史的考古学研究方法

近些年来，社会上兴起了"古史"热，专家"打擂台"，民众寻根问祖，政府举办各类祭祀炎黄等先祖的大典，越来越热闹。这大概和现在中国的崛起背景有关，也算是"文化自信"的一种表现吧。可热闹归热闹，关于"古史"的认识仍然南辕北辙，难有共识，或全盘否定，或完全相信，甚至有好事者将其放大到西亚、埃及甚至全球。究其原因，是绝大多数人对于传说时代古史缺乏真正的了解和研究，也不掌握正确的研究方法，或心里发虚，无力深究，而以维护史学和考古学的"纯洁"与"严谨"自慰；或随便翻过几本古书，看过几页网络文字，参观过几处景点，就敢驰骋万里，信口开河。有鉴于此，我想在这里谈谈我对传说时代古史研究方法的浅见，供大家参考批评。

一 考古学是解决古史问题的关键

传说时代，就是缺乏当时的文献记载，但在后来的文献或传说中有所涉及的远古时代。按照徐旭生先生的意见，中国古史的传说时代截止于出土大量甲骨文的晚商以前①，因此，早商、夏、五帝等时代，都应当属于传说时代的范畴。

中国古代有着悠久的信古传统，晚清以后则兴起疑古思潮，"传说时代"这个概念其实是"信并怀疑着"理念的产物：这里的"信"，是指相信古史传说总体上有着真实的历史背景；"疑"，是说晚商以前的古史，都只见于后世文献中，那多半是传抄翻译甚至口耳相传的结果，难免演绎错漏，

① 徐旭生：《中国古史的传说时代》（新一版），文物出版社，1985年，第19~20页。

需要去伪存真。

传说时代到底有没有真实性？有多大真实性？是应该坚持疑古，还是走出疑古①？从20世纪初期到现在就一直有着激烈争论，但主要基于传世文献本身的研究，只能提出若干有待验证的假说。王国维以新发现的甲骨文结合传世文献，证明《史记》等所载商史为信史②，显示了"二重证据法的"的强大威力，但那仍只是以当时文献论证当时历史，由此并不能顺理成章地肯定《史记》所载夏史、五帝史就一定属于史实。甲骨文、金文、简牍、帛书等出土文献的发现和研究，证明晚商、西周至春秋战国时期的确已有关于五帝的各种记载，并非出于汉代以后的伪造，但却终究无法提供五帝时代真实存在的直接证据。看来，解决古史问题的关键，还应该在考古学。在《古史辨》第一册中，李玄伯先生早就指出："要想解决古史，唯一的方法就是考古学。"③顾颉刚也认为，地下出土的古物所透露出的古代文化的真相，可以用来建设新古史，也可以破坏旧古史④。

在白寿彝总主编、苏秉琦主编的《中国通史》第二卷"序言"里，有这样一句话："若从整理传说史料本身来说，史前考古资料则已成为不可忽视的最可靠的参照系。"⑤按理说，如果传说时代的那些部族集团真实存在过，就肯定会留下他们的物质遗存，考古学的确就应该是解决传说时代古史的根本手段。考古资料长埋于地，没有人为窜改增删的可能，其客观真实性毋庸置疑，应当是传说史料最可靠的参照系。经过近一个世纪艰苦的考古工作，这个参照系的内在逻辑秩序和主要内容已经逐渐被破解释读，古史和考古对证研究的条件已经基本成熟。

---

① 李学勤：《走出疑古时代》，辽宁大学出版社，1994年。
② 王国维：《殷卜辞中所见先公先王考》，《观堂集林》卷第九，中华书局，1959年，第409~436页。
③ 李玄伯：《古史问题的唯一解决方法》，《古史辨》（第一册），上海古籍出版社，1982年，第268~270页。
④ 顾颉刚：《答李玄伯先生》，《古史辨》（第一册），上海古籍出版社，1982年，第270~274页。
⑤ 白寿彝总主编、苏秉琦主编：《中国通史》（第二卷），上海人民出版社，1994年，"序言"部分第17页。

回顾早商和夏文化等的考古学探索历程，以邹衡先生为代表的学者所使用的方法，主要是由已知推未知的方法，由已知的晚商文化，上推至早商文化、夏文化和先商文化①，强调都城定性的重要性，并且注重考古学文化的空间格局和古史体系的整体比对，取得了卓越成绩，关于早商文化的基本认识已成定论，但关于夏文化、先商文化、先周文化的主流认识仍然只是可能性很大的假设。关于五帝时代的考古学探索则扑朔迷离，很多观点大相径庭。专业的考古和历史学者，大多数对传说时代的考古学探索充满疑虑，认识也千差万别。这主要是因为没有发现晚商以前足够文献（个别文字除外）的缘故。但中国上古大概流行在简帛等有机质材料上书写，很难保证曾经存在过的文献能够留存至今并被发现。其实，即便暂时出土不了晚商以前的文献，根据已有后世文献和考古学材料的对证，也还是有可能逐步推进传说时代考古研究的，这当中研究方法是关键。我在这里提出两种互有关联的研究方法供大家参考：一是文化谱系、基因谱系和族属谱系结合的"谱系法"，二是文化巨变、聚落巨变和战争迁徙结合的"变迁法"。

二　谱系法——文化谱系、基因谱系和族属谱系的结合

文化谱系，就是考古学文化的区系类型和演变传承。为什么在一定时间、一定地区会形成具有一定特征的考古学文化？严文明先生将原因归结为"自然环境、人文环境和共同的文化传统"②。也就是说一定时间居住在特定自然环境里的人们共同生活、密切交流，会形成共同习俗甚至语言，而血缘关系则应当是远古人类共同生活、形成社会的天然纽带。因此，理论上考古学文化和强调血缘认同的"族"就存在相互对应的可能性。当然，某族与邻近区域其他人群相互交流，也可能形成相似的文化，从而形成某考古学文化和以某主体族为核心建立的部族集团相对应的情况。正如李伯谦先生所说："考古学文化与族的共同体有联系，但又不是等同的概念。由

---

① 邹衡：《夏商周考古学论文集》，文物出版社，1980 年。
② 严文明：《关于考古学文化的理论》，《走向 21 世纪的考古学》，三秦出版社，1997 年，第 84 页。

于婚姻、交往、征服、迁徙等各种原因，属于某一考古学文化的居民有可能属于不同的族，但其中总有一个族是为主的、占支配和领导地位。"①

当然，随着社会复杂化程度的提高，国家社会的出现，"按地区划分国民"的情况越来越多，血缘关系总体上自然会受到削弱，但血缘和族属认同不但不会消失，而且还有可能在不同族群的碰撞刺激中得到加强，尤其统治者的族属认同更是如此。统治者还有可能通过扩张、移民、封建等手段，将其文化和族属认同扩展到更广大的地域，从而使得早期国家的核心和主体区域成为统治者部族及其强势考古学文化的分布区，四周则为从属部族和弱势考古学文化分布区。甲骨文和传世文献记载中晚商王朝的王畿、四土、边疆方国，与殷墟文化中心区、亚文化区和文化影响区范围的基本对应②，金文和传世文献中西周王畿、封建诸侯国、边疆地区，与西周文化中心区、诸侯文化区、文化影响区范围基本对应，足证考古学文化和族属的对证研究一定程度上可靠可行。有些人根据近现代民族志资料，认为某种陶器的使用不见得和族属有关，从而否定考古学文化和族属对证研究的可能性，忘了我们是拿整个考古学文化和族属做对应，一两种陶器成为不了整个考古学文化，需要一个陶器群，以及其他各种遗物、遗迹的共同体，才能构成整个考古学文化。

但问题是，在传说时代，特定族属的时空范围难以确切界定，又如何与特定的考古学文化对应？何况考古学文化本身也有多种划分方案。这种点对点的对应，在证据不很充分的条件下，自然很容易导致各执己见、众说纷纭。但如果我们建立了新石器时代以来的考古学文化谱系，也建立了晚商以前各时期的族属谱系，以谱系对谱系，就如同两张网的对应，一旦基本吻合，那确定性就会高很多。如上所述，中国新石器时代考古学文化谱系的基本框架和基本内容已经确立，只是细节的充实和考量永远在路上，这也是我们不能轻言放弃考古类型学的原因之一。相对而言，晚商以前族属的谱系目前只有根据传说资料梳理的很粗略的框架，而且主要集中在华夏集团所在的中原及附近地区，周边大部地区恐怕并没有传说被记载下来，这实际上是一个比文化谱系小得多的网。如果对甲骨文、金文所包含的丰

---

① 李伯谦：《二里头类型的文化性质与族属问题》，《文物》1986 年第 6 期，第 43 页。
② 宋新潮：《殷商文化区域研究》，陕西人民出版社，1991 年。

富的族属信息进行研究，大致确定晚商阶段的族属谱系，再前溯建立晚商以前较为详细的族属谱系，那就能和文化谱系进行更好的拟合，离勘破古史真相就会更近一步。

近年分子生物学在考古上的应用越来越广泛，通过人类 DNA 序列、Y 染色体、线粒体 DNA 的分析，推断祖先的 DNA 类型，建立个体之间的关系以及不同家族之间的遗传距离，建立晚商以前的基因谱系，不再只是一个梦想。将其与文化谱系、族属谱系结合，"三网"合一，一定会取得古史研究的重大突破。但基因谱系确定的只是人的血缘关系，而非文化关系，族属虽基于血缘，但更是文化认同，所以不能将基因谱系简单等同于族属谱系，就如同不能将文化谱系简单等同于族属谱系一样。

当然，将文化谱系、基因谱系和族属谱系做整体拟合是很艰难的，不可能一蹴而就，可行的办法还是从局部拟合开始。但局部拟合不确定性比较大，研究者应该充分意识到这一点。将某地的重要发现和传说轻易对应，无视考古年代和其他地区的同类传说，或者将某个基因溯源结果和传说时代某"祖先"轻易挂钩，无视这些"祖先"的时空、人格、文化属性，都不是传说时代考古学探索应该提倡的做法。

三　变迁法——文化巨变、聚落巨变和战争迁徙的结合

要减小考古学和古史传说局部拟合的不确定性，文化巨变和中心聚落巨变这些关键点的确定至为重要，这些在考古学上比较容易观察到，也容易确定。巨变的原因往往是大规模迁徙和大规模战争，即便更深层的背景是气候干冷事件等，对人类社会的影响也总表现为迁徙和战争，而大规模的迁徙和战争也是古人印象最深、古史传说中最常记载的。我在《五帝时代——以华夏为核心的古史体系的考古学观察》一书的前言里说过，"以考古学文化上的重大变迁来证实传说中的重要战争或迁徙事件，由此确立若干基点，并进而探索其它细节，就有可能大致把握五帝时代中国古史的基本脉络。"[1]

---

[1]　韩建业：《五帝时代——以华夏为核心的古史体系的考古学观察》，学苑出版社，2006 年，"前言"第 5 页。

文化巨变之所以称得上"巨变"，一是文化面貌发生了突变，二是涉及范围异常广大。比如豫南和江汉地区龙山前后期之交就发生了大范围的文化面貌突变，在这样一个比现在的整个湖北省还大的空间范围内，之前独具特色、兴旺发达的石家河文化，突变为王湾三期文化或者类似于王湾三期文化的遗存，就连江汉平原核心地区甚至更靠南的洞庭湖地区也不例外，除了大规模战争行为，不可能有其他解释！所以我们就提出这是"禹征三苗"的反映①。《墨子》里把"禹征三苗"描写得惊天动地，结果是"苗师大乱，后乃遂几"。虽然暂时没有 DNA 的信息，也不知道这次巨变之后留在江汉地区的夏人和苗人的真实人口比例，但文化上的表现已然十分清楚。如果"禹征三苗"这个关键点的确认没有问题，那就基本能够确证禹、夏、三苗的存在是史实，能够证明禹征三苗和夏建立的年代在公元前 2100 年左右。

聚落巨变，在大型中心聚落或都城上看得最为清楚，主要表现为城墙、宫室、墓葬的突然毁弃等。比如上述王湾三期文化南下的同时，石家河文化的一二十座古城几乎均遭毁弃。再如同样是大约公元前 2100 年，北方地区老虎山文化大规模南下，临汾盆地及附近地区的陶寺文化发生巨变，陶寺古城出现暴力屠杀、摧残女性、疯狂毁墓等现象，这也只能是战争才会有的结果。我曾以"稷放丹朱"来对证这一巨变事件②。这样一个关键点的确定，直接证明后稷、丹朱的真实性，也为尧的真实性以及稷周族源于山西说增添了有力证据。

四 余论

有人可能会问，既然传说时代古史那么杳渺难证，为什么还要费力研究它？有"纯粹"的考古学和史前史不就行了吗？我想这至少有两个原因。其一，中国传说时代古史，基本都是中国人的祖先史，祖先崇拜、认祖归宗是中国人几千年来的传统，也是中国文明几千年来连续发展的秘诀之一，

① 杨新改、韩建业：《禹征三苗探索》，《中原文物》1995 年第 2 期，第 46～55 页。
② 韩建业：《唐伐西夏与稷放丹朱》，《北京大学学报》（哲学社会科学版）2001 年第 3 期，第 119～123 页。

中国人希望弄清楚自己的祖先是谁，这是无可非议的正当要求，没有必要套什么"民族主义"的大帽子。其二，考古学遗存虽然内涵丰富，但却是"死"的，要让它活起来，得到解释，最好的办法就是有可靠文献可以参照，其次才是和民俗学、民族学资料进行比较，因为文献直指古代世界，民俗学、民族学只能给你间接启示。古史传说虽然是后世的记载，但可能有真实素地，一旦得到确证，对考古学解释的价值不可限量。

但传说时代的考古学研究的确极难，这项研究实际上是以考古学为基础的，需要精通考古类型学和考古学文化的研究方法，需要对考古学文化谱系进行细致梳理，也需要对古史传说有全面了解，要做到这些，谈何容易！现在的大学教育，表面上在提倡素质教育，实际上分科还是越来越细，很多考古专业的学生对类型学越来越陌生，懂类型学的又不读古史，做古史的人对考古学基本都是一知半解，这样如何做传说时代古史的考古学研究？所以还得先从教育改革、从培养考古和古史兼通的人才做起。否则，社会民众对古史热情不减，专业研究者不去面对解答，只能把发言权交给那些"创新"无限的古史爱好者了。

（原载《遗产》（第一辑），南京大学出版社，2019 年）

涿鹿之战探索

"涿鹿之战"是五帝时代早期的重大历史事件。以往主要从文献本身进行探讨，难有定论。希望本文结合考古学文化来进行的探索，有助于问题的解决。

一

"涿鹿之战"以《逸周书·尝麦》篇所记最为详明①：

> 昔天之初，诞作二后②，乃设建典，命赤帝分正二卿，命蚩尤于宇少昊③。以临四方，司□□上天末成之庆。蚩尤乃逐帝，争于涿鹿之河（或作阿），九隅无遗。赤帝大慑，乃说于黄帝，执蚩尤，杀之于中冀，以甲兵释怒。用大正顺天思序，纪于大帝。用名之曰绝辔之野。乃命少昊清司马鸟师，以正五帝之官，故命曰质。天用大成，至于今不乱。

所谓赤帝即炎帝，而"二后"当指炎帝和蚩尤④。我们从该段中至少可归纳出：（1）炎帝、黄帝、蚩尤、少昊至少有一段时间共存。（2）起先炎帝和

---

① 李学勤认为《尝麦》篇文字多与西周较早的金文类似，有可能是穆王初年的作品（《〈尝麦〉篇研究》，《古文献丛论》，上海远东出版社，1996 年，第 87～95 页）。

② 朱右曾《集训校释》在阙处补"诞"。

③ 《路史》云："命蚩尤宇于小颢"。小颢即少昊。

④ 徐旭生：《中国古史的传说时代》（新一版），文物出版社，1985 年，第 50 页。也有认为"二后"指炎帝和黄帝者（如李学勤：《〈尝麦〉篇研究》，《古文献丛论》，上海远东出版社，1996 年，第 91 页）。

蚩尤冲突，炎帝处于劣势；其后黄帝和蚩尤争战，蚩尤遭到擒杀①。（3）炎帝和黄帝关系密切，曾先后对付共同的敌人蚩尤。（4）蚩尤居于少昊之地，似乎两者亲近，但此后蚩尤被杀而少昊安好，又说明他们之间有重要区别②。至于涿鹿的地望，一般以为就在今冀西北涿鹿一带③，但也有其他说法④。

　　与涿鹿之战相联系的还有所谓"阪泉之战"。据《左传》僖公二十五年："遇黄帝战于阪泉之兆"，此战的一方为黄帝。据《逸周书·史记解》："昔阪泉氏用兵无已，诛战不休，并兼无亲，文无所立，智士寒心。徙居至于独鹿，诸侯畔之⑤，阪泉以亡"，知阪泉氏亡于独鹿。独鹿应即涿鹿，阪泉与涿鹿实为一地⑥，则知阪泉之战当即涿鹿之战⑦。《史记·五帝本纪》以阪泉之战的双方为黄帝和炎帝，与黄帝和蚩尤之间的涿鹿之战相区别，所据只有《大戴礼记·五帝德》，恐不足信⑧。

---

① 《尚书·吕刑》《史记·殷本纪》等除记载蚩尤之败外，更叙述其作乱于百姓等种种恶状。《山海经·大荒北经》记载黄帝得到应龙和魃的帮助，才于"冀州之野"战败蚩尤。《史记·五帝本纪》正义引《龙鱼河图》，说黄帝得玄女相助制伏蚩尤，与《大荒北经》的说法相若。

② 《盐铁论·结和》篇："轩辕战涿鹿，杀两曎、蚩尤而为帝"，这显然也是在说涿鹿之战。轩辕指黄帝，"两曎"即"两皞""两昊"，指少昊和太昊（徐旭生：《中国古史的传说时代》（新一版），文物出版社，1985 年，第 53 页）。在这里两昊、蚩尤一同被杀，与《逸周书》有不合之处，应当另有所本。

③ 《水经注·漯水》"涿水出涿鹿山"一句下杨守敬加的按语说："《史记·五帝本纪》集解引服虔曰，涿鹿，山名，在涿郡。张晏曰，涿鹿在上谷。《索隐》或作浊鹿，古今字异耳。按《地理志》，上谷有涿鹿县，然则服虔云在涿郡者，误也。"见《水经注疏》，江苏古籍出版社，1989 年，第 1183 ~ 1184 页。

④ 服虔有涿郡（河北涿县）说，《帝王世纪》引《世本》有彭城（河北磁县）说，徐旭生有可能在河北巨鹿的推测（《中国古史的传说时代》（新一版），文物出版社，1985 年，第 95 页）。

⑤ "畔"，朱右曾《集训校释》作"叛"。

⑥ 《水经注·漯水》"涿水出涿鹿山……其水又东北与阪泉合，水道源县之东泉"一段下，引《魏土地记》曰："下洛城东南六十里，有涿鹿城，城东一里有阪泉，泉上有黄帝祠。"

⑦ 梁玉绳《史记志疑》早已指出此点。又童书业（《春秋左传研究》，上海人民出版社，1980 年）、刘起釪（《我国古史传说时期综考》，《古史续辨》，中国社会科学出版社，1991 年）等也都持这种看法。

⑧ 《史记·五帝本纪》："轩辕乃修德振兵……以与炎帝战于阪泉之野。三战，然后得其志。"在《五帝德》中，炎帝作"赤帝"。

　　对涿鹿之战涉及的炎帝、黄帝、蚩尤的居地、时代及相互关系，众说纷纭，但也未尝没有共通之处。

　　《国语·晋语》："昔少典娶于有蟜氏，生黄帝、炎帝。黄帝以姬水成，炎帝以姜水成。成而异德，故黄帝为姬，炎帝为姜。"这是关于炎帝和黄帝本源最重要的记载。由此可知两者由同一源头分化而来。姜水的地望是判断炎帝故地的关键。徐旭生据《水经注·渭水》条"岐水又东，经姜氏城南，为姜水"等说法，结合实地考察，论证炎帝发祥地在以宝鸡为中心的渭河上游一带①。另据《水经注·渭水》条引《帝王世纪》："炎帝神农氏，姜姓，母女登，游华阳，感神而生炎帝，长于姜水"，知炎帝的中心地域或许还当包括华阳，即秦岭以南的汉水上游汉中附近②。姬水的地望虽不清楚，但从某些方面来看，姬姓的本源地大约在汾河下游的晋西南附近。首先，晋西南是姬姓中后世最著名的姬周的起源地③。其次，姬周常以夏人自居④，而晋西南曾为"夏墟"⑤。再次，晋西南有不少姬姓小国应早在西周以前就已存在⑥。看来，黄帝的中心地域非晋西南莫属。要之，炎黄二族系本源一致，故地相邻，共同构成早期华夏集团的主体⑦。但需要注意的是，炎帝和黄帝大约并非完全同时，至少其兴盛期是炎帝在前而黄帝居后⑧。

①　徐旭生：《中国古史的传说时代》（新一版），文物出版社，1985年，第40～42页。
②　亦即《尚书·禹贡》"华阳、黑水惟梁州"中的"华阳"。
③　关于姬周祖先后稷弃与其母有邰氏姜嫄的居地，旧说以为在泾、渭水一带，独钱穆提出晋南起源说（《周初地理考》，《燕京学报》第10期，1931年，第1955～2008页）。陈梦家（《殷墟卜辞综述》，科学出版社，1956年）、邹衡（《论先周文化》，《夏商周考古学论文集》，文物出版社，1980年，第297～356页）等表示赞同。
④　如《尚书·康诰》："用肇造我区夏"；《尚书·君奭》："惟文王尚克修和我有夏"；《尚书·立政》："我有夏，式商受命，奄甸万姓"等。
⑤　《左传·定公四年》："分唐叔以大路、密须之鼓、阙巩、沽洗，怀姓九宗，职官五正。命以《康诰》，而封于夏墟，启以夏政，疆以戎索"。唐叔封地在晋南无疑。见北京大学考古学系商周组、山西省考古研究所：《天马—曲村》（1980～1989），科学出版社，2000年。
⑥　如杨、魏、荀、贾、耿等，见徐旭生：《中国古史的传说时代》（新一版），文物出版社，1985年，第45页。
⑦　"华夏""东夷""苗蛮"所谓"三大集团"为徐旭生先生首先提出，本文用其大意而细部略异。
⑧　除《逸周书·尝麦》篇的有关记述外，《史记·五帝本纪》还有"轩辕之时，神农氏衰"的记载，此处的轩辕和神农分别指黄帝和炎帝无疑。

《尚书·吕刑》："蚩尤惟始作乱……苗民弗用灵，制以刑，惟作五虐之刑曰法，杀戮无辜。……皇帝哀矜庶戮之不辜，报虐以威，遏绝苗民，无世在下。"这里的蚩尤和苗民实际上是同一对象。又据《国语·楚语下》"三苗复九黎之德"一句，知苗民（三苗）源于九黎。《国语·周语下》更有"黎苗之王"的提法。因此，汉郑玄以为"苗民即九黎之后"（《尚书·吕刑》正义引），高诱等人说蚩尤是九黎的君长（《战国策·秦策》注），应当是可信的。据徐旭生考证，作为古地名的"黎"，从晋东南一直延伸到河北、河南、山东三省交界之处，当年的九黎之地或蚩尤故地大概就主要在此范围吧①。又《帝王世纪》说杀蚩尤于"凶黎之丘（或谷）"②，又上引《逸周书·史记解》中的"阪泉氏"指蚩尤，显然有以阪泉（涿鹿）为蚩尤之地的意思③。然则蚩尤族系的主要分布地域还当延伸到河北西北部。至于上引《逸周书·尝麦》蚩尤"于宇少昊"一句，以及汉代鲁西地区流行蚩尤传说的情况④，最多说明蚩尤临近属东夷集团的少昊故地山东，与上述推论并不相悖⑤。但据《战国策·魏策》等记载，作为蚩尤（九黎）后裔的三苗的中心居地却在江汉一带⑥，显然与黄河以北有相当大的距离。这只有用南迁说才能有完满的解释⑦。如此看来，蚩尤属于苗蛮集团或黎苗族系是没有多大问题的。

将以上论述联系起来，就可以大致看出涿鹿之战的前因后果。五帝时代前期，在黄河流域就存在相互发生关系的三大集团。他们是西部以炎帝

---

① 徐旭生：《中国古史的传说时代》（新一版），文物出版社，1985年，第49～53页。

② 《太平御览》卷七十九引《帝王世纪》："擒之于涿鹿之野，使应龙杀之于凶黎之丘。"《史记·五帝本纪》索隐引皇甫谧云："黄帝使应龙杀蚩尤于凶黎之谷。"

③ 据《水经注·㶟水》引《晋太康地记》曰："阪泉，亦地名也。泉水东北流，与蚩尤泉会，水出蚩尤城"，知阪泉确为蚩尤故地。

④ 徐旭生：《中国古史的传说时代》（新一版），文物出版社，1985年，第49～53页。

⑤ 徐旭生主要据此勉强将蚩尤归入东夷集团。

⑥ 《战国策·魏策》："三苗之居，左彭蠡之波，右有洞庭之水，文山在其南，而衡山在其北。"

⑦ 关于蚩尤为苗族祖先以及苗族南迁的说法，见于近现代许多地方苗族的古歌传说中（伍新福、龙伯亚：《苗族史》，四川民族出版社，1992年）。有的更具体叙述其祖先蚩尤从黄河以北南迁的经过（贵州省安顺地区民委少数民族古籍整理办公室编：《蚩尤的传说》，贵州民族出版社，1989年）。

和黄帝为代表的华夏集团、中部以蚩尤为代表的黎苗集团以及东部以少昊为代表的东夷集团。开始的时候，大概以炎帝和蚩尤族系最为兴盛。炎帝自西而东、蚩尤自东而西分别扩张，终于在涿鹿附近相遇而发生激烈冲突，蚩尤暂时居于优势。但后来继炎帝而兴起的黄帝族系势力大长，与蚩尤在涿鹿一带再次交锋，终于取得决定性的胜利。失败的黎苗集团被迫离开故园，渡河越岭向南迁徙。而与黎苗集团若即若离的东夷集团也只好暂时服从于华夏集团。黄河、长江流域的社会进入一个相对和平稳定的时期。

　　还有一个黄帝与冀州关系的问题需要讨论。《禹贡》所谓"冀州"之域，包括黄河以北太行山两侧的山西、河北、豫北和辽宁南部地区①，而这一地区正是黄帝的主要活动区域。涿鹿之战的结果是黄帝杀蚩尤于"中冀"，显见涿鹿属于"中冀"，即位于中土（即中国）的"冀州"。黄帝曾都涿鹿之说，大约是从涿鹿之战衍化而来②。又《礼记·乐记》有"封黄帝之后于蓟"的记载③，而姬姓的燕国又可能早在西周以前就已存在，则北京及附近地区也可能是黄帝族系的分布范围④。而最重要的是，黄帝的中心居地晋西南地区，恰好也是冀州的原始地境⑤。那么就可以推测，冀州或许正是随着黄帝族系的扩张，尤其是涿鹿之战以后，并入了原蚩尤居地后才扩大了其范围的⑥。此外黄帝的主要居地大约还包括河南中西部地

①　胡渭：《禹贡锥指》，上海古籍出版社，1996 年；顾颉刚：《禹贡注释》，《中国古代地理名著选读》（第一辑），科学出版社，1959 年。

②　《史记·五帝本纪》："（黄帝）邑于涿鹿之阿"；正义引《舆地志》云："涿鹿本名彭城，黄帝初都，迁有熊也。"

③　《礼记·乐记》："武王克殷，反商，未及下车而封黄帝之后于蓟。"正义曰："蓟，音计。今涿郡蓟县是也，即燕国之都也。"

④　徐旭生：《中国古史的传说时代》（新一版），文物出版社，1985 年，第 44 ~ 46 页。

⑤　刘起釪：《由夏族原居地纵论夏文化始于晋南》，《华夏文明》（第一集），北京大学出版社，1987 年，第 18 ~ 52 页。

⑥　刘起釪以为冀州范围的扩大是晋国向外扩张的结果（刘起釪：《由夏族原居地纵论夏文化始于晋南》，《华夏文明》（第一集），北京大学出版社，1987 年，第 18 ~ 52 页），恐怕不确。河北东北部和辽宁南部地区显然是燕国的疆域。

区①。这就意味着黄帝的主要地域其实正是《禹贡》冀州，还可能包括《禹贡》的"豫州"北境。而在《淮南子》中这些都属于"冀州"范围②。

　　当然黄帝的传说和姬姓的分布并不局限于冀州和豫州北境，但其他地方大约主要是涿鹿之战后其影响所及之处，并非其主要居地。看《史记·五帝本纪》，黄帝的武力不但西抵甘肃，东至于海，南到江、湘，着意向周围施加影响，而且还尝试着对此广大范围进行一定程度的管理③。这与此前炎帝兴盛时期的情况有很大区别。黄帝族系似乎已成为整个黄河、长江流域的"霸主"。这大约就是《史记》将黄帝作为标志一个新时代的"五帝"之首的原因吧④。

二

　　古代族系与考古学文化存在一定的对应关系，这已被夏商周考古学的卓越研究成果所证实。而由业经证实的族系和考古学文化分别前溯，就有可能弄清涿鹿之战这样一些传说时期重大事件的真实原委，并进而极大地丰富其内涵。这里我们首先从对黄帝、炎帝、蚩尤、少昊所大致对应的考古学文化的推测开始。应当说明的是，关于中国新石器时代文化的分期，

---

① 《史记·五帝本纪》正义引《舆地志》云："涿鹿本名彭城，黄帝初都，迁有熊也。"集解引谯周曰："有熊国君，少典之子也。"皇甫谧曰："有熊，今河南新郑是也。"又《史记·封禅书》："黄帝采首山铜，铸鼎荆山下。"《汉书·郊祀志》同句下引晋灼曰："《地理志》首山属河东蒲阪，荆山在冯翊怀德县也。"《水经注·河水四》引《魏土地记》曰："宏农湖县，有轩辕黄帝登仙处。黄帝采首山之铜，铸鼎于荆山之下，有龙垂胡于鼎。黄帝登龙，从登者七十人，遂升于天，故名其地为鼎湖（胡）。荆山在冯翊，首山在蒲阪，与湖县相连。"湖县即今河南灵宝一带，与晋西南的蒲阪（今永济）隔河相望。

② 《淮南子·地形》："正中冀州曰中土""少室、太室在冀州"。显然将豫西也包括在"冀州"之内，或许有更早的出处。

③ 《史记·五帝本纪》："天下有不顺者，黄帝从而征之，平者去之，披山通道，未尝宁居。东至于海，登丸山，及岱宗。西至于空桐，登鸡头。南至于江，登熊、湘。北逐荤粥，合符釜山，而邑于涿鹿之阿。"

④ 严文明：《炎黄传说与炎黄文化》，《农业发生与文明起源》，科学出版社，2000年，第273~283页。

本文采用严文明先生的划分方案①。

要探讨黄帝的文化，需以对夏文化的认定作为基础。以豫西为分布中心的二里头文化总体上属夏文化无疑②，具体当属少康中兴之后的晚期夏文化；此前的王湾三期文化后期为早期夏文化。由此前溯，王湾三期文化前期及其前身谷水河类型就属于先夏文化的范畴。又因为谷水河类型主要是庙底沟二期类型东向推移的结果③，故以晋西南（包括黄河南岸的灵宝、陕县一带）为中心的庙底沟二期类型应当是最早的先夏文化，而黄帝文化就只能在此以前。这是其一。但在龙山时代前夕（公元前2600年左右），临汾盆地的庙底沟二期类型末期遗存，却被包含大量大汶口文化等东方因素的陶寺类型代替；龙山前后期之交（公元前2200年左右），陶寺类型又被包含大量老虎山文化因素的陶寺晚期类型代替④。前后两次大的变动，与发生在晋西南的"唐伐西夏"和"稷放丹朱"事件应分别有对应关系⑤。那么分布在晋中、冀西北、内蒙古中南部和陕北这一北方地区的老虎山文化就可能是后稷所代表的最早的姬周文化，晋西南的陶寺晚期类型是稍晚的姬周文化⑥，这是其二。由上述两点再向前追溯渊源，庙底沟二期类型之前为西王类型（仰韶三期）→庙底沟类型（仰韶二期）；老虎山文化之前则一分为二：在内蒙古中南部为阿善三期类型（庙底沟二期）→海生不浪类型（仰韶三期）→白泥窑子类型（仰韶二期），在晋中为白燕类型（庙底沟二

① 严文明：《略论中国文明的起源》，《文物》1992年第1期，第40～49页。

② 邹衡：《试论夏文化》，《夏商周考古学论文集》，文物出版社，1980年，第95～182页。

③ 韩建业：《夏文化的起源与发展阶段》，《北京大学学报》（哲学社会科学版）1997年第4期，第120～125页。

④ 陶寺遗址的资料见中国社会科学院考古研究所山西工作队、临汾地区文化局：《山西襄汾县陶寺遗址发掘简报》，《考古》1980年第1期，第18～31页；《1978～1980年山西襄汾陶寺墓地发掘简报》，《考古》1983年第1期，第30～42页；《陶寺遗址1983～1984年Ⅲ区居住址发掘的主要收获》，《考古》1986年第9期，第773～781页。老虎山文化的资料见内蒙古文物考古研究所：《岱海考古（一）——老虎山文化遗址发掘报告集》，科学出版社，2000年。

⑤ 韩建业：《唐伐西夏与稷放丹朱》，《北京大学学报》（哲学社会科学版）2001年第3期，第119～123页。

⑥ 韩建业：《先周文化的起源与发展阶段》，《考古与文物》2002年增刊（先秦考古），第212～218页。

期）→义井类型（仰韶三期）→白泥窑子类型（仰韶二期）①。那么与黄帝联系的有可能为其中的哪种（些）类型呢？仰韶三期时的西王类型、义井类型和海生不浪类型地方特征明显，实力难分轩轾，对外影响有限，这与关于黄帝的记载相差甚大；而仰韶二期时虽也分为庙底沟类型和白泥窑子类型，但后者实际上是前者向北扩张的结果，彼此面貌差别不大，正与黄帝时以晋西南为中心和冀州以山西为根本的情况吻合。值得注意的是，在与晋西南隔河相望的河南灵宝铸鼎塬一带，发现了北阳平等面积百万平方米的大型聚落②，与当时的黄河长江流域一般聚落为几万平方米的情况形成鲜明对照，这为黄帝以晋西南（及其附近）为中心的说法增添了强有力的证据。说明当时地区间发展水平已有明显的高下之别，聚落间地位的差异也日益显著③。然则庙底沟类型为黄帝族系的主要文化遗存，几乎可成定论④。

炎帝的兴盛时代早于黄帝，则其早期阶段的文化自然就应早于庙底沟类型；而炎帝的中心地域渭河（包括汉水）上游宝鸡一带，恰好是属仰韶文化一期的半坡类型的发源地⑤，则炎帝与半坡类型就应存在对应关系⑥。半坡类型已进入新石器时代晚期（约公元前5000～前4000年），聚落内部结构井然有序，反映了社会管理功能的加强，给个人发挥其才能提供了更为广阔的舞台；但贫富分化尚不十分明显⑦。

---

① 韩建业：《中国北方地区新石器时代文化研究》，北京大学考古文博院博士学位论文，2000年。
② 河南省文物考古研究所、中国社科院考古研究所河南一队等：《河南灵宝铸鼎塬及其周围考古调查报告》，《华夏考古》1999年第3期，第19～42页；中国社会科学院考古研究所河南第一工作队、河南省文物考古研究所等：《河南灵宝市北阳平遗址调查》，《考古》1999年第12期，第1～15页。
③ 苏秉琦和张忠培先生都强调公元前4000年左右社会发生了一定程度的变革。见苏秉琦：《中国文明起源新探》，生活·读书·新知三联书店，1998年；张忠培：《仰韶时代——史前社会的繁荣与向文明时代的转变》，《文物季刊》1997年第1期，第1～47页。
④ 黄怀信早已明确提出此论。见《仰韶文化与原始华夏族——炎、黄部族》，《考古与文物》1997年第4期，第33～37页。
⑤ 中国社会科学院考古研究所：《宝鸡北首岭》，文物出版社，1983年；陕西省考古研究所：《龙岗寺——新石器时代遗址发掘报告》，文物出版社，1990年。
⑥ 从关中以西商至汉代确切的羌（姜）人遗存前溯，也是探索炎帝文化的可行途径之一。
⑦ 严文明：《中国新石器时代聚落形态的考察》，《庆祝苏秉琦考古五十五年论文集》，文物出版社，1989年，第24～37页。

蚩尤文化可从两条途径探索。由于蚩尤与炎帝同时，因此，分布在河北一带所谓蚩尤故地的与半坡类型同时的仰韶文化后岗类型，自然就可能是蚩尤族系的文化遗存，这是其一。据俞伟超先生推测，以江汉平原为分布中心的屈家岭—石家河文化为三苗的文化①，而通过"禹征三苗"在考古学上的明晰反映，又可进一步证明此点②。屈家岭文化最初由分布于江汉东部地区的油子岭一期一类遗存发展而来大概不成问题③，而后者实际上是在钟祥边畈早期一类遗存的基础上，融合了大量大溪文化因素而形成④。非常有趣的是，与边畈早期一类遗存最近似的遗存竟是仰韶文化的后岗类型⑤，故前者极有可能是后岗类型的人们南向移居的结果。这与关于黎苗集团南迁的传说何其吻合！这是其二。和半坡类型一样，后岗类型虽未出现显著的贫富分化，但与宗教等相联系的个人地位的差别已开始明显起来⑥。

少昊文化也可从两条途径探索。由于少昊与蚩尤大致同时，因此，分

① 俞伟超：《先楚与三苗文化的考古学推测》，《文物》1980年第10期，第1~12页。
② 杨新改、韩建业：《禹征三苗探索》，《中原文物》1995年第2期，第46~55页。
③ 湖北省荆州地区博物馆：《湖北京山油子岭新石器时代遗址的试掘》，《考古》1994年第10期，第865~876、918页。关于油子岭一期一类遗存的文化性质还存在不同认识，如张绪球称其为大溪文化油子岭类型（《长江中游新石器时代文化概论》，湖北科学技术出版社，1992年），沈强华称其为油子岭文化（《油子岭一期遗存试析》，《考古》1998年第9期，第53~63页）。
④ 张绪球称其为边畈文化（《长江中游新石器时代文化概论》，湖北科学技术出版社，1992年）。另见黄锂：《湖北武汉地区发现的红陶系史前文化遗存》，《考古》1996年第12期，第1081~1087、1091页。
⑤ 孝感地区博物馆：《孝感、黄陂两县部分古遗址复查简报》，《江汉考古》1983年第4期，第1~13页。边畈早期一类遗存的陶器以红为主，其主要器物如足根压印圆窝纹的釜形鼎、红顶钵、成组的条纹彩陶钵、旋纹罐、口沿外附加一圈泥钉的大口尖底罐等，都是后岗类型的典型器（参见河北省文物研究所、邯郸地区文物管理所：《永年县石北口遗址发掘报告》，《河北省考古文集》，东方出版社，1998年，第46~105页）。当然它与豫西南下王岗一期一类遗存也有相似的一面（河南省文物研究所、长江流域规划办公室考古队河南分队：《淅川下王岗》，文物出版社，1989年），并融合了部分大溪文化因素在内。
⑥ 濮阳西水坡龙虎墓的发现就是一个重要的例证。见濮阳市文物管理委员会、濮阳市博物馆、濮阳市文物工作队：《河南濮阳西水坡遗址发掘简报》，《文物》1988年第3期，第1~6页；濮阳西水坡遗址考古队：《1988年河南濮阳西水坡遗址发掘简报》，《考古》1989年第12期，第1056~1066页。

布在山东一带所谓少昊故地的与后岗类型同时的北辛文化，至少就应当是少昊族系的文化遗存，这是其一。严文明先生从周代山东半岛的东夷遗迹，经商代珍珠门文化、夏代岳石文化，一直追溯到新石器时代。认为"从北辛文化、大汶口文化到龙山文化的整个时期，都应属于东夷远古文化的系统"①。王迅对此有更为详备的论述，并进而推测少昊族系属于大汶口文化②。但大汶口文化与少昊并不一定是完全对应的关系。我们曾通过对先商文化的探源，推测帝喾为大汶口文化末期的首领③；又依据"绝地天通"所反映的社会大变革以及东夷集团的振兴与扩张，推测颛顼时当大汶口文化前后期之交（约公元前 3500 年)④。然则少昊的时代就不能晚于大汶口文化前期。再向前溯，大汶口文化的主体是从当地的北辛文化发展而来⑤。因此北辛文化就可能也属于少昊族系。这是其二。北辛文化固然尚处于和后岗类型相似的发展阶段，但与庙底沟类型同时的大汶口文化前期却已出现较明显的贫富分化，聚落间差别很是显著⑥。

三

黄帝等所对应的考古学文化大致如上所述。将这些考古学文化联系起来，从大的文化局势的变动再来观察文化间关系，就可能真正弄清涿鹿之战的来龙去脉。

据研究，从大约公元前 5000 年开始，黄河长江流域的气候进入温暖湿润的所谓全新世大暖期"鼎盛阶段"⑦，这给人类提供了一次极好的发展机

① 严文明：《东夷文化的探索》，《文物》1989 年第 9 期，第 1～12 页。
② 王迅：《东夷文化与淮夷文化研究》，北京大学出版社，1994 年。
③ 韩建业：《先商文化探源》，《中原文物》1998 年第 2 期，第 48～54 页。
④ 韩建业、杨新改：《苗蛮集团来源与形成的探索》，《中原文物》1996 年第 4 期，第 44～49 页。
⑤ 吴汝祚：《试论北辛文化——兼论大汶口文化的渊源》，《山东史前文化论文集》，齐鲁书社，1986 年，第 196～210 页；山东省文物考古研究所：《大汶口续集——大汶口遗址第二、三次发掘报告》，科学出版社，1997 年。
⑥ 山东省文物考古研究所：《大汶口续集——大汶口遗址第二、三次发掘报告》，科学出版社，1997 年。
⑦ 施雅风等：《中国全新世大暖期的气候波动与重要事件》，《中国科学》（B 辑）1992 年第 12 期，第 1300～1308 页。

遇。考古学上反映出此时正是新石器时代中期向晚期过渡之时①。当时，作为半坡类型前身的流行绳纹陶罐的北首岭下层一类遗存局限于渭河和汉水上游，盛行陶釜的北辛文化早期主要分布在山东地区，而河北大部地区为素面陶罐和陶釜兼有的镇江营一期—石北口早期一类遗存——也即后岗类型的前身②。仅从分布范围来看，半坡类型明显要弱于其余两者。另外，晋南—陕西东部—河南大部地区此时为流行素面陶罐的遗存③。这些遗存中除北辛文化早期外，其余因都以陶罐、钵、壶为主要器类而属于一个大的整体，实际上即是一般所谓仰韶文化的前身，我们甚至可以将其作为仰韶文化的最早期看待。但从另一方面来看，从临潼以东直至山东半岛的广大区域，却因崇尚素面而联系在一起，尤其河北和山东地区因共有陶釜而显得颇为亲近。这或许就是"蚩尤于宇少昊"的背景。总体上当时各类型处于相对稳定的状态。

到公元前4800年左右，半坡类型、后岗类型正式形成。文化局势虽未大变，但局部开始活跃起来。最明显的是半坡类型开始逐渐扩展到陕西大部④乃至于鄂尔多斯地区西南部⑤，并进而朝人烟稀少的东北方向继续拓展，后岗类型同时也向西发展。两者在内蒙古中南部、晋中乃至于冀西北一带碰撞并融合，形成仰韶文化鲁家坡类型⑥。若从细部来说，鲁家坡类型中后

① 孙祖初：《中原地区新石器时代中期向晚期的过渡》，《华夏考古》1997年第4期，第47～59页。

② 镇江营一期资料见北京市文物研究所：《镇江营与塔照——拒马河流域先秦考古文化的类型与谱系》，中国大百科全书出版社，1999年。

③ 如枣园 H1 遗存（山西省考古研究所：《山西翼城枣园新石器时代早期遗址调查报告》，《文物季刊》1993年第2期，第1～15页）、大河村"前三期"遗存（郑州市文物考古研究所：《1982、1985年河南郑州市大河村遗址发掘》，《考古学集刊》（第11集），中国大百科全书出版社，1997年，第32～83页）等。

④ 赵宾福：《半坡文化研究》，《华夏考古》1992年第2期，第34～55页；孙祖初：《半坡文化再研究》，《考古学报》1998年第4期，第419～446页。

⑤ 王志浩、杨泽蒙：《鄂尔多斯地区仰韶时代遗存及其编年与谱系初探》，《内蒙古中南部原始文化研究文集》，海洋出版社，1991年，第86～112页。

⑥ 内蒙古文物考古研究所：《准格尔旗鲁家坡遗址》，《内蒙古文物考古文集》（第2辑），中国大百科全书出版社，1997年，第120～136页；韩建业：《中国北方地区新石器时代文化研究》，北京大学考古文博院博士学位论文，2000年。

岗类型的因素似乎要更强烈一些①。这大概就是炎帝和蚩尤冲突并以蚩尤略占上风的真实反映。

　　公元前 4200 年左右，气候环境变得最为适宜，而文化局势也开始发生较大变化。最突出的表现是庙底沟类型的前身——东庄类型在晋西南的形成和崛起②。以芮城东庄村仰韶遗存和翼城北橄一期至三期为代表的东庄类型③，时代介于半坡类型和庙底沟类型之间④，实际上是半坡类型东进并与当地土著文化融合的结果⑤，也可谓是半坡类型的关东变体⑥。如此正可解释炎黄同源且其兴盛期早晚有别的说法。东庄类型一经形成，就显示出其旺盛的创新、进取和开拓精神。首先向文化相对薄弱、空白地带多的晋中、内蒙古中南部挺进，形成与东庄类型相似的白泥窑子类型，大大扩充了东庄类型的实力⑦。然后再向周围强烈施加影响。向西使原半坡类型的发展方向发生变化，使其进入晚期阶段⑧。向东南使豫中、豫西南地区遗存也带上了浓厚的东庄类型色彩⑨。向东北使原属后岗类型的冀西北和晋北区文化演

---

① 张忠培和乔梁把北方地区、河北乃至于山东大部的此期遗存，统归入"后岗一期文化"的范畴（《后冈一期文化研究》，《考古学报》1992 年第 3 期，第 261～280 页）。

② 严文明：《略论仰韶文化的起源和发展阶段》，《仰韶文化研究》，文物出版社，1989 年，第122～165 页。

③ 中国科学院考古研究所山西工作队：《山西芮城东庄村和西王村遗址的发掘》，《考古学报》1973 年第 1 期，第 1～64 页；山西省考古研究所：《山西翼城北橄遗址发掘报告》，《文物季刊》1993 年第 4 期，第 1～51 页。

④ 张忠培：《试论东庄村和西王村遗存的文化性质》，《考古》1979 年第 1 期，第 37～44 页。

⑤ 戴向明：《试论庙底沟文化的起源》，《青果集——吉林大学考古系建系十周年纪念文集》，知识出版社，1998 年，第 18～26 页。

⑥ 严文明：《论半坡类型和庙底沟类型》，《考古与文物》1980 年第 1 期，第 64～72 页。

⑦ 白泥窑子类型以白泥窑子遗址 C 点 F1 为代表。见崔璿、斯琴：《内蒙古清水河白泥窑子 C、J 点发掘简报》，《考古》1988 年第 2 期，第 97～108 页。

⑧ 即所谓"史家类型"阶段。见西安半坡博物馆、渭南县文化馆：《陕西渭南史家新石器时代遗址》，《考古》1978 年第 1 期，第 41～53 页；王小庆：《论仰韶文化史家类型》，《考古学报》1993 年第 4 期，第 415～434 页。

⑨ 如大河村"前一期""一期"遗存（郑州市文物考古研究所：《1982、1985 年河南郑州市大河村遗址发掘》，《考古学集刊》（第 11 集），中国大百科全书出版社，1997 年，第 32～83 页）、下王岗二期遗存（河南省文物研究所、长江流域规划办公室考古队河南分队：《淅川下王岗》，文物出版社，1989 年）等。

变为地方特征浓厚的马家小村类型①，表明黄帝族系的触角虽已伸至涿鹿一带，但蚩尤的势力还尚未退出。向东影响最小，显然与后岗类型的顽强抵制有关②。这时太行山两侧表面上的和平共处，或许正是黄帝和蚩尤双方经多次较量后而暂时势均力敌的表现。

公元前 4000 年左右庙底沟类型正式形成之后，其与后岗类型的对峙局面终于宣告结束。这时冀西北遗存已可归入白泥窑子类型，河北平原地区除磁县钓鱼台等少数与庙底沟类型近似的遗存外③，大部呈现出一派萧条景象。表明不但涿鹿一带已归属黄帝，而且其势力已扩展到太行山东麓；河北平原的文化发展受到严重破坏。这应当正是涿鹿之战后的具体表现。后岗类型所代表的黎苗集团被迫大部南迁，抵达江汉东部地区者终于留下了边畈早期一类遗存。

如果放大眼光，会发现庙底沟类型的影响远远不限于此。与之近似的遗存还广布于渭水流域和汉水上游（泉护类型）以及郑洛（阎村类型）等地，它们共同构成颇具统一性的幅员广阔的（第二期）仰韶文化（约公元前 4000～前 3500 年)④，其范围则恰好以冀州为核心；而庙底沟类型的影响则北逾燕山，东达海岱，东南至江淮，南达江湘，又与《史记》所载黄帝所至之处何其相似！

有趣的是，由于此时南方龙虬庄一期一类遗存因素的北上，山东地区

---

① 以马家小村遗存（山西省考古研究所、大同市博物馆：《山西大同马家小村新石器时代遗址》，《文物季刊》1992 年第 3 期，第 7～16 页）、三关 F4 遗存（张家口考古队：《一九七九年蔚县新石器时代考古的主要收获》，《考古》1981 年第 2 期，第 97～105 页）为代表。

② 以石北口中期四段和晚期为代表的遗存中，仅有极少量黑彩宽带钵、侈口绳纹罐等东庄类型因素。见河北省文物研究所、邯郸地区文物管理所：《永年县石北口遗址发掘报告》，《河北省考古文集》，东方出版社，1998 年，第 46～105 页。

③ 严文明先生称其为仰韶文化钓鱼台类型（《略论仰韶文化的起源和发展阶段》，《仰韶文化研究》，文物出版社，1989 年，第 155 页）。

④ 严文明：《略论仰韶文化的起源和发展阶段》，《仰韶文化研究》，文物出版社，1989 年，第 122～165 页。由于其在一个很大的范围内统一性很强，故张忠培先生称其为"庙底沟文化"或"西阴文化"（《仰韶时代——史前社会的繁荣与向文明时代的转变》，《文物季刊》1997 年第 1 期，第 1～47 页）。

的北辛文化演变成为大汶口文化①，进入一个全新的发展阶段，与仰韶文化的差别也明显增大。但毋庸置疑，以庙底沟类型为代表的仰韶文化暂时还处于优势地位。这或许就是其能"命少昊"的缘由。

总之，涿鹿之战确立了庙底沟期仰韶文化所代表的华夏集团的主导地位，使黄帝及其中原地区成为古代中国的认知核心。对中国古代文明的起源、形成和发展都有深远影响。

（原载《中原文物》2002 年第 4 期）

---

① 龙虬庄遗址考古队：《龙虬庄——江淮东部新石器时代遗址发掘报告》，科学出版社，1999 年。

唐伐西夏与稷放丹朱

"唐伐西夏"与"稷放丹朱"是关涉陶唐氏与夏、周先人兴衰荣辱和相互关系的重大事件。对其作考古学观察，当为在三代文化的基础上进一步追溯中国上古史实的关键步骤。

一

"唐伐西夏"最早见于《逸周书·史记解》：

> 昔者西夏，性仁非兵，城郭不修，武士无位，惠而好赏，屈而无以赏。唐氏伐之，城郭不守，武士不用，西夏以亡。

《博物志·杂说上》有类似的说法①。此夏前唐后的顺序，也正与《左传·昭公元年》中的记载一致②。

这里提到的"西夏"和"唐氏"，即通常文献中所见的夏和陶唐二族，对其居地历来有不同说法。

关于夏的主要居地，笼统来说不出晋南和豫西③，实际上当为起于晋南

---

① 《博物志·杂说上》："昔西夏仁而去兵，城郭不修，武士无位，唐伐之，西夏云（亡）。"
② 《左传·昭公元年》："昔高辛氏有二子，伯曰阏伯，季曰实沈，居于旷林，不相能也。日寻干戈，以相征讨。后帝不臧，迁阏伯于商丘，主辰。商人是因，故辰为商星。迁实沈于大夏，主参。唐人是因，以服事夏、商。……昔金天氏有裔子曰昧，为玄冥师，生允格、台骀。台骀能业其官，宣汾、洮，障大泽，以处大原。帝用嘉之，封诸汾川。沈、姒、蓐、黄，实守其祀。"
③ 徐旭生：《1959年夏豫西调查"夏墟"的初步报告》，《考古》1959年第11期，第592~600页；《略谈研究夏文化的问题》，《新建设》1960年第3期，第62~65页。

而迁至豫境①。晋南才是夏人真正的老家，故其地有"夏墟"之称②。

　　陶唐居地的情况要复杂得多，有山东、河北、山西诸说。山西说因见于《左传》等先秦典籍而备受重视，但其本身又早有晋南临汾"平阳"说和晋中太原"晋阳"说的分歧③。独皇甫谧主张从晋阳徙平阳，倒也许离事实最近④。山东、河北说虽明确出现于汉代，但也不容忽视。应劭认为唐县和平阳均为尧之居地，或许有着更早的出处，因此存在陶唐氏由河北迁山西的可能⑤。再联系尧为喾子⑥，以及高辛氏居东方的说法⑦，则陶唐氏的始居地就可能确在东方。这样从山东附近伊始，经河北、晋中，终抵晋南，就构成陶唐氏由东徂西的一条可能之路。

　　陶唐氏的西进与南下，理当存在一个与当地居民冲突和融合的问题，尤其当最终要占领夏人根据地晋南的时候，大概双方经过了一场较为惨烈的战争。这也许就是"唐伐西夏"的由来。

<h2 style="text-align:center">二</h2>

　　结合考古学文化来看，以豫西为分布中心的二里头文化总体上属夏文化无疑⑧，具体当属少康中兴之后的晚期夏文化；此前的王湾三期文化后期为早期夏文化。由此前溯，王湾三期文化前期及其前身谷水河类型就属于

① 刘起釪：《由夏族原居地纵论夏文化始于晋南》，《华夏文明》（第一集），北京大学出版社，1987 年，第 18～52 页。

② 《左传·定公四年》："分唐叔以大路、密须之鼓、阙巩、沽洗，怀姓九宗，职官五正。命以《康诰》，而封于夏墟，启以夏政，疆以戎索。"唐叔封地在晋地无疑。

③ 徐旭生：《尧、舜、禹（上）》，《文史》（第三十九辑），中华书局，1994 年，第 1～26 页。

④ 《帝王世纪》："帝尧始封于唐，又徙晋阳。及为天子，都平阳。"

⑤ 《汉书·地理志（上）》河东郡平阳条下，应劭曰："尧都也，在平河之阳。"《汉书·地理志（下）》中山国唐条下有"尧山在南"，应劭曰："故尧国也"。

⑥ 《史记·五帝本纪》："帝喾娶陈丰氏女，生放勋……是为帝尧。"

⑦ 王国维：《殷卜辞中所见先公先王考》，《观堂集林》卷第九，中华书局，1959 年，第 409～436 页；徐旭生：《中国古史的传说时代》（新一版），文物出版社，1985 年，第 88～93 页。

⑧ 邹衡：《试论夏文化》，《夏商周考古学论文集》，文物出版社，1980 年，第 95～182 页。

先夏文化的范畴。又因为谷水河类型主要是庙底沟二期类型东向推移的结果①，故庙底沟二期类型应当是更早的先夏文化，亦即以"西夏"为主体的遗存。

庙底沟二期类型的中心分布地域，是晋南的临汾盆地、运城盆地和黄河沿岸地区。庙底沟二期类型流行横篮纹，可明确分为三期：第 1 期以芮城西王村上层②、夏县东下冯遗存③和襄汾陶寺 H356④ 为代表，有喇叭口尖底瓶、筒形罐、平底盆、钵、碗、敛口豆等基本器类，以及少量背壶。第 2 期以垣曲古城东关 H251⑤ 和侯马东呈王遗存⑥为代表，尖底瓶变为高领罐，见釜灶，新出典型器盆形鼎和斝，以及少量双腹豆、折腹杯和觚形杯。这两期分布于晋南全境，且对关中影响较大。第 3 期以垣曲古城东关 H1 和 H188 为代表，斝三足外移，器体变矮，新出凿形足罐形鼎，以及双耳折肩壶和薄胎红陶杯；主要分布在偏南的运城盆地和黄河沿岸，而在临汾盆地却被以陶寺 M3002 为代表的遗存代替⑦。也正在此时，庙底沟二期类型东南向移动形成谷水河类型。至龙山时代前期，在运城盆地和黄河沿岸演变为以垣曲古城东关 H91、H145 和垣曲龙王崖 H106 为代表的遗存⑧，器表多拍

---

① 韩建业：《夏文化的起源与发展阶段》，《北京大学学报》（哲学社会科学版）1997 年第 4 期，第 120～125 页。

② 中国科学院考古研究所山西工作队：《山西芮城东庄村和西王村遗址的发掘》，《考古学报》1973 年第 1 期，第 1～63 页。

③ 中国社会科学院考古研究所、中国历史博物馆、山西省文物工作委员会东下冯考古队：《山西夏县东下冯龙山文化遗址》，《考古学报》1983 年第 1 期，第 55～92 页。

④ 中国社会科学院考古研究所山西工作队、山西省临汾地区文化局：《陶寺遗址1983～1984 年Ⅲ区居住址发掘的主要收获》，《考古》1986 年第 9 期，第 773～781 页。

⑤ 中国历史博物馆考古部、山西省考古研究所、垣曲县博物馆：《1982～1984 年山西垣曲古城东关遗址发掘简报》，《文物》1986 年第 6 期，第 27～40 页；张素琳、佟伟华：《垣曲古城东关遗址庙底沟二期文化和龙山文化遗存》，《三晋考古》（第二辑），山西人民出版社，1996 年，第 141～181 页。

⑥ 山西省考古研究所、山西大学历史系考古专业：《山西侯马东呈王新石器时代遗址》，《考古》1991 年第 2 期，第 110～124 页。

⑦ 高天麟、张岱海、高炜：《龙山文化陶寺类型的年代与分期》，《史前研究》1984 年第 3 期，第 22～31 页。

⑧ 中国社会科学院考古研究所山西工作队：《山西垣曲龙王崖遗址的两次发掘》，《考古》1986 年第 2 期，第 97～112 页。

印斜篮纹，斝大口，三足外移至器腹，红陶杯胎变厚，另有罐形鼎、侈口罐、高领罐、釜灶、斜腹盆、盆形擂钵等器类。在临汾盆地则发展成以陶寺 M3015 为代表的遗存①。同时，豫西进入王湾三期文化前期②。

陶寺 M3002 和 M3015 为代表的遗存一般被归为陶寺类型早期，绝对年代约在公元前 2600～前 2200 年。它的文化因素主要可分为两大部分：斝、筒形罐、釜灶、扁壶等主要日常陶器种类为继承当地庙底沟二期类型第 2 期而来，而高领折肩壶、折肩罐、折腹盆、大口缸、陶鼓、鼍鼓、钺、厨刀、琮等器类，以及陶、木器上的彩绘，大小墓的严重分化等多同表现"礼制"相关的因素，和庙底沟二期类型第 2 期风格迥异，而与以大汶口文化晚期以至于良渚文化为代表的东方地区的文化面貌相当吻合。这就清楚地表明，陶寺类型的形成是东方文化西移，并与当地文化融合的产物。同时，社会的上层人物应以东方"殖民者"为主，他们力图维护原有文化传统和等级制度。

既然庙底沟二期类型是"西夏"人的文化，那么其在临汾盆地被陶寺类型早期的代替，反映的不正是自东而来的陶唐氏对夏人的征服吗？战争的结果可能是夏人主体被赶出临汾，并被迫移居豫西，而部分人留在原地受侵略者统治。或许这就是西周武装殖民制度的滥觞吧！此一推论也正与一般所说陶寺类型早期属陶唐氏遗存的观点相符③。

但远来乍到的陶唐氏也仅仅实现了对临汾盆地的控制，尽管其发展程度远远高于周围文化。它向更南地区的扩展受到了夏人最严厉的抵制，这也就是运城盆地及黄河沿岸地区同时期文化基本不见陶寺类型中那类东方因素的原因。

此外，相当于庙底沟二期类型第 3 期时，晋中地区以太谷白燕二期为代表的遗存中，也突然出现高领折肩壶、折肩罐、折腹盆等东方因素④，恰与

① 中国社会科学院考古研究所山西工作队、临汾地区文化局：《1978～1980 年山西襄汾陶寺墓地发掘简报》，《考古》1983 年第 1 期，第 30～42 页。
② 韩建业、杨新改：《王湾三期文化研究》，《考古学报》1997 年第 1 期，第 1～22 页。
③ 王文清：《陶寺遗存可能是陶唐氏文化遗存》，《华夏文明》（第一集），北京大学出版社，1987 年，第 106～123 页。
④ 晋中考古队：《山西太谷白燕遗址第一地点发掘简报》，《文物》1989 年第 3 期，第 1～21 页。

陶寺类型最早期的情况相似。这与陶唐氏通过晋中抵达晋南的说法吻合。遗憾的是河北中部同时期考古学文化的情况尚不清楚，故难以将陶唐氏迁移路线从考古学上完全复原。

三

"稷放丹朱"见于《古本竹书纪年》："后稷放帝朱于丹水。"①《路史·后记十一》作"稷避丹朱"②，其实不过是换了一种说法。又有把丹朱被放与舜联系者，大约是舜为当时中原领袖，故将此等大事依托于他的名义下的缘故。

后稷与其母有邰氏姜嫄的居地，旧说以为在泾、渭水一带，独钱穆提出晋南起源说③。其实如果"自土沮（徂）漆"的"土"果真是石楼附近④，有邰氏（台骀）所处"大原"本指今太原盆地⑤，则周之先人祖居地还当包括晋中在内。或者周先人也存在一个由晋中扩展至晋南的过程。

丹朱既然为尧子⑥，其始居中心地自然还应在临汾盆地。至于居处豫西南丹水，或许正是被逐放的结果⑦。

以陶寺 H365 和 H303 为代表的分别被称为陶寺中、晚期的遗存⑧，与早

---

① 《山海经·海内南经》注。另：《史记·高祖本纪》正义引"后稷放帝子丹朱于丹水"；《史记·五帝本纪》正义引"后稷放帝子丹朱"。

② 《路史·后记十一》："稷避帝子丹朱于南河之南，天下之觐者不之朱而之舜，讴歌者不之朱而之舜，狱讼者不之朱而之舜。"

③ 钱穆：《周初地理考》，《燕京学报》第 10 期，1931 年，第 1955～2008 页。

④ 《诗·大雅·绵》："绵绵瓜瓞，民之初生，自土沮漆。"参见邹衡：《论先周文化》，《夏商周考古学论文集》，文物出版社，1980 年，第 297～356 页。

⑤ 另《诗·小雅·六月》有"薄伐猃狁，至于大原"一句。朱熹《诗集传》以为"大原"即今太原。

⑥ 《史记·五帝本纪》正义引《帝王世纪》："尧娶散宜氏女，曰女皇，生丹朱。"

⑦ 《史记·五帝本纪》正义引范汪《荆州记》云："丹水县在丹川，尧子朱之所封也。"《括地志》云："丹水故城在邓州内乡县西南百三十里。"

⑧ 中国社会科学院考古研究所山西工作队、临汾地区文化局：《山西襄汾县陶寺遗址发掘简报》，《考古》1980 年第 1 期，第 18～31 页；中国社会科学院考古研究所山西工作队、山西省临汾地区文化局：《陶寺遗址 1983～1984 年 Ⅲ 区居住址发掘的主要收获》，《考古》1986 年第 9 期，第 773～781 页。

期遗存实有重大区别，可暂称为"陶寺晚期类型"。陶寺早期斝、扁壶等原属庙底沟二期系统的器物在晚期得到较多承继，而特征鲜明的东方因素丧失殆尽，又新出大量鬲类。由于包括晋中和内蒙古中南部在内的狭义的北方地区是鬲的主要发源地，则陶寺早、晚期间发生变化的原因自当是由于北方老虎山文化的南进①。而变化程度之巨，使人不得不再一次将其与战争一类的剧烈冲突相联系。然则"稷放丹朱"的实质，不过是北方姬周先民对陶唐氏的征服。不仅如此，北方文化的影响继续南下，使鬲类遗存扩展和影响到运城盆地、黄河沿岸乃至伊洛流域，对夏人文化也造成了很大影响。就连紧接其后发生的象征夏王朝诞生的"禹征三苗"事件②，也当与北方文化的南渐有所关联。

值得一提的是，邹衡在研究关中地区晚期先周文化的渊源时，曾追溯到朱开沟文化（当时称光社文化）③，而陶寺晚期类型正是朱开沟文化的重要来源之一④。这与本文将陶寺晚期类型推测为稷前后周人文化的观点正好相合。

四

陶唐氏的西迁，像一颗巨星那样照亮了相对黑暗的中原大地，导致了该地区一次文明高峰的出现，又刺激了中原文化此后的飞速发展。而与土著居民的两次大的冲突及其余波，更直接导致了夏人主体东南移动并终至创建夏王朝。但这颗巨星仅仅过了大约300年，就匆匆陨落。这似乎与其所达到的辉煌的文化成就不相吻合。究其原因，恐怕主要缘于它和当地土著在文化传统上的隔阂，及其对外关系的孤立。

狭义的北方地区文化和晋南地区的新石器时代文化一样，都属于广义

---

① 田广金：《凉城县老虎山遗址 1982～1983 年发掘简报》，《内蒙古文物考古》1986 年第 4 期，第 38～46 页。

② 杨新改、韩建业：《禹征三苗探索》，《中原文物》1995 年第 2 期，第 46～55 页。

③ 邹衡：《论先周文化》，《夏商周考古学论文集》，文物出版社，1980 年，第 297～356 页。

④ 内蒙古文物考古研究所：《内蒙古朱开沟遗址》，《考古学报》1988 年第 3 期，第 301～332 页。

的中原古文化的重要组成部分，都是庙底沟期仰韶文化不同类型不断发展、分化的产物①。从这个意义上讲，夏、周先民其实有着共同的文化渊源，这或许就是周人常以夏人自居的原因②。陶唐氏所代表的东方文化传统在许多方面与其格格不入，难怪要遭到抵制并最终被取代了。而相对于有着悠久发展历史的夏、周先民来说，初来乍到的陶唐氏又好像大海上的一叶孤舟，较快倾覆是自然的事情。说到底，夏与唐、唐与稷间发生的冲突颇有些冤冤相报的意味。

（原载《北京大学学报》（哲学社会科学版）2001 年第 4 期）

附记：

1. 陶寺遗址近年发现了面积达 200 多万平方米的大型城址、圆形放射状的可能与天文观测有关的特殊设施，还发现规模宏大的墓葬 M22（中国社会科学院考古研究所山西队、山西省考古研究所、临汾市文物局：《陶寺城址发现陶寺文化中期墓葬》，《考古》2003 年第 9 期，第 3～6 页）。该大城是龙山时代最大的城址，M22 是龙山时代规模最大、级别最高的墓葬之一。该城或为陶寺类型甚至整个中原的中心，墓主人或为陶寺类型甚至整个中原地区的首领。

2. 最近发掘者注意到陶寺遗址"中期"（相当于龙山前期后段，即陶寺类型）和"晚期"（相当于龙山后期，即陶寺晚期类型）之间发生重大变故，表现为城垣被废、墓葬遭毁以及摧残女性等（何驽等：《襄汾陶寺城址发掘显现暴力色彩》，《中国文物报》2003 年 1 月 31 日），这进一步证明我以"稷放丹朱"解释龙山前后期文化的变迁有一定道理。

3. 恰巧陶唐氏在晋南兴起的前夕，良渚文化衰落，而玉璧、玉琮、石厨刀、彩绘陶器等大量良渚文化因素却出现在陶寺墓地，这一兴一衰之间似乎存在某种因果关系。

---

① 严文明：《略论仰韶文化的起源和发展阶段》，《仰韶文化研究》，文物出版社，1989 年，第 122～165 页。

② 《尚书·康诰》："用肇造我区夏"；《尚书·君奭》："惟文王尚克修和我有夏"；《尚书·立政》："我有夏，式商受命，奄甸万姓。"

4. 如果陶唐氏的确是由山东经河北终抵晋南的，则河北中北部就成为进一步探索陶唐氏文化的关键所在，可惜该地区庙底沟二期阶段文化基本面貌还不甚清楚。这是今后考古上需要特别注意的地方。

2006 年 5 月

禹征三苗探索[*]

一

禹是中国古史传说中一位伟大的人物，他有两大功绩历来为人们所称道：一是治水，二是创建夏王朝①。在当时"万国"林立的形势之下，认为禹"坏城平池，散财物，焚甲兵，施之以德，海外宾服"②，那显然不合情理。夏后氏能脱颖而出，不过因为它是部落邦国争战中的胜利者而已，"禹征三苗"便是夏后氏禹发动的规模最大的一场对外战争。

《墨子·非攻（下）》记载了这次战争的情况："昔者三苗大乱，天命殛之。日妖宵出，雨血三朝，龙生于庙，犬哭乎市，夏冰，地坼及泉，五谷变化，民乃大振。高阳乃命玄宫，禹亲把天之瑞令，以征有苗。四电诱袛，有神人面鸟身，若瑾以侍。搤矢有苗之祥，苗师大乱，后乃遂几。禹既已克有三苗，焉磨为山川，别物上下，卿制大极，而神民不违，天下乃静。则此禹之所以征有苗也。"似乎是禹乘三苗发生天灾内乱之际突然入侵，三苗惨败并被彻底征服。宗庙被夷，"子孙为隶"③，三苗从此退出历史舞台。

---

* 本文为与杨新改合写。

① 《古本竹书纪年》："自禹至桀十七世，有王与无王，用岁四百七十一年"（《太平御览》八十二）；"夏自禹以至于桀，十七王"（《文选·六代论》注引）。《论衡·谢短》："夏始于禹，殷本于汤，周祖后稷。"

② 《淮南子·原道训》："昔者夏鲧作三仞之城，诸侯背之，海外有狡心。禹知天下之叛也，乃坏城平池，散财物，焚甲兵，施之以德，海外宾服，四夷纳职，合诸侯于涂山，执玉帛者万国。"

③ 《国语·周语下》："王无亦鉴于黎苗之王，下及夏商之季……是以人夷其宗庙，而火焚其彝器，子孙为隶，下夷于民。"

　　禹征三苗其实是尧、舜以来"华夏"与"苗蛮"两大集团之间斗争的继续①，只不过因为此时华夏族实力大长，对土地资源、劳动力和财富的需求更为迫切，故战争进行得更惨烈。此前，"尧战于丹水之浦以服南蛮，舜却苗民，更易其俗"（《吕氏春秋·召类》），说明在尧、舜与三苗的冲突中，华夏族已占上风。

　　战争的起因是多方面的，除了掠夺财富和劳动力、争抢地盘以外，宗教习俗上的歧异也是其中之一。《尚书·吕刑》有这样的记载："苗民弗用灵。制以刑，惟作五虐之刑，曰法。杀戮无辜……皇帝哀矜庶戮之不辜，报虐以威，遏绝苗民，无世在下。"好像是因为苗民统治者滥刑峻法而致灭亡。但这些话出自战胜者之口，不免得打上几分折扣。其实首句"弗用灵"才是关键。徐旭生先生引《说文》"灵，巫也"的说法，将战争的原因解释为三苗不肯遵守华夏族的宗教（巫教）习俗②，很有道理。此外，《伪孔传》说"三苗之君效蚩尤之恶"，《国语·楚语下》言"三苗复九黎之德"，也表达了同样的意思。被认为有凶德的不少，为何独言东夷集团的"蚩尤""九黎"？说明苗蛮与东夷集团之间有过密切关系，宗教习俗上有共同之处，这在华夏人眼中自然就成为"恶"或"凶德"。《吕氏春秋·召类》说"舜却苗民，更易其俗"，可见舜时就已在试图改变三苗的宗教习俗了。可惜文献中对三苗的独特习俗记载甚少，只有装束方面提到一点。《淮南子·齐俗训》："三苗髽首，羌人括领，中国冠笄，越人劗鬋，其于服一也。"何谓"髽首"？解释有三：以枲麻束发，"屈布为巾"或"去缅而紒"，总之不用簪笄，与中原不同③。

　　从考古学上探索禹征三苗，首先要弄清楚夏后氏与三苗的考古学文化归属问题。夏文化问题已讨论多年，不少认识渐趋一致。多数人认为河南中、西部为夏之中心地域，二里头文化早期属夏文化。但对夏文化的上、

---

① 徐旭生：《中国古史的传说时代》（新一版），文物出版社，1985 年，第 101~109 页。
② 徐旭生：《中国古史的传说时代》（新一版），文物出版社，1985 年，第 105~106 页。
③ 俞伟超《先楚与三苗文化的考古学推测》中说："三苗的那种'髽首'之俗，据《左传》襄公四年杜注和孔疏引郑众说，《齐俗训》高注，都以为是枲麻束发而结，襄公四年孔疏引马融说以为是'屈布为巾'，引郑玄说以为是'去缅而紒'，总之，是不用簪笄的。"见《文物》1980 年第 10 期，第 9 页，第 1~12 页。

下限意见还不一致。就上限来讲，或认为二里头文化早期才进入夏代①，或认为可提早到王湾三期文化晚期②。无论哪一种说法，夏后氏（先夏）都与王湾三期文化有关联。华夏集团作为包括陶唐氏、有虞氏和夏后氏等在内的联合体，其文化应大体与"中原龙山文化"③对应。

三苗文化曾被推测为以江汉平原为中心的屈家岭文化和石家河文化④。到同尧、舜、禹发生冲突的时候，就已经应该是石家河文化了。在湖北天门石家河遗址群发现过不少双手抱鱼的小陶人，头部似为束发，恰好与文献中"方捕鱼"⑤和"髽首"的记载相合。

既然夏后氏和三苗文化分别与王湾三期文化和石家河文化相关，那么只有对这两个文化自身的面貌特征、年代分期及相互间关系等问题有个较为深入的认识，才可望对禹征三苗在考古学上的体现有所揭示。

二

王湾三期文化因发现于河南洛阳王湾而得名⑥。它和后岗二期文化、造律台类型一样，都在一定的区域内经过了较长的发展时期，各自内涵有别，源流各异，因此是中国铜石并用时代晚期几个独立的考古学文化，同属于"中原龙山文化"系统。王湾三期文化被认为来源于仰韶文化四期的谷水河类型⑦，这是没有多大问题的，但两者之间存在明显的缺环却也不容否认。

---

① 邹衡：《关于探讨夏文化的几个问题》，《文物》1979 年第 3 期，第 64 ~ 69 页。

② 安金槐：《豫西夏代文化初探》，《中国历史博物馆馆刊》1979 年第 1 期，第 38 ~ 39 页；李伯谦：《二里头类型的文化性质与族属问题》，《文物》1986 年第 6 期，第41 ~ 47 页。

③ "中原龙山文化"包括客省庄二期文化、王湾三期文化、后岗二期文化、陶寺类型和造律台类型等。见严文明：《略论仰韶文化的起源和发展阶段》，《仰韶文化研究》，文物出版社，1989 年，第 122 ~ 165 页。

④ 俞伟超：《先楚与三苗文化的考古学推测》，《文物》1980 年第 10 期，第 1 ~ 12 页。

⑤ 《山海经·大荒北经》："颛顼生骊头，骊头生苗民，苗民厘姓。"表明三苗与骊头或为同族。《山海经·海外南经》又讲"骊头国在其南，其为人人面有翼，鸟喙，方捕鱼。"《山海经·大荒南经》说："大荒之中，有人名曰骊头……头人面鸟喙，有翼，食海中鱼。"

⑥ 北京大学考古实习队：《洛阳王湾遗址发掘简报》，《考古》1961 年第 4 期，第175 ~ 178 页。

⑦ 严文明：《略论仰韶文化的起源和发展阶段》，《仰韶文化研究》，文物出版社，1989 年，第 122 ~ 165 页。

实际上，随着资料的增多，我们知道在两者之间确实还存在一类具有过渡性质的遗存。这类遗存也分布于豫西、豫中地区，而且有清楚的层位关系表明其早于典型的王湾三期文化，如在郑州站马屯[①]、郾城郝家台[②]和襄城台王[③]遗址所见。这类遗存有的遗址规模大，堆积丰富，郝家台遗址甚至出现了 3 万多平方米的长方形夯土城。房屋属长方形地面式排房，多者达 8 间。墓葬不多，瓮棺葬与土坑竖穴墓并存，瓮棺葬有以矮乳足鼎作为葬具者，上扣一底凿圆洞的盆；土坑墓多为仰身直肢，发现用原木凿成凹槽的木质葬具[④]。陶器以泥质灰黑陶为主，泥质和夹砂红褐陶亦占相当比例；素面或磨光陶居多，并有相当数量的横篮纹；器类有高直领瓮、深腹罐、高足或矮足罐形鼎、折盘豆、深腹盆形甑、深腹平底盆、小平底碗、小平底钵、圈足盘、觚形杯、圈足杯、壶、平底小实足鬹等，王湾三期文化的一些基本特征已经具备。因此可将其归入王湾三期文化范畴，作为王湾三期文化的前期，而把典型的王湾三期文化作为后期。应该指出，前期时偏南的汝颍区和靠北的郑洛区之间存在一定的地方性差异。汝颍区以郝家台一、二期为代表，可称之为"郝家台类型"，流行鼎、杯、壶类；郑洛区站马屯一期最有特征的器物是深腹平底盆、卷沿绳纹罐等，待材料充足后或可划为一个地方类型。

王湾三期文化后期分布范围扩大，在王城岗遗址也发现有夯土城垣[⑤]。房屋仍多为方形地面式，有的分间，有的不分间。婴孩瓮棺葬与成人土坑墓并存，基本不见随葬品。陶器以夹砂和泥质灰陶为主，磨光黑陶次之，红褐陶极少；篮纹、方格纹大增，且篮纹多为竖或斜施；直领瓮、深腹罐、罐形鼎、平底碗、平底盆、小实足平底鬹等器类脱胎于前期而有所变化

---

① 河南省文物研究所等：《郑州市站马屯遗址发掘报告》，《华夏考古》1987 年第 2 期，第 3 ~ 46 页。

② 河南省文物研究所等：《郾城郝家台遗址的发掘》，《华夏考古》1992 年第 3 期，第 62 ~ 91 页。

③ 河南省文物研究所：《襄城县台王遗址试掘简报》，《中原文物》1988 年第 1 期，第 7 ~ 13 页。

④ 河南省驻马店地区文管会：《河南上蔡十里铺新石器时代遗址》，《考古学集刊》（第 3 集），中国社会科学出版社，1983 年，第 69 ~ 80 页。

⑤ 河南省文物研究所、中国历史博物馆考古部：《登封王城岗与阳城》，文物出版社，1992 年。

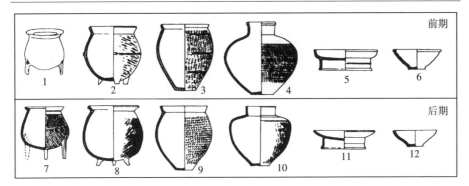

图一　王湾三期文化前后期典型陶器比较

1. 郾城郝家台（T47⑦：50）　3、6. 临汝北刘庄（W3：1、T16③：1）　2、4. 上蔡十里铺（H3：9、M5：2）　5. 郑州站马屯（F4：3）　7、12. 临汝煤山（T19④：3、T25③c：15）　8、10、11. 登封王城岗（H402：11、H206：15、H126：7）　9. 洛阳王湾（H166：156）

（图一），壶、杯、瓶类大为减少。经济应是以农业为主的综合经济，主要种粟，兼营水稻[1]。有用卜骨占卜的习俗。已能冶铸青铜[2]。后期可分煤山、王湾两个类型。王湾类型鼎少罐多，双腹盆、平底盆、斝等富于特色，而煤山类型则流行鼎（特别是矮乳足罐形鼎）、觚形器，双腹盆等很少。

三

石家河文化因首先发现于湖北天门石河镇而得名[3]，属中国铜石并用时

---

① 中国社会科学院考古所河南一队：《河南汝州李楼遗址的发掘》，《考古学报》1994年第1期，第63~98页。

② 在临汝煤山、登封王城岗和郑州牛砦龙山遗存中发现有铜渣、铜片或铜块。见《登封王城岗与阳城》及中国社会科学院考古研究所河南二队：《河南临汝煤山遗址发掘报告》，《考古学报》1982年第4期，第427~476页。

③ 关于石家河遗址群各遗址的材料见于：湖北省文物管理委员会：《湖北京山、天门考古发掘简报》，《考古通讯》1956年第3期，第11~20页；石河考古队：《湖北省石河遗址群1987年发掘简报》，《文物》1990年第8期，第1~16页；荆州地区博物馆、北京大学考古系：《天门邓家湾遗址1987年春发掘简报》，《江汉考古》1993年第1期，第1~13页；石河考古队：《湖北天门市邓家湾遗址1992年发掘简报》，《文物》1994年第4期，第32~42页；湖北省文物考古研究所等：《湖北石家河罗家柏岭新石器时代遗址》，《考古学报》1994年第2期，第191~230页。

代晚期。它的前身是屈家岭文化，主要分布在江汉地区。张绪球《石家河文化的分期分布与类型》一文对其论述甚详①，但有些问题还值得商议。下面就一些典型单位来略加分析。

天门邓家湾 M40、M18、M23 等一组单位和屈家岭文化一脉相承而又有变化。如仍以泥质灰陶为主，但泥质红陶的比例大幅度增加；仍以素面居多，但篮纹增加，彩陶大为减少；高领瘦腹罐、圈足深腹盆形甑、折腹缸、薄胎红陶杯、变异壶形器、大口圈足杯等脱胎于屈家岭文化同类器，另外如红陶平底钵、鬶、粗柄镂孔豆、宽扁足釜形鼎则为新出。此时，石家河文化极富特色的"红陶器物群"已基本形成，它们包括红陶杯、平底钵、变异壶形器、大口圈足杯、高足杯及小动物、小人等，数量多，成群出现，制作粗糙，火候低，不像日常用品，而是具有浓厚的宗教色彩。邓家湾 M32、M54 和 H69 等单位泥质红陶剧增，在有些单位甚至超过泥质灰陶而居首位，这主要是"红陶器物群"数量猛增的结果。肖家屋脊 H42、H43 等单位泥质红陶比例开始下降，篮纹、方格纹普遍，主要器类有腰鼓罐、小高领罐、漏斗形擂钵、厚胎红陶杯等，"红陶器物群"数量大减。以上三组单位在《石家河文化的分期分布与类型》一文中分别被作为"石家河文化早期""中期早段"和"中期晚段"。总体上和屈家岭文化属一个文化系统。在《石家河文化的分期分布与类型》一文中被作为"石家河文化晚期"的一组单位，以肖家屋脊 H1、H25、H68 和石板巷子遗存为代表②。陶器以灰色最多，红色者很少；篮纹为主，方格纹、绳纹次之，并有少量叶脉纹；器类与前迥然不同，数量最多的是直领瓮、侧三角形或锥状足罐形鼎、高直柄浅盘豆、矮柄浅盘豆和圈足盘，还有盆、鬶、盃、盆形擂钵、盆形甑、平底碗及平底钵等，都是以前不见或少见的器类；前期流行的小高领罐、腰鼓罐、缸、漏斗形擂钵消失，"红陶器物群"基本不见，仅残留个别退化成细高实心柄的红陶杯③。总体上已不再同屈家岭文化属一个文化系统，也不能再纳入石家河文化范

---

① 张绪球：《石家河文化的分期分布与类型》，《考古学报》1991 年第 4 期，第 389～414 页。
② 宜都考古发掘队：《湖北宜都石板巷子新石器时代遗址》，《考古》1985 年第 11 期，第 961～976 页。
③ 宜都考古发掘队：《湖北宜都石板巷子新石器时代遗址》，《考古》1985 年第 11 期，第 974 页，图一三：6、13，发掘者称之为"圆柱体"。

畴。总之，湖北、豫南地区龙山时代可分前、后两大阶段：前期阶段为石家河文化，后期阶段为石板巷子一类遗存，前、后期之间发生了一次巨变。

石家河文化遗址众多，聚落群普遍且分化严重。如石家河遗址群在8平方千米的范围内就有二三十个村落，遗址群中心建有一座面积达一百多万平方米的城垣。城内居民生活区、墓葬区及具有宗教意义的特殊场所等均经规划①，并出土了成千上万的红陶杯、大口圈足杯、钵、小动物、小人等极富宗教色彩的红陶小器物，而这些东西在其他遗址并不多见。该文化房屋多为连间的长方形地面式建筑，地面常用红烧土铺垫以隔潮。墓葬多是长方形土坑竖穴墓，部分有二层台，随葬器物多少不等。经济应是以农业为主的综合性经济，主要种植水稻。可能已能冶铜②。

石家河文化范围广大，各地区之间差异较明显。《石家河文化的分期分布与类型》一文将湖北与豫西南地区划为六个地方类型，其实有的可能是独立的考古学文化，属于"石家河文化"这个大的文化系统。豫东南地区的石家河文化以驻马店杨庄一期③、信阳阳山灰沟④遗存为代表，待材料增多后或可划作一、二个新的类型或文化（图二）。

龙山后期，湖北及豫西南地区遗址数量剧减，零星分布，只有豫东南地区遗址数量反而有所增加。此时石家河城已废弃⑤，在原屈家岭文化和石家河文化的建筑遗存之上开始出现大批灰坑及瓮棺葬群。各地区之间差异显著，可分五个区来加以讨论：

（1）豫东南区　以驻马店杨庄二期为代表⑥。流行瓮棺葬。泥质陶

---

① 北京大学考古系、湖北省文物考古研究所等：《石家河遗址调查报告》，《南方民族考古》（第五辑），四川科学技术出版社，1993年，第213~294页。

② 张绪球：《长江中游新石器时代文化概论》，湖北科学技术出版社，1992年。

③ 北京大学考古系、驻马店市文物保护管理所：《河南驻马店市杨庄遗址发掘简报》，《考古》1995年第10期，第873~882页。

④ 河南文物工作队信阳发掘小组：《河南信阳市新石器时代遗址试掘记》，《文物参考资料》1955年第8期，第59~67页。

⑤ 石河考古队：《湖北天门市邓家湾遗址1992年发掘简报》，《文物》1994年第4期，第32~42页。

⑥ 北京大学考古系、驻马店市文物保护管理所：《河南驻马店市杨庄遗址发掘简报》，《考古》1995年第10期，第873~882页。

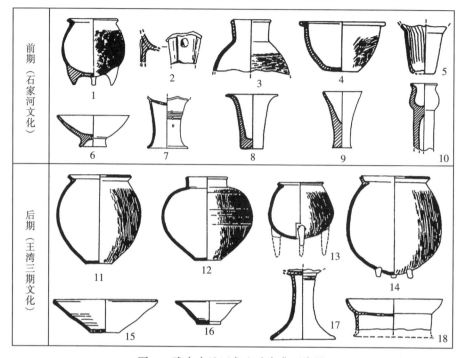

图二　豫东南地区龙山遗存典型陶器

1、6、7、9、10. 信阳阳山灰沟　2、3、5. 遂平唐岗采集　4、8. 驻马店杨庄（T20⑦：1、T31 ⑦：5）　11～18. 驻马店杨庄（W12：2、W12：1、T30③：4、W10：1、H27：4、T30③：3、T30③：14、T30③：5）

（74.53%）远多于夹砂陶（25.47%），多拍印篮纹（59.84%），素面者其次（36.16%）。典型器类有直领瓮、矮乳足或高足罐形鼎、深腹罐、平底碗、平底钵、高柄浅盘豆、圈足盘、瓶等（图二）。另有少量退化成细高实心柄状的红陶杯和上腹很浅的漏斗形擂钵。

（2）豫西南—鄂西北区　以淅川下王岗晚二期、郧县大寺"龙山文化"遗存为代表①。土坑墓与瓮棺葬并存，土坑墓中屈肢葬与仰身直肢葬并存。泥质灰黑陶最多（60%），夹砂灰陶其次（30%），红褐陶很少（10%）。素面陶稍多于拍印篮纹、绳纹者。主要器类有直领瓮、侧三角形足罐形鼎、盆形鼎、深腹罐、釜、圈足盘和带耳罐（图三）。

_____

① 河南省文物研究所、长江流域规划办公室考古队河南分队：《淅川下王岗》，文物出版社，1989 年；中国社会科学院考古研究所：《青龙泉与大寺》，科学出版社，1991 年。

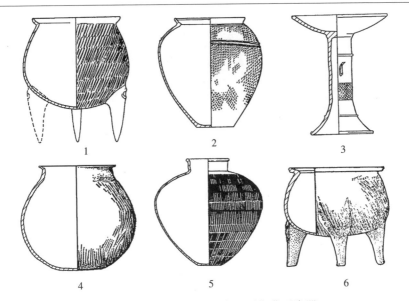

图三　豫西南—鄂西北区龙山后期典型陶器

1、2、5. 郧县大寺（T7②：11、W13：1、T6②：13）　3、4、6. 淅川下王岗（T1①：9、H166：1、H2：14）

（3）鄂东北区　以随州西花园龙山晚期遗存为代表①。夹砂黑灰陶最多（68%），篮纹陶（66%）约为素面（21%）与磨光（9%）陶的两倍。富有特色的陶器有折腹直领瓮、罐形鼎、平底盆形鼎、平底碗、圈足盘及矮柄豆等（图四）。

（4）鄂西区　以石板巷子遗存为代表。泥质陶最多（70%），夹砂陶次之（25%），并有极少量夹炭陶（2%）。陶色以黑灰为主（65%），红褐陶也占一定比例（20%）。素面（40%）稍多于篮纹（30%），方格纹也不少（20%）。典型器类有直领瓮、侧三角形足罐形鼎、釜、平底碗、直柄豆、圈足盘和盆形擂钵（图五）。

（5）江汉平原区　以肖家屋脊 H1、H25 为代表。泥质灰陶为主，红陶较少。篮纹最多，方格纹、绳纹其次，并有少量叶脉纹。典型器类有直领瓮、凹底罐、突腹小底瓮、直柄豆、圈足盘、麻面足鼎等（图六）。

① 武汉大学随州考古发掘队：《随州西花园遗址发掘简报》，《江汉考古》1991 年第 2 期，第 15~22 页。

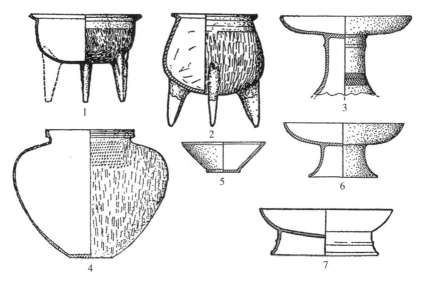

图四　鄂东北区龙山后期典型陶器

1~7. 随州西花园（H13：167、166、1、125、39、84、46）

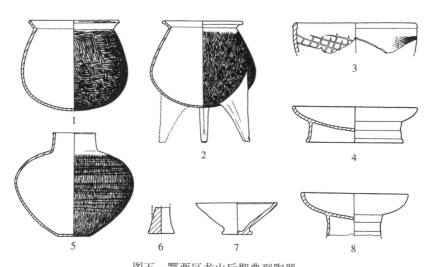

图五　鄂西区龙山后期典型陶器

1~8. 宜都石板巷子（H8：2、H8：1、T13③B：13、H11：2、T12④：4、T15③A：7、T13④：4、T14④：3）

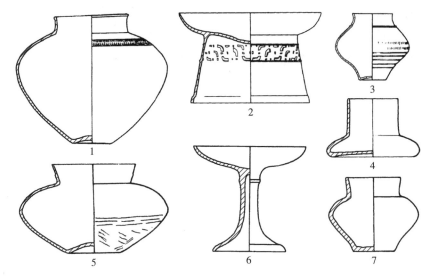

图六　江汉平原区龙山后期典型陶器

1~7. 天门肖家屋脊（H68：68、AT204②：33、H538：31、AT2022②：9、H254：10、H1：3、H1：2）

四

以上将河南大部及湖北地区龙山时代文化分为前、后两大阶段：前期阶段，在豫中、豫西为王湾三期文化前期，湖北、豫南为石家河文化；后期阶段，在豫中、豫西、豫东南是王湾三期文化后期，湖北、豫西南是下王岗晚二期、西花园龙山晚期、石板巷子、肖家屋脊 H1 一类遗存。下面我们再来看看前、后期阶段的绝对年代[①]。

王湾三期文化的绝对年代共有 14 个 ^{14}C 数据可供参考（表一）。前期仅站马屯 F4 一个数据公元前 2559～前 2149 年。后期有 13 个数据，排除两个明显偏晚者，其可能值落在公元前 2200～前 1900 年之间[②]。湖北地区龙山

---

① 本文 ^{14}C 数据均采用 1988 年国际 ^{14}C 会议确认的高精度树轮校正表校正。见中国社会科学院考古研究所：《中国考古学中碳十四年代数据集（1965～1991）》，文物出版社，1991 年。

② 仇士华等认为二里头文化的上限在公元前 1900 年，正好与王湾三期文化下限衔接。见仇士华等：《有关所谓"夏文化"的碳十四年代测定的初步报告》，《考古》1983 年第 10 期，第 923～928 页。

遗存目前共有 12 个^{14}C 数据（表二）。前期石家河文化数据有 6 个，排除两个明显偏早者，其可能值在公元前 2500 ~ 前 2200 年之间。后期 6 个数据较接近，在公元前 2200 ~ 前 1900 年之间，与王湾三期文化后期的绝对年代相当。

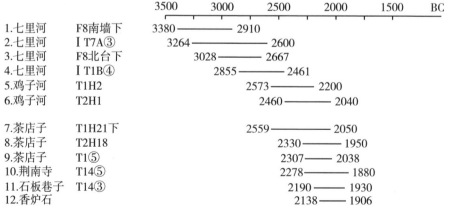

表一　王湾三期文化遗存^{14}C 年代

		3500	3000	2500	2000	1500	BC
1.站马屯	F4居住面			2559 —— 2149			
2.瓦房	Ⅰ T4④上			2484 —— 2205			
3.王城岗	T48奠基坑			2469 — 2291			
4.王湾	H79			2465 —— 2143			
5.煤山	T11③B			2452—— 2030			
6.王城岗	H413			2300 —— 2039			
7.瓦店	T1H3			2300 —— 2034			
8.阎庄	H43			2193 —— 1941			
9.瓦店	Ⅰ T11H57			2192 —— 1946			
10.瓦店	Ⅱ T5⑥			2140 ——1777			
11.煤山	F6上			2030 —— 1750			
12.王城岗	H617F			1960 —— 1543			
13.新砦	H6			1896 —— 1688			
14.王城岗	T45H99			1750 —— 1525			

1. 前期　2 ~ 14. 后期

表二　湖北地区龙山遗存^{14}C 年代

		3500	3000	2500	2000	1500	BC
1.七里河	F8南墙下	3380 —— 2910					
2.七里河	Ⅰ T7A③	3264 —— 2600					
3.七里河	F8北台下	3028 —— 2667					
4.七里河	Ⅰ T1B④	2855 —— 2461					
5.鸡子河	T1H2			2573 —— 2200			
6.鸡子河	T2H1			2460 —— 2040			
7.茶店子	T1H21下			2559 —— 2050			
8.茶店子	T2H18			2330 —— 1950			
9.茶店子	T1⑤			2307 —— 2038			
10.荆南寺	T14⑤			2278 —— 1880			
11.石板巷子	T14③			2190 —— 1930			
12.香炉石				2138 —— 1906			

1 ~ 6. 龙山前期（石家河文化）　7 ~ 12. 龙山后期

五

现在我们知道，豫南和湖北地区龙山前、后期文化发生了巨大而猛烈的变化，那么这种变化的实质和动因又是什么呢？以下对各同时期文化间关系的分析或许有助于找到问题的答案。

龙山前期，石家河文化与王湾三期文化前期之间的交流和影响是显而易见的。为了讨论方便，我们将两文化的陶器分作三群：A群有宽扁式足釜形鼎、漏斗形擂钵、红陶杯及粗柄镂孔豆等，为石家河文化的典型器，但在王湾三期文化前期也有相同或相似的器物（图七）；B群有折盘豆、篮纹弧腹钵、瓶、圈足杯和瘦长体束颈鬶等，在两者中均有且皆非主要器类（图八）；C群有直领瓮、深腹罐、盆形擂钵、平底碗、乳足或高足罐形鼎等，为王湾三期文化前期的典型器类，在石家河文化中也有发现（图九）。从这三群器物的情况看，两文化的相互影响基本是势均力敌的，但如果动态地观察，在不同时期又有所区别。A群器物在王湾三期文化前期遗存中的比例从早到晚大减，而C群器物在石家河文化遗存中的比例却猛增，篮纹、

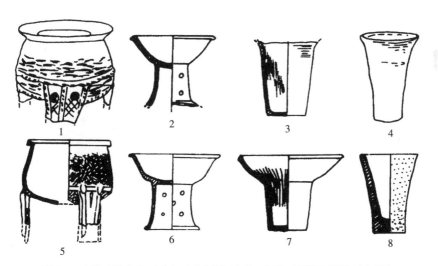

图七　王湾三期文化（上）与石家河文化（下）陶器比较图（A群）

1. 郾城郝家台（T29⑤:41）　　2、4. 襄城台王（T1④:13、H1:2）　　3. 郑州站马屯（F4:11）　　5. 郧县青龙泉（T2⑤C:60）　　6. 天门邓家湾（H41:1）　　7. 淅川下王岗（H9:14）　　8. 驻马店杨庄（T20⑦:3）

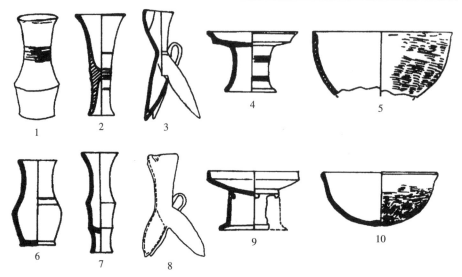

图八 王湾三期文化（上）与石家河文化（下）陶器比较图（B群）

1. 郾城郝家台（T8④:31） 2~4. 上蔡十里铺（M3:6、M5:9、M3:4） 5. 襄城台王（T1④:16）
6、7、9. 麻城栗山岗（M6:1、M2:1、T12⑤C:28） 8. 天门邓家湾（H30:3） 10. 郧县青龙泉
（T2⑤C:69）

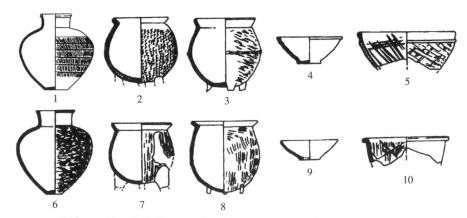

图九 王湾三期文化（上）与石家河文化（下）陶器比较图（C群）

1、3. 上蔡十里铺（M5:2、M3:9） 2、4. 临汝北刘庄（H17:3、19） 5. 郑州站马屯（F4:3）
6. 邓州八里岗（H120:1） 7、10. 麻城栗山岗（T10⑤A:53、T4⑤A:26） 8. 随州西花园（T1
③:27） 9. 郧县青龙泉（T6④:91）

方格纹等在石家河文化中的比例也增加得很快，这反映了石家河文化的影响在日趋减弱，王湾三期文化的影响则在不断增强。

龙山后期，豫南及湖北的五类文化遗存虽然各有特色，但都与王湾三期文化后期遗存有诸多共同之处：均以灰陶为主，篮纹普遍；主要器类都是直领瓮、罐形鼎、直柄豆、平底碗和圈足盘。这么多共同点，不是再用一般的文化交流和影响所能解释的，而是说明它们和王湾三期文化（后期）已经属于同一个大的文化系统——中原龙山文化系统。换句话说，龙山前、后期之交，以王湾三期文化为主体的中原龙山文化大幅度向南扩张，代替了原来的石家河文化，又保留了当地的一些文化特点，从而在豫南、湖北地区形成了同属于中原龙山文化系统的五类文化遗存。按距离的远近，这五类文化遗存中又以杨庄二期类型最接近王湾三期文化，下王岗晚二期和西花园龙山晚期遗存次之，石板巷子遗存再次，肖家屋脊晚期遗存地方特色最浓厚。

　　这就是说，湖北、豫南龙山前后期文化巨变的实质是以王湾三期文化为主体的中原龙山文化对石家河文化的取代。但为什么被取代的是石家河文化而非相反？根本原因还得到文化自身去寻找。先让我们追溯到庙底沟二期阶段。当时，中原系统的仰韶末期文化正处于低谷期，而江汉系统的屈家岭文化则异常繁荣。湖北天门的石家河城、荆门的马家垸城、江陵的阴湘城、石首的走马岭城①及湖南澧县的城头山城②均被认为始建于屈家岭文化中、晚期，屈家岭文化的影响则远及河南、山东、陕西和山西。到龙山阶段，中原龙山文化开始蒸蒸日上，而石家河文化不过保持了一段时间的辉煌，接着就开始走下坡路了。

　　龙山前期约三百年时间里，石家河文化从早到晚经历了由盛至衰的整个过程，而中原龙山文化则刚好发展到其鼎盛阶段。当这样两个发展韵律不协调、发展阶段不统一的文化发生碰撞的时候，被取代的必然是前者而不是后者。再进一步来说，文化变迁的内在原因又在于生产力的发展状况，而衡量生产力发展水平的最重要的标志便是生产工具。庙底沟二期阶段，屈家岭文化石器的制作水平总体上要高于仰韶末期文化。如屈家岭文化有不少制作光滑的锛、凿等，尤其是少数石铲异常精美规整，为仰韶末期文化所不见。但就农业工具而言，前者反不如后者。前者大量的中耕农具石

---

① 张绪球：《长江中游新石器时代文化概论》，湖北科学技术出版社，1992年。
② 湖南省文物考古研究所等：《澧县城头山屈家岭文化城址调查与试掘》，《文物》1993年第12期，第19~30页。

锄均为打制，磨制的镰、刀等收割农具很少；后者收割农具发达，除沿用两侧带缺口石刀和长方形穿孔石刀外，新出先进的半月形石刀及石镰。正因为屈家岭文化未将先进的技术用之于农业工具，所以必将导致其生产力水平的停滞不前；反之，仰韶四期文化的生产力水平则在逐步提高。进入龙山阶段，中原龙山文化的石器制作水平与质量就超出石家河文化了。如王湾三期文化前期的石器几乎均经磨制，镰、半月形穿孔石刀等进步的收割农具大增，用作武器的石镞不仅数量多、磨制精，而且形式多样：有三棱、四棱、六棱、圆锥、柳叶形等多种。反之，石家河文化的石器则仍停留在屈家岭阶段的水平：镰、刀少见，石锄仍打制，镞数量少、磨制不精且形式单调，主要为继承屈家岭文化而来的一种落后的宽扁柳叶形镞。这就决定了王湾三期文化的生产力发展水平提高很快，而石家河文化则仍停留在原地。由此看来，石家河文化最后被取代也就是自然而然的事了。

六

龙山前后期之交以王湾三期文化为主体的中原龙山文化对石家河文化的取代，正好与文献中"禹征三苗"而使其"无世在下"的记载吻合。此前王湾三期文化对石家河文化影响的不断增强，也与尧、舜攻三苗而常占上风的情况不悖。因此我们推测，由于生产力水平的停滞不前，集团内部各种矛盾的激化，三苗集团进入龙山时代就基本开始走下坡路；到公元前22世纪左右，终于在内乱和天灾的背景之下，被生产力更先进、更富于生命力的华夏集团所征服。之后，华夏集团使其"子孙为隶"，并"变易其俗"，从而形成了文化上的巨变。这种情况与商王朝对东夷的征服过程何其相似！只不过禹征三苗进行得更猛烈、时间更短促而已。

除了生产力的落后，三苗被灭还有一个重要原因，就是它与东夷集团关系的疏远。《战国策·魏策二》说："禹攻三苗而东夷之民不起"，说明在以前华夏与苗蛮发生战争时，东夷可能总是帮助三苗，而这次则没有行动。蛮、夷关系曾一度密切，从"三苗之君效蚩尤之恶""三苗复九黎之德"等话可略知端倪。

从考古文化上看，三苗之石家河文化与东夷之龙山文化[①]关系确实比较

---

① 严文明：《东夷文化探索》，《文物》1989 年第 9 期，第 1～12 页。

远，因为在它们之间还隔着一个中原龙山文化系统的造律台类型①。但早一阶段，屈家岭文化和大汶口文化的关系则异常密切。如陶器多薄胎素雅，流行三足、圈足器，并有凿足鼎、尊、双腹豆、圈足小罐、壶、高柄杯等，与仰韶四期文化厚胎粗放，流行拍印纹饰平底器的风格形成鲜明对照。

以往不少人认为禹征三苗发生在龙山末期与二里头早期之交，这主要是受"二里头文化即夏文化"说的影响所致。如果按龙山晚期已进入夏代的说法，情况就不会这样。关键是对禹征三苗的探索必须从这一事件本身入手，而不能是"夏文化"讨论的副产品。我们提出禹征三苗发生于龙山前、后期之交，除以上叙述的一些理由外，还有以下两点：

（1）文献中提到禹征三苗的一个重要原因是"苗民弗用灵"，即不遵守华夏族的宗教习俗。从考古上看，石家河文化中大量极富宗教色彩的"红陶器物群"确实与中原格格不入，而中原龙山文化流行的用卜骨占卜的习俗在石家河文化中也未见。但到龙山后期，江汉地区已属中原龙山系统，"红陶器物群"消失，这显然是禹征三苗后的结果。如果说龙山后期江汉地区仍属三苗文化区，岂不与"弗用灵"的记载矛盾？

（2）文献中提到华夏与苗蛮的战争，虽说华夏族常占上风，但也有失利的时候。如《淮南子·修务训》就说"舜南征三苗，道死苍梧"。这说明禹征三苗前两者基本上势均力敌，也就不可能发生文化上的巨变。《尚书·尧典》所谓"窜三苗于三危"最多不过是局部的胜利。如果说龙山后期江汉地区仍属三苗文化区，又如何解释龙山前、后期文化上的巨变呢？总之，禹征三苗之后，中国的大格局由"三足鼎立"变为"东西争雄"②。三苗虽然灭亡了，但它对中国文明的诞生所做的贡献却永远不会消失。

（原载《中原文物》1995 年第 2 期）

---

① 造律台类型被认为与有虞氏有关，见李伯谦：《论造律台类型》，《文物》1983 年第 4 期，第 50～59 页。秦文生进一步认为平粮台古城即为舜都，见秦文生：《舜都于淮阳平粮台龙山文化古城考》，《中原文物》1991 年第 4 期，第 45～50 页。

② 傅斯年：《夷夏东西说》，《庆祝蔡元培先生六十五岁论文集》（下册），国立中央研究院历史语言研究所集刊外编第一种，1935 年，第 1093～1134 页。

附记:

(1)徐旭生先生认为《尚书·吕刑》"苗民弗用灵"一节实际在说禹征三苗之事,其与之前叙述蚩尤作乱一节没有直接关系。我写作该文时同意了徐先生的意见。后来研究涿鹿之战,才知道这两节其实都是在说黄帝与蚩尤之间的战事,蚩尤即苗民或九黎的首领,蚩尤作乱、苗民弗用灵,才有下文皇帝(即黄帝)遏绝苗民的说法,其后才能够顺理成章地接重黎绝地天通一节。不过尧舜禹时期的三苗毕竟和黄帝时期的苗民属于同一族系,其与华夏族系在宗教习俗上存在隔阂的情况也应类似,因此徐旭生先生以"苗民弗用灵"来解释禹征三苗的起因仍然有一定道理。另外,我在该文中将蚩尤归入东夷集团,也是依据了徐旭生先生的说法,实际上蚩尤时的苗民属于华夏集团,南迁江汉以后才成为较为独立的苗蛮集团(参见本书《涿鹿之战探索》一文)。

(2)我在该文中划分的属于石家河文化和王湾三期文化前期共有的所谓B群器物,除篮纹弧腹钵外,其余折盘豆、瓶、圈足杯、瘦长体束颈鬶等基本都属于龙山文化因素。这一点我在写作该文时没有给予足够的注意。现在看来,早期龙山文化(东夷文化)对中原、江汉龙山前期文化的形成起到了相当大的促进作用。

(3)该文推测禹征三苗的时间在"龙山前后期之交",大致是不错的,具体当在王湾三期文化后期之初。

(4)天门石家河、钟祥六合、澧县孙家岗、荆州枣林岗等遗址墓葬中所见龙山后期小件玉器,与石家河文化和更早的屈家岭文化都缺乏联系,而与中原龙山文化和龙山文化玉器有相似之处。如形态较一致的鹰形笄不但见于肖家屋脊、孙家岗、枣林岗,还发现于禹州瓦店甚至陕北;类似的兽面形冠状饰既见于肖家屋脊和六合,也见于临朐朱封和陶寺大墓。可见禹征三苗前后不但有中原华夏文化南进,同时还有东夷文化的渗入。禹征三苗时东夷可能不但未帮助三苗,有可能还是禹的同盟军。

(5)我论述禹征三苗事件,主要从文化变迁角度着手。至于该事件后有多少华夏人进入江汉地区,有多少三苗人留在当地,又有多少三苗人外迁,甚至是否存在华夏和三苗人的血缘融合,或许只有借助于人骨鉴定、

DNA 分析等科技手段才有可能逐步知晓。

（6）关于禹征三苗的起因，我遗漏了最为重要的一方面，也就是自然环境的变迁。公元前 22 世纪前后华北气候趋于干冷，导致人类及其文化连锁式向南移动，禹征三苗不过是这个链条中稍后的一环而已。这是我上博士后在田广金老师影响下才逐渐形成的看法，写作该文时还不曾想到。

2006 年 5 月

斜腹杯与三苗文化

本文所谓三苗文化，特指分布在长江中游和淮河上游地区的一脉相承的屈家岭文化和石家河文化①。屈家岭文化和仰韶文化庙底沟二期类型大体同时，绝对年代约为公元前 3000～前 2600 年②；石家河文化和王湾三期文化前期大体同时，绝对年代约为公元前 2600～前 2200 年③。两者共延续了800 年左右的时间。

斜腹杯是贯穿三苗文化始终的最典型的陶器。它不像高柄杯和陶尊，虽然特殊且分布广泛，但根源却在大汶口文化；它不像宽扁式足盆形鼎、腰鼓形罐、高领罐等日常生活器具，数量虽多，但特征并不十分鲜明。斜腹杯形制、分布范围和数量的变动，很大程度上反映了三苗文化的发展兴衰过程，从中也可较清晰地观察到其与周围文化关系的若干变化。

一

斜腹杯是指大口斜腹小底的一种小陶器，高度多在 6～10 厘米之间。属

---

① 学界一般将三苗文化的分布范围限定在长江中游包括豫西南一带（见徐旭生：《中国古史的传说时代》（新一版），文物出版社，1985 年；俞伟超：《先楚与三苗文化的考古学推测》，《文物》1980 年第 10 期，第 1～12 页），但实际上还应包括淮河上游的豫东南地区（见北京大学考古学系、驻马店市文物保护管理所：《驻马店杨庄——中全新世淮河上游的文化遗存与环境信息》，科学出版社，1998 年；韩建业：《试论豫东南地区龙山时代的考古学文化》，《考古学研究》（三），科学出版社，1997 年，第 68～83 页）。

② 张绪球：《长江中游新石器时代文化概论》，湖北科学技术出版社，1992 年。

③ 杨新改、韩建业：《禹征三苗探索》，《中原文物》1995 年第 2 期，第 46～55 页；韩建业、杨新改：《王湾三期文化研究》，《考古学报》1997 年第 1 期，第 1～22 页。

屈家岭文化者为细泥质红色或橙黄色，素面或饰条带纹、圆点纹、弧线纹、"心"形纹等图案的黑、红彩，有些具晕染风格；属石家河文化者一般为泥质红色，素面或覆红色陶衣，又常被称为红陶杯。斜腹杯从其形态来说虽还有敞口或侈口、斜直腹或斜弧腹、平底或凹底、瘦体或胖体等细微区别，但其演变轨迹基本一致。以三苗文化核心区的天门石家河遗址群为例①，其斜腹杯至少经历了四个明显的演化阶段或者四式：Ⅰ式者薄胎、粗矮、斜直腹，属屈家岭文化早期（图一，1）；Ⅱ式者稍瘦高、斜弧腹，属屈家岭文化晚期（图一，2）；Ⅲ式者胎稍厚、细高，属石家河文化早期（图一，3）；Ⅳ式者厚胎，属石家河文化晚期（图一，4）。另外，其容积由大变小，陶质由细转粗，制作由精细渐粗陋。

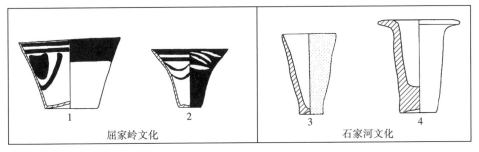

图一　石家河遗址群斜腹杯的演变序列

1. Ⅰ式（肖家屋脊 H531：1）　2. Ⅱ式（谭家岭 H23）　3. Ⅲ式（肖家屋脊 H497：36）　4. Ⅳ式（肖家屋脊 H42①：30）

二

斜腹杯的分布范围，超过了包括红陶小动物和漏斗形擂钵在内的三苗文化中的任何一种器物。其空间分布至少可有三个层次（图二）：

（1）核心区：指江汉平原地区，也就是三苗文化的核心分布区。斜腹杯数量最多，不乏制作精致者，尤以该区中心的石家河遗址群为最。

（2）边缘区：指核心区周围的长江中游大部和豫南地区，也就是三苗

---

① 湖北省荆州博物馆、湖北省文物考古研究所、北京大学考古学系：《肖家屋脊》，文物出版社，1999 年；石河考古队：《湖北省石河遗址群 1987 年发掘简报》，《文物》1990 年第 8 期，第 1～16 页；张绪球：《长江中游新石器时代文化概论》，湖北科学技术出版社，1992 年。

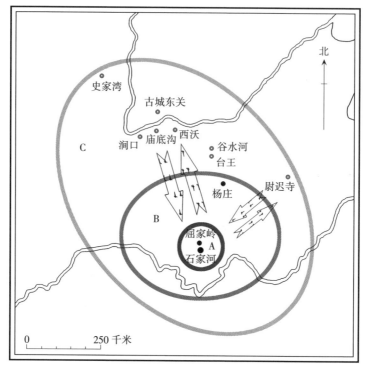

图二　斜腹杯的分布范围
A. 核心区　B. 边缘区　C. 影响区

文化的边缘分布区。斜腹杯见于每个遗址，但数量相对较少。

（3）影响区：指边缘区周围的黄河中、下游等地区，也就是三苗文化影响所及的区域。斜腹杯偶见于同时期的一些遗址。如河南禹县谷水河仰韶文化谷水河类型遗存中见有Ⅰ式者①，河南陕县庙底沟②、灵宝涧口③仰韶文化庙底沟二期类型遗存中见有Ⅰ、Ⅱ式者（图三，1、2），山西垣曲古城东关④仰韶文化庙底沟二期类型遗存和龙山前期遗存中见有Ⅱ、Ⅲ、Ⅳ式

① 中国科学院考古研究所洛阳工作队：《1975 年豫西考古调查》，《考古》1978 年第 1 期，第 23～34 页。

② 中国科学院考古研究所：《庙底沟与三里桥》，科学出版社，1959 年。

③ 河南省文物研究所：《河南灵宝涧口遗址发掘报告》，《华夏考古》1989 年第 4 期，第 10～47 页。

④ 中国历史博物馆考古部、山西省考古研究所、垣曲县博物馆：《垣曲古城东关》，科学出版社，2001 年。

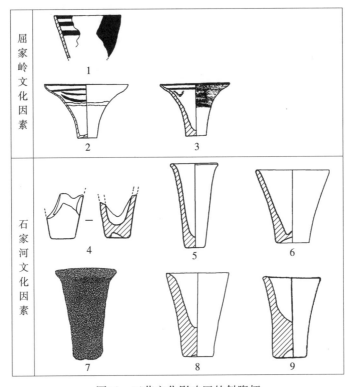

图三　三苗文化影响区的斜腹杯

1、2. 灵宝涧口（H5：28、H3：28）　　3、5、8. 垣曲古城东关（Ⅲ H11：6、Ⅰ H217：40、Ⅰ H145：53）　　4. 甘泉史家湾（H4：10）　　6. 蒙城尉迟寺（T2826④：1）　　7. 襄城台王（H1：2）　　9. 新安西沃（H5：8）

者（图三，3、5、8），陕西甘泉史家湾①龙山前期遗存（图三，4）、安徽蒙城尉迟寺②大汶口文化末期尉迟寺类型遗存中见有Ⅲ式者（图三，6），河南襄城台王③（图三，7）、新安西沃④王湾三期文化前期遗存中见有Ⅳ式者

---

① 陕西省考古研究所、延安地区文管会、甘泉县文管所：《陕北甘泉县史家湾遗址》，《文物》1992 年第 11 期，第 1～25 页。

② 中国社会科学院考古研究所：《蒙城尉迟寺——皖北新石器时代聚落遗存的发掘与研究》，科学出版社，2001 年。

③ 河南省文物研究所：《襄城县台王遗址试掘简报》，《中原文物》1988 年第 1 期，第 7～13 页。

④ 河南省文物研究所：《河南新安县西沃遗址发掘简报》，《考古》1999 年第 8 期，第 1～16 页。

（图三，9）。

可以看出，由其核心区向外，斜腹杯的数量渐少、质量渐劣，似乎表明其在空间流布的动力主要出自于核心区。核心区就好像地震的震源，将其能量一波波传到周围区域，愈远愈弱。

三

斜腹杯在一般遗址大量见于灰坑，且在墓葬中成群随葬。以属石家河文化早期的肖家屋脊 M7 为例，在墓主人足端随葬有斜腹杯 29 件，与其身侧的小鼎、壶形器等可能同属酒器，而与其足端二层台上大量罐、碗类盛储器和饮食器有别[①]（图四）。

但斜腹杯不应仅是实用的酒器，在石家河文化晚期尤其如此。据调查，仅石家河城内的三房湾一带就堆积有数以万计的石家河文化的红陶斜腹杯[②]。由于其容量小、质量低劣，似乎不是真正的饮器，又无须专业化生产，故在此处的大规模堆积可能与举行某些祀典有关[③]。在当时日常生活用器以灰色为主的情况下，其尚红重彩的特点也说明其与宗教活动等相关[④]。另外，邓家湾出土石家河文化陶缸上有斜腹杯形刻划符号，中部并有一竖线，似乎表明插有管状物。石家河文化的陶缸及其陶文与大汶口文化晚期的陶尊及其陶文有联系，斜腹杯的形象作为陶文之一自然非同寻常。

要之，斜腹杯开始虽为实用的酒器，但逐渐又被作为三苗进行其特殊的巫术活动的重要法器之一。其所代表的习俗和宗教行为可能成为三苗文化特殊性的重要组成部分。正因为这样，华夏人才说"苗民弗用灵"（《尚书·吕刑》），才有舜"更易其俗"（《吕氏春秋·召类》），才使禹征三苗

---

① 湖北省荆州博物馆、湖北省文物考古研究所、北京大学考古学系：《肖家屋脊》，文物出版社，1999 年。

② 北京大学考古系、湖北省文物考古研究所、湖北荆州地区博物馆石家河考古队：《石家河遗址群调查报告》，《南方民族考古》（第五辑）（1992），四川科学技术出版社，1993 年，第 213～294 页。

③ 严文明：《文明的曙光——长江流域最古的城市》，《农业发生与文明起源》，科学出版社，2000 年，第 99～106 页。

④ 宋豫秦：《石家河文化红陶杯与陶塑品之功用》，《江汉考古》1995 年第 2 期，第 47～48 页。

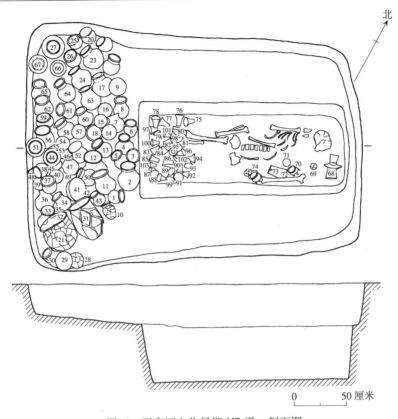

图四　石家河文化早期 M7 平、剖面图

1~20、22~27、29、30、32~40、42、43、45~67. 陶高领罐　21. 陶大口罐　28、41. 陶碗
31. 陶中口罐　44. 陶钵　68. 陶壶形器　69. 陶器盖　70~72、74. 陶小鼎　73. 石钺　75~103. 陶
斜腹杯

（《墨子·非攻下》）有了借口。

四

　　斜腹杯所显示的三苗文化的对外影响，最明显的一条路线是从江汉平原、豫西南北向至豫西、晋南地区。在三苗文化区之外，以晋南豫西地区发现的斜腹杯最多且与江汉平原斜腹杯的变化亦步亦趋，尤其石家河文化早期的Ⅲ式杯甚至通过晋南传播到了陕北。但这并非说这种影响仅是单方面的。实际上晋南豫西的庙底沟二期类型和前期王湾三期文化对屈家岭—石家河文化的影响也同时存在，属石家河文化的青龙泉三期遗存中罂类器

物的存在就是一个明显的例证①。

晋南临汾盆地龙山前期的陶寺类型属陶唐氏文化，亦即尧所代表的文化②。晋南黄河沿岸乃至豫西地区的前期王湾三期文化虽属先夏文化范畴③，但当时统一在尧的旗帜下也完全是可能的。他们共同构成当时华夏集团的主体。然则从江汉平原、豫西南至晋南这样一个地带，就成了三苗集团和华夏集团互相频繁交流和碰撞的最重要的通道。在交流和争斗的过程中，华夏集团日占上风，表现为石家河文化中中原文化因素的日益增多④，尤以丹江流域的豫西南最为明显。这与"尧战于丹水之浦以服南蛮"（《吕氏春秋·召类》）的记载吻合⑤。

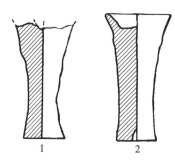

图五　驻马店杨庄二期遗型斜腹杯
1. H22∶1　2. T2⑤∶21

到公元前 2200 年左右的龙山前后期之交，斜腹杯在原石家河文化影响区完全消失，在原边缘区的豫东南等地仅有其少量遗型⑥（图五），在原核心区也残留不多。这标志着石家河文化亦即三苗文化的基本衰竭。其直接原因是以王湾三期文化为代表的中原龙山文化的南下。不管原屈家岭—石家河文化区的人群是否仍以三苗为主体，但从文化上来说，实际上是中原龙山文化对石家河文化的替代，也就是华夏集团对三苗集团的征服。因此我们曾用"禹征三苗"事件来解释这一大的文化格局的变动⑦。

① 中国社会科学院考古研究所：《青龙泉与大寺》，科学出版社，1991 年。

② 王文清：《陶寺遗存可能是陶唐氏文化遗存》，《华夏文明》（第一集），北京大学出版社，1987 年，第 106～123 页；韩建业：《唐伐西夏与稷放丹朱》，《北京大学学报》（哲学社会科学版）2001 年第 4 期，第 119～123 页。

③ 韩建业：《夏文化的起源与发展阶段》，《北京大学学报》（哲学社会科学版）1997 年第 4 期，第 120～125 页。

④ 杨新改、韩建业：《禹征三苗探索》，《中原文物》1995 年第 2 期，第 46～55 页。

⑤ 该条下高诱注："丹水在南阳浦岸也。"

⑥ 北京大学考古学系、驻马店市文物保护管理所：《驻马店杨庄——中全新世淮河上游的文化遗存与环境信息》，科学出版社，1998 年。

⑦ 杨新改、韩建业：《禹征三苗探索》，《中原文物》1995 年第 2 期，第 46～55 页。

五

斜腹杯所显示的三苗文化的对外影响，另外一条路线是从江汉平原东北向至皖北、豫东、鲁西南地区，但实际上反方向的影响也许更大。屈家岭—石家河文化的高柄杯、刻文尊、折腹杯、长颈壶、折盘豆等，都与上述皖豫鲁交界地区大汶口文化尉迟寺类型和龙山时代的造律台类型同类器有直接的联系。皖豫鲁交界地区龙山时代的造律台类型可能属以舜为代表的有虞氏的遗存①，其前身大汶口文化尉迟寺类型自然也不例外。有虞氏和华夏集团与东夷集团都关系密切但又相对独立。然则从江汉平原至皖豫鲁交界地区这样一个地带，就成了三苗集团和有虞氏互相交流和碰撞的重要通道。"舜却苗民，更易其俗"（《吕氏春秋·召类》），"舜伐有苗"（《荀子·议兵》），可能就是有虞氏逐渐占取上风的结果。

至龙山后期，原石家河文化区突然出现不少陶单把筒腹杯、陶粗颈鬶等可能属有虞氏的文化因素，人头像、虎头像等玉器也可能与有虞氏或龙山文化代表的典型东夷文化有关。说明在"禹征三苗"的过程中，有虞氏和夏后氏很可能联合起来对付苗蛮集团。这应当是导致三苗惨败的主要原因之一。

总之，斜腹杯和三苗文化始终息息相关，斜腹杯就是三苗文化的象征。

（原载《江汉考古》2002 年第 1 期）

---

① 徐旭生：《中国古史的传说时代》（新一版），文物出版社，1985 年；李伯谦：《论造律台类型》，《文物》1983 年第 4 期，第 50～59 页。

大汶口文化的立鸟陶器和瓶形陶文[*]

大汶口文化晚期的瓶形陶文共有 9 例，发现于山东莒县的陵阳河墓地[①]、大朱家村墓地[②]，安徽蒙城的尉迟寺遗址[③]和江苏南京的北阴阳营遗址[④]。这些陶文有的只是简单的瓶形，有的两侧还有茅草或羽状装饰，其文化内涵耐人寻味。有趣的是，2002 年在安徽蒙城尉迟寺遗址发现一件大汶口文化晚期的立鸟陶器[⑤]，其造型竟和带有茅草或羽状装饰的瓶形陶文很是相似，也为我们解开瓶形陶文之谜提供了一把钥匙。

一

大汶口文化晚期的这 9 例瓶形陶文又可以区分为三型。A 型 4 例，陵阳河 2 件，大朱家村和尉迟寺各 1 件。上部刻划出窄长的倒梯形，有的顶端带尖，有的两侧出尖；下部刻划出较宽的倒梯形；下部和中下部衔接部位用竹管一类的东西戳印出五或七个规整圆圈，还有的在这个图像的上下方各

---

[*] 本文为与杨新改合写。

[①] 山东省考古所、山东省博物馆、莒县文管所：《山东莒县陵阳河大汶口文化墓葬发掘简报》，《史前研究》1987 年第 3 期，第 62～82 页。

[②] 山东省文物考古研究所、莒县博物馆：《莒县大朱家村大汶口文化墓葬》，《考古学报》1991 年第 2 期，第 167～206 页。

[③] 中国社会科学院考古研究所：《蒙城尉迟寺——皖北新石器时代聚落遗存的发掘与研究》，科学出版社，2001 年。

[④] 南京博物院：《北阴阳营——新石器时代及商周时期遗址发掘报告》，文物出版社，1993 年。

[⑤] 王吉怀、陶威娜：《大汶口文化惊现罕见器物》，《中国文物报》2002 年 5 月 1 日第一版。

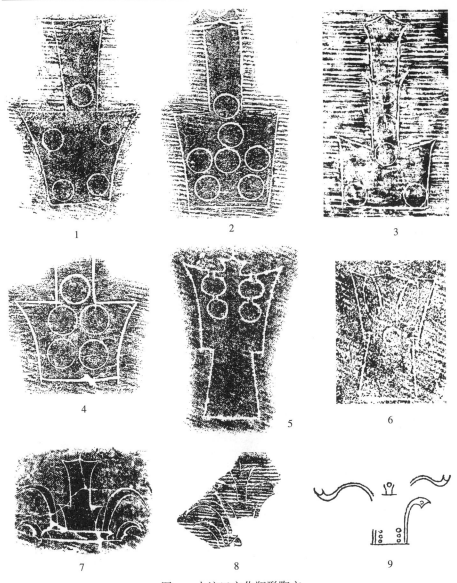

图一　大汶口文化瓶形陶文

1、2、7、8. 陵阳河（采集、采集、79M17：1、采集）　3、6. 尉迟寺（T3828⑤：1、M177：1）
4、5. 大朱家村（采集、M17：1）　9. 北阴阳营（H2：1）（1~4. A 型，5、6. B 型，7~9. C 型）

有两周圆圈纹带（图一，1~4）。B 型 2 例，似乎是第一类的变体：上下颠
倒了位置，变成上宽下窄，上部顶端出尖，大朱家村的一件里面有四个彼
此连通的圆圈纹，尉迟寺的一件里面上有两个柳叶形纹、下有一个圆圈纹

（图一，5、6）。C型3例，陵阳河2例、北阴阳营1例。是在第一类图像的底部多出一个扁平台座，台座两侧各刻划两根茅草或羽状装饰，台座下方还有一个倒梯形（图一，7~9）。

尉迟寺遗址的立鸟陶器通高60厘米，也主要由上下两部分组成：上部圆锥体，两侧各有两根茅草或羽状装饰，顶端有一只立鸟；下部圆柱体，上部稍粗，偏上位置带四个圆孔，器表拍印篮纹；上下部之间间隔一周深而宽的凹槽（图二，1）。仔细比较立鸟陶器和瓶形陶文，尤其是C型瓶形陶文，会发现两者有很多相似之处：两者均由上下两部分构成，上下两部分之间有明显间隔，只是在陶器上这个间隔为宽深凹槽，在陶文上这个间隔为留出的空白；两者两侧都各有两根茅草或羽状装饰，而且下面还都各有一个小尖，只是陶器在茅草或羽状装饰的根部还多出一个圆形穿孔。此外，陶器下部的四个对称圆孔，也和第一、三类陶文上的圆圈纹有些对应。至于C型陶文上没有圆圈，可能是因为其中瓶形陶文部分图像太小的缘故。当然两者也小有差别，比如陶文的上部为长倒梯形，而陶器的上部则为圆锥体，而且顶端还多出一只立鸟（图二）。

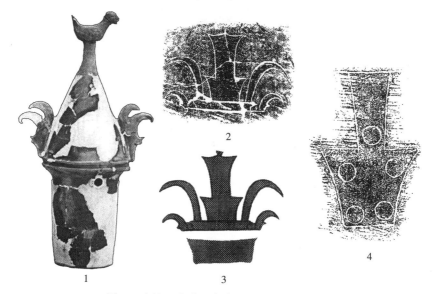

图二　大汶口文化立鸟陶器和瓶形陶文比较

1. 立鸟陶器（尉迟寺）　2、3. C型瓶形陶文（陵阳河79M17:1）　4. A型瓶形陶文（陵阳河采集）

陶文和陶器如此相似，说明它们所指本来就是同一内涵。尉迟寺遗址就同时包含瓶形陶文和立鸟陶器，更加表明了两者的共存关系。只是陶器细节表现得更为清楚，而陶文作为文字符号，省略了某些内容。

二

关于瓶形陶文的内涵，存在多种理解。王树明认为大朱家村出土的一件 B 型陶文，上部似耒、下部似铲，中间连通的圆圈纹为渗滴酒液之意，总体上是酒神形象；A 型陶文不过是 B 型陶文的变体，C 型陶文为滤酒图像①。李学勤、杜金鹏认为 C 型陶文为饰有羽毛的冠冕图像，或许是"皇"字的初文②。

如果比照立鸟陶器形状，实在看不出有什么地方和耒、铲有相似之处，陶器上的四个圆孔也未做连通状，和滤酒拉不上关系。陶器形状的确有些像帽子，不过太细高了，戴上去很难稳定。再说，李、杜二文中所列举的从新石器时代到商周时期各种图像上的冠中，并不存在这种尖顶高冠，因此"皇"冠说也不见得能够成立。其实，这件陶器的形状更像是陶祖，当为祖先崇拜的产物。那些瓶形陶文不过是这类神圣陶祖的抽象形式，和甲骨文中的"且"字有些类似，有可能就是"且"（祖）字的原型。

然而陶祖顶端为何还有立鸟呢？这应当与东夷人崇拜鸟，或者以鸟为自己祖先的传统有关。东夷人的先祖著名者从早至晚依次有少昊、颛顼、帝喾等，东夷早期文化应当为大汶口文化③。到出土立鸟陶祖和瓶形陶文的大汶口文化晚期至末期，应相当于帝喾阶段④。帝喾在《山海经》中作"帝俊"⑤。《山海经》中多次提到帝俊驱使豹、虎、熊、罴，可偏叫它们"四

---

① 王树明：《从陵阳河与大朱村发现陶尊文字谈起》，《东方考古》（第 1 集），科学出版社，2004 年，第 385～403 页。

② 李学勤：《论新出大汶口文化陶器符号》，《文物》1987 年第 12 期，第 75～80 页；杜金鹏：《说皇》，《文物》1994 年第 7 期，第 55～63 页。

③ 严文明：《东夷文化的探索》，《文物》1989 年第 9 期，第 1～12 页。

④ 韩建业：《五帝时代——以华夏为核心的古史体系的考古学观察》，学苑出版社，2006 年，第 149～170 页。

⑤ 王国维：《殷卜辞中所见先公先王考》，《观堂集林》卷第九，中华书局，1959 年，第 409～436 页。

鸟"。《山海经·大荒东经》还说,有五彩之鸟常伴随帝俊左右。《诗经·商颂·玄鸟》说"天命玄鸟,降而生商",帝喾的支系之一商人明确以玄鸟为自己的祖先。东夷人崇鸟的习俗由来已久,《左传·昭公十七年》记载郯子的话说,他的先祖少暤挚就"鸟师而鸟名",百官师长都以鸟命名。

鸟、日常为一体,崇鸟就是崇日。《山海经·大荒南经》中说"羲和者,帝俊之妻,生十日"。帝俊是十日的父亲,那帝俊本人就是古人心目中的太阳神吧。在陵阳河、大朱家村和尉迟寺等遗址同时还出土有10余例上圆圈下双角形的陶文,有的还下加山峰或火焰形。其上的圆圈自然表示太阳,下面的双角形多被认为是火焰,这个陶文就被释为炅或炟字①。其实,在属于仰韶文化庙底沟类型的河南陕县庙底沟、华县泉护村和华阴西关堡等遗址,早就存在类似彩陶题材,有的还下加三条竖道,俨然是所谓"三足乌"的形象(图三)。这样看来,这个上圆圈下双角形的陶文,更可能就是鸟日合体符号,即《淮南子·精神训》所说的"日中有踆乌":上面的圆圈既是太阳,也是鸟首;下面的双角形实即正面鸟身。

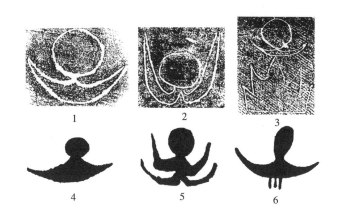

图三　大汶口文化和仰韶文化日鸟形象比较

1～3. 莒县陵阳河采集　4. 华阴西关堡　5. 华县泉护村(H163:02)　6. 陕县庙底沟(H322)
(1～3. 大汶口文化,4～6. 仰韶文化)

---

① 王树明:《从陵阳河与大朱村发现陶尊文字谈起》,《东方考古》(第1集),科学出版社,2004年,第385～403页。

三

大汶口文化晚期的瓶形陶文均刻划在大口尊上，这些大口尊又多随葬于大中型墓葬。这表明只有部分具有较高身份的人才享有随葬瓶形陶文，或者祖形陶文的特权，这些人极可能就是族长或者管理宗族事务的人物。瓶形陶文分为三型，A、B 两型只是简单的祖型，C 型加上了台座和两侧的茅草或羽状装饰，显得复杂庄重，或者 C 型代表着更高的级别。

出土陶文最多的当属贫富分化严重的陵阳河墓地，绝对年代约为距今5000～4600 年。这里共发现 10 多例陶文，其中瓶形陶文 4 例，有一例 C 型陶文就装饰在 79M17 中的一件大口尊上。79M17 长 4.6、宽 3.23 米，墓室内有"井"字形木椁，随葬可能象征财富的猪下颌骨 33 件、陶器157 件、石器 2 件，陶器中包括成组的高柄杯、鬶、鼎等，颇有些礼器的味道。该墓不但是陵阳河墓地最大的墓葬之一，而且也在整个鲁东南地区首屈一指。在这样一个特殊墓葬中随葬最为复杂完整的瓶形陶文，很可能表示该首领不但是本村落的族长之类的人物，而且在整个鲁东南地区的宗族系统也具有领袖地位。另外一件带有 C 型陶文的陶片也采集于陵阳河墓地。除此以外，在陵阳河墓地还采集到 2 件带有较为简单的 A 型陶文的大口尊，或许表示这里还有比 79M17 低一个等级的管理宗族事务的人物存在。与陵阳河墓地同时的大朱家村发现 A、B 型瓶形陶文各一例，A 型为采集，B 型装饰在 M17 中的一件大口尊上面。大朱家村 M17 墓室长 3.3、宽 1.95 米，"井"字形木椁较小，随葬猪下颌骨 6 件、陶器 64 件、石器3 件，远较陵阳河 79M17 逊色。该墓的主人或许只是本村落或者附近几个村落的族长吧。

尉迟寺遗存的年代下限要晚于陵阳河和大朱家村墓地，绝对年代约为距今 4800～4300 年，下限已经进入龙山时代前期[①]。2 例瓶形陶文在尉迟寺

① 《蒙城尉迟寺》报告提供的尉迟寺大汶口文化晚期的^{14}C 测年数据共有 10 个，除去 4个明显偏晚者外，其余 6 个数据经树轮校正后年代上下限在公元前 2876～前 2143 年之间，中心值在公元前 2664～前 2302 年之间。报告判断其绝对年代大约距今 4800～4600 年，似稍有不妥。

遗址的出现，应当是鲁东南大汶口文化晚期人群向皖西北地区迁徙所致。这2例瓶形陶文中，A型者发现于地层，B型者见于作为瓮棺葬（M177）葬具的大口尊上。这座瓮棺葬的人骨虽然朽坏，但从其他保存较好的瓮棺葬都只埋葬婴孩看，其墓主人也应为婴孩。一个婴孩当然不可能是族长，却有瓶形陶文相伴，显见在尉迟寺聚落瓶形陶文已不再是首领人物的专利，但仍不能排除这个婴孩在宗族系统中具有重要地位的可能性。不仅如此，尉迟寺聚落还发现有立鸟陶祖，这件陶祖又出土于由地面式排房围成的广场上，极可能就是祀享祖先的祭器，显见该聚落在东夷的宗族传承中具有特殊地位。

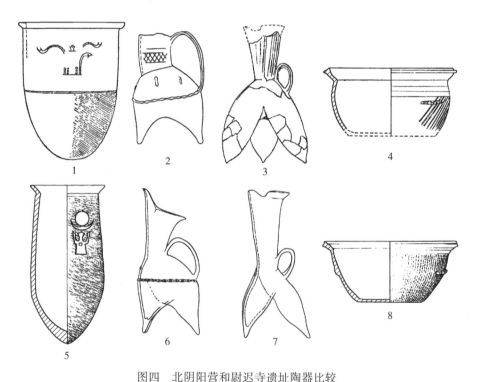

图四　北阴阳营和尉迟寺遗址陶器比较

1～4. 北阴阳营（H2:1、4、2、3）　5～8. 尉迟寺（M177:1、M126:10、M67:11、M198:2）

此外，在南京北阴阳营遗址H2中也发现一件刻有C型瓶形陶文的大口尊（图四，1）。H2中和这件大口尊共存的陶器还有鬶和盆等，其形态和尉迟寺大汶口文化晚期的鬶、盆基本一致（图四），其相对年代也已进入龙山时代前期。北阴阳营 H2 有可能为鲁东南或者皖西北大汶口文化晚期人群南下的遗留。这其中竟然出土复杂的 C 型瓶形陶文，或许表示有鲁东南—皖西北东夷人的重要宗族人物到达此地。

（原载《江汉考古》2008 年第 3 期）

古燕国与燕子

北京一带山名燕山，地名燕地，旧称燕京，古有燕国。这个"燕"，追本溯源，均与对"燕燕于飞"（《诗经·邶风》）的燕子的崇拜有莫大关系。

一

北京最早被称为燕京，是在唐肃宗初年。当时史思明自称大燕皇帝，改范阳为燕京。为什么叫燕京呢？当然是因为周代的北京曾是燕国国都所在地。"周武王之灭纣，封召公于北燕"（《史记·燕世家》），"封召公奭于燕"（《史记·周本纪》），这个西周燕国，后来还成为战国七雄之一。

西周时期"封土建国"，"国"就是城，燕国自然也当有都城。幸运的是，20世纪六七十年代，在北京市郊区的房山琉璃河一带就发现了周初燕国都城遗址，附近还有燕侯墓地。看琉璃河大型墓葬出土的青铜器，燕侯的燕均作"匽"。先秦时期其他青铜器上的"燕"也作"匽"或"妟""郾"。直到战国末年的"郾王喜铜剑""郾王喜铜矛"，还不用"燕"字而作"郾"。秦灭燕后改郾为燕，以至于传世文献中才都称燕。不管怎样，"匽"和"燕"是一回事。

可周初召公的封地为什么叫燕呢？总不能简单地认同唐人的说法，以为"地在燕山之野"，才有燕国之名吧（《史记·周本纪·正义》）。因为燕山反过来也可以因燕国而得名。

《左传·昭公九年》说："昔武王克商……肃慎、燕亳，吾北土也"，传世战国铜器铭文中也有"匽（燕）亳""匽（燕）亳邦"的说法。这个燕亳，指的当然可以是周代燕国。可"亳"一般是商人对其宗庙亳社的称呼，"燕亳"等于说"燕地亳社"。燕地而有商人的亳社，足见西周以前这里就曾是商人的根据地之一。不少学者指出，西周以前这里早就存在一个古燕国。可商代晚期北京地区的张家园上层文化中，虽有不少商文化因素，如折沿或翻缘鬲、泥质灰陶簋、甗、大口尊、假腹豆等陶器，但这些因素都已经深深地融入土著文化当中，并不能将张家园上层文化视为商文化本身。北京一带最多是晚商时期商王朝影响所及之地，而绝非其直接控制区域，更不大可能因此而将其神圣的"亳社"建立在此。早商时期商文化也只是渗透到北京而已。那么北京之有"燕亳"，或许就只有在先商时代了。

二

《世本·居篇》说"契居蕃"。丁山先生怀疑这个"蕃"其实就是"亳"的音伪，也就是"燕亳"的"亳"，地在永定河与滹河之间。他还提到，北京之"蓟"，《说文》写作"郪"，显然得名于契（《商周史料考证》）。果真如此，北京及以南附近就成了商人生祖契的根据地。在这样一个神圣的地方设过商人的亳社，那就毫不为怪了。

契的出生充满神话色彩。《诗经·商颂·玄鸟》说"天命玄鸟，降而生商"，玄鸟就是黑色的燕子。又《诗经·商颂·长发》云："有娀方将，帝立子生商。"《吕氏春秋·音初》将这个传说演绎得很是细致有趣：有娀氏建造了一个九成之台，吃饭的时候击鼓为号。帝令燕子去看看是怎么一回事。燕子到这里以后，隘隘地鸣叫起来，引得有娀氏的两个女儿去扑它，把它扣在玉筐内。过了一会儿，打开一看，竟然下了两个蛋。燕子也就向北飞去，没有再回来。两个女孩子情不自禁地唱道"燕燕往飞"，这就是北方音乐的起源啊！可看一看燕卵，也不会生出个人吧。《史记·殷本纪》就说是其中一个叫简狄的，吞下了燕卵，于是才生了契。

不少人把这个传说附会为生民之初知父不知母的现象，其实没有多少道理。《楚辞·天问》中有这样一句："简狄在台喾何宜，玄鸟致贻女何喜。"可见与简狄联系在一起的还有一个帝喾。《大戴礼记·帝系》《史记·殷本纪》明确说，简狄为帝喾的次妃，契为二人之子。帝喾为黄帝后裔，与颛顼有密切关系，为商人始祖，居住地称"亳"，应活动在山东至豫东一带。帝喾实为东夷和华夏两大集团融合之代表，不过东夷成分更多一些。有娀氏则和简狄确有关系。唐兰以为有娀就是戎，和简狄之狄合起来即为戎狄，应当是中国北方地区一个大的部族集团。

　　其实，吞燕卵说和契为喾子说完全可以契合起来。东夷和华夏东部有着悠久的崇拜鸟日的习俗，作为其首领人物的帝喾更有可能就是神鸟和太阳神的象征。帝喾在《山海经》中也叫帝俊，他是十日的父亲，那帝俊本人就是太阳神吧。帝俊驱使的明明是豹、虎、熊、罴，可偏叫它们"四鸟"。《山海经·大荒东经》还说，有五彩之鸟常伴随帝俊左右。我们曾推测帝喾文化相当于晚期大汶口文化，该文化常发现一种鸟日合体的陶文，也是其崇鸟日的明证。既然帝喾可以是神鸟的象征，那么简狄吞燕卵——神鸟之卵的传说，不正对应简狄与帝喾的结合吗？如果不强调帝喾和简狄的人格属性，那至少反映商为东夷、华夏和戎狄集团之融合体这一史实。

　　我们曾提出，最早期的先商文化，就是永定河至滹河的一带龙山后期遗存，具体来说就是冀中（可能包括北京南部）的后岗二期文化哑叭庄类型，还涉及北京北部的雪山二期文化。哑叭庄类型（以河北任丘哑叭庄龙山遗存为代表）和雪山二期文化，实为以来自东方地区的因素为主体，融合部分北方和中原文化因素而形成：陶器中的直领贯耳瓮、子口罐、子口缸、粗柄豆、圈足盘、平底盆、贯耳壶、宽把杯、粗颈鬶、三足瓮等，和山东及豫东地区龙山文化的情况很相似。较多带鸡冠錾耳的鬲、盆、瓮、罐等，则与冀西北龙山时代文化相近。这在考古上证实了上述关于商人起源的推测（《五帝时代——以华夏为核心的古史体系的考古学观察》）。

　　似乎可以这么总结一下：早在距今4200年左右的龙山后期，就有大量龙山文化人群进入北京南部及附近地区，与当地土著结合而留下后岗二期文化哑叭庄类型和雪山二期文化遗存，这其实就是最早期的先商文化。对应天降燕子——帝喾和简狄结合而诞生商契这一历史背景。由于北京南部及附近地区在商人历史中的特殊地位，因此才长期在此设立"燕亳"。即使商朝建立后并不能直接控制北京地区，但也不断向这里渗透，早年的商人传统也一直延续。晚商时这里仍存在崇拜燕子的人群，青铜器上他们的族徽正是一个燕子展翅张口鸣叫的形象。周武王封召公于燕亳之地，国称燕或北燕，正在情理之中。

三

可还存在这样一些疑问：其一，《礼记·乐记》明明记载："武王克殷，反商，未及下车而封黄帝之后于蓟。"为何封黄帝之后于蓟？这个黄帝之后是谁？其二，召公奭为周初姬姓重臣，为何先秦文献中没有明确出自于周的记载？又为何要被分封到边远的燕地？

唐代的陆德明提醒我们：封于蓟的黄帝的后裔就是召公奭，两者同为姬姓（《礼记正义》）。《汉书·地理志》也早就提出燕国召公的封地在"蓟"，《水经注》说是在"蓟丘"。这就是说封蓟和封北燕其实就是一件事。也可以理解成北燕是国名（大地名），蓟是都城名（小地名）。徐旭生也说，燕地的姬姓可能早在西周以前就已存在，其初始或在黄帝时期（《中国古史的传说时代》）。看来，召公奭虽与周同宗黄帝、同为姬姓，但并无较近的血缘关系（皇甫谧说他为"文王庶子"，不知何据）。召公奭作为燕地姬姓的首领人物才参与武王伐纣，功成后被分封到原来的根据地镇守东北（实际是其长子就封）。

如果是这样，那最初的蓟或许就应当在北京西南郊区的琉璃河遗址一带了。但一般认为蓟或蓟丘在北京城区西南一带。从考古上来看，琉璃河遗址西周都城和燕侯墓地一应俱全，而北京城西南除了发现不少战国秦时期的古井、墓葬，以及个别战国时的饕餮纹瓦当外，始终没有发现任何确切的西周遗存，更不用说西周都城或墓葬。

我们曾论证，黄帝文化就是分布在晋南豫西的仰韶文化庙底沟类型，距今6000～5500年，它也有浓厚的崇拜鸟日的习俗。公元前6000年左右庙底沟类型形成之初，曾对太行山以东的仰韶文化后岗类型造成毁灭性打击，对应著名的"涿鹿之战"。之后其影响北逾燕山，东达海岱，东南至江淮，南达江湘，与《史记》所载黄帝所至之处十分相似！可能正是由于黄帝势力向燕山方向的渗透，才在北京地区留下崇鸟的姬姓一支。这些早期的姬姓人群和后来的商先公虽然并无较近的血缘关系，但都与黄帝有关，也都崇拜鸟日，从而也可能多所融合。庙底沟类型的影响还一直到达西辽河，对崇龙的红山文化产生较大影响，将东北南部地区也与中原紧密联系起来，有人甚至因此将红山文化视为黄帝文化。

　　那么，具体到北京一带对玄鸟——燕子的崇拜，到底是从商契开始，还是可早到黄帝时期？这还是一个谜。不过后者的可能性更大。北方尚黑，由来已久。北方冀州的蚩尤为九黎、黎苗之祖。"黎"即《尚书·禹贡》"厥土青黎"之黎，通"骊"，后作"黧"，即黑色。后来北方之玄鸟、玄水、玄蛇等物，玄丘、玄丘之水、大玄之山、幽州、幽都、幽都之山等地，玄王（契）、玄冥等商先公，以及北方玄武，可能都与黎、黑有关。

　　黄帝和帝喾将华夏、东夷文明因素先后带入燕地，促进了北京地区早期文明的形成和发展；同时，北京文化一些优秀成分也反向融入黄河流域文化当中。这正如翩翩南来的燕子将春天的讯息带到北京，秋天还不忘回归故园。中国文化的生命力在于不断海纳百川、兼容并蓄，北京文化也是。

　　燕子是北京早期历史的缩影，也是北京精神的写照。

（原载《文史知识》2008 年第 6 期）

石峁人群族属探索

陕西神木石峁古城是近年中国最重大的考古发现之一[①]，人们在惊叹其巨大体量、宏伟建筑、精美玉器、诡谲浮雕的同时，不免会联想到石峁人群的族属问题。完成如此壮举的"石峁人"到底是些什么人？在古史传说中有没有他们的位置？我曾发短文简略表达过"石峁人"或属北狄先民的观点[②]，本文试做进一步的论述。

一　石峁遗存属于老虎山文化

首先应当明确石峁遗存的考古学文化归属。

石峁遗址所出典型陶器，主要有双鋬鬲、敛口甗、大口尊等，和陕北其他区域，以及内蒙古中南部、山西中北部、河北西北部龙山时代遗存的主体陶器基本一致，我们曾将这类狭义"北方地区"的龙山遗存，统称为老虎山文化[③]。老虎山文化有不少地方性差别，可以分为若干地方类型，或者若干"亚文化"[④]；

---

① 陕西省考古研究院等：《陕西神木县石峁遗址》，《考古》2013年第7期，第15～24页；陕西省考古研究院等：《陕西神木县石峁城址皇城台地点》，《考古》2017年第7期，第46～56页。

② 韩建业：《"石峁人"或属北狄先民》，《中国社会科学报》2018年12月27日第1605期。

③ 内蒙古文物考古研究所：《岱海考古（一）——老虎山文化遗址发掘报告集》，科学出版社，2000年；韩建业：《中国北方地区新石器时代文化研究》，文物出版社，2003年。

④ 田广金最早提出"老虎山文化"的名称，但仅用以指称内蒙古中南部龙山遗存（田广金：《论内蒙古中南部史前考古》，《考古学报》1997年第2期，第121～146页）；魏坚称鄂尔多斯地区龙山遗存为永兴店文化（魏坚：《试论永兴店文化》，《文物》2000年第9期，第64～68页）；张忠培称晋中龙山遗存为杏花文化（张忠培：《杏花文化的侧装双鋬手陶鬲》，《故宫博物院院刊》2004年第4期，第6～50页）。

石峁所代表的陕北北部遗存有一定特色，如三足瓮出现最早且发达，可称之为老虎山文化石峁类型，当然称石峁文化也未尝不可①。

发掘者将石峁古城遗存分为早、晚两期，早期流行宽裆的斝式鬲，晚期变为尖角裆的典型鬲，新出三足瓮、盉等陶器，绝对年代分别在大约公元前2300～前2100年、公元前2100～前1800年，大致相当于我们划分的老虎山文化前期晚段和后期。

和中原等地相比，前期阶段的老虎山文化还是比较"落后"的，虽因战争频繁而常见石墙山城，家族组织也已凸显，但缺乏大城、大墓和贵重物品，社会分工、贫富分化不明显，我们曾称之为社会发展的"北方模式"，与分化严重的"东方模式"和朴实执中的"中原模式"有一定区别②。至于石峁石城的超大规模，玉器、兽面纹装饰等的出现，当为其与陶寺文化传统碰撞交流的产物，并非北方地区的固有因素。

二　老虎山文化南下临汾与"稷放丹朱"

约公元前2100年，中国东亚季风气候区出现"干冷事件"，北方长城沿线农业发展条件变得异常恶劣，曾经繁荣一时的岱海地区老虎山文化聚落群骤然消失③，双鋬鬲、细石器镞和卜骨等北方文化因素大范围南下，一直流播到黄河中下游地区，表明在龙山前后期之交，老虎山文化有过明显的向南移动和影响态势④。这当中以老虎山文化南下临汾盆地最具戏剧性。

龙山前期，在晋南临汾盆地突然出现发达的陶寺文化，陶寺都城近300万平方米的宏大体量、豪华大墓、精美玉器等⑤，都令人印象深刻，王文

---

① 张宏彦、孙周勇：《石峁遗存试析》，《考古与文物》2002年第1期，第56～61页；巩启明：《新世纪陕西史前考古的重要收获（下）》，《文博》2018年第5期，第31～50页。

② 韩建业：《略论中国铜石并用时代社会发展的一般趋势和不同模式》，《古代文明》（第2卷），文物出版社，2003年，第84～96页。

③ 韩建业：《距今5000年和4000年气候事件对中国北方地区文化的影响》，《环境考古研究》（第三辑），北京大学出版社，2006年，第159～163页。

④ 韩建业：《老虎山文化的扩张与对外影响》，《中原文物》2007年第1期，第17～23页。

⑤ 中国社会科学院考古研究所山西队、山西省考古研究所等：《山西襄汾陶寺城址2002年发掘报告》，《考古学报》2005年第3期，第307～346页；中国社会科学院考古研究所、山西省临汾市文物局：《襄汾陶寺——1978～1985年发掘报告》，文物出版社，2015年。

清、邹衡等提出陶寺文化为尧所属的陶唐氏遗存①。而陶寺文化的势力范围可能已经南达黄河沿岸，西越黄河进入延安地区，分别以芮城清凉寺墓地②和延安芦山峁遗址③为代表，这两处遗址也都以出土大量精美玉器而闻名。我们曾提出，陶寺文化的出现，当为东方地区良渚文化、大汶口文化人群西迁所致，可能对应传说中的"唐伐西夏"事件④。

　　但到龙山前后期之交，风云突变，原本有斝无鬲的临汾盆地出现大量类似晋中的双鋬陶鬲，陶寺文化也就因此而变为陶寺晚期文化，说明北方地区和晋西南人群之间曾经发生过激烈的冲突战争。后来的考古工作，发现陶寺遗址还存在暴力屠杀、摧残女性、疯狂毁墓等现象，临汾下靳墓地、芮城清凉寺墓地的大中型墓葬也都尽数被毁⑤，由此可见老虎山文化人群"残暴"的一面，让人不由得联想到石峁所出以青年女性头骨为主的多个头骨坑，是否就是杀害战俘的结果？但陶寺晚期文化之初的双鋬鬲和晋中游邀类型者更接近，更应该是晋中人群南下摧毁陶寺古城，而不一定是石峁人群。

　　老虎山文化游邀类型的南下临汾和陶寺文化的衰亡，可能对应《古本竹书纪年》所记载的"稷放丹朱"事件⑥。稷或后稷，即传说中周人的始

①　王文清：《陶寺遗存可能是陶唐氏文化遗存》，《华夏文明》（第一集），北京大学出版社，1987年，第106~123页；邹衡：《关于探讨夏文化的条件问题》，《华夏文明》（第一集），北京大学出版社，1987年，第162~179页。

②　山西省考古研究所等：《清凉寺史前墓地》，文物出版社，2016年。

③　陕西省考古研究院、西北大学文化遗产学院、延安市文物研究所：《陕西延安芦山峁遗址发掘取得重要收获》，《中国文物报》2018年11月16日第7版。

④　"唐伐西夏"最早见于《逸周书·史记解》："昔者西夏，性仁非兵，城郭不修，武士无位，惠而好赏，屈而无以赏。唐氏伐之，城郭不守，武士不用，西夏以亡。"又《左传·昭公元年》："迁实沈于大夏，主参。唐人是因，以服事夏、商。"其次序也是先有"大夏"，后有"唐人"。我曾提出"唐伐西夏"的结局，就是陶唐氏从豫东鲁西南迁居晋西南，对应考古学上临汾盆地陶寺文化的形成和庙底沟二期类型的消亡。参见韩建业：《唐伐西夏与稷放丹朱》，《北京大学学报》（哲学社会科学版）2001年第4期，第119~123页。

⑤　韩建业：《葬玉、殉葬与毁墓——读〈清凉寺史前墓地〉》，《中国文物报》2017年6月13日第8版；高江涛：《试析陶寺遗址的"毁墓"现象》，《三代考古》（七），科学出版社，2017年，第345~354页。

⑥　稷放丹朱事件见于《古本竹书纪年》："后稷放帝朱于丹水"（《山海经·海内南经》注）。

祖，钱穆等认为后稷与其母有邰氏姜嫄的居地，就在晋西南地区①。丹朱传说中为尧子，其始居地应该就在"尧都平阳"② ——晋南临汾盆地，对应的考古学文化当和尧一样，为陶寺文化。由此推测，老虎山文化游邀类型有可能是最早的后稷族系文化或者最早的姬周文化，陶寺晚期文化是稍晚的稷周文化③。体质人类学分析结果，也表明碾子坡等周人组与陶寺、游邀等山西古代居民组有最为密切的关系④。邹衡早年曾将先周文化的渊源追溯到所谓光社文化，也就是晋中地区晚于游邀类型的文化，确有先见之明⑤。这样一来，同属老虎山文化的石峁类型，即便不属于后稷族系，也当与其关系极为密切，属于一个大的人群集团。

三　陶寺晚期文化的西北向迁移与不窋"自窜于戎狄之间"

陶寺晚期文化，也即稍晚的后稷族系文化，在晋西南地区延续了约三百年，到大约距今 3800 年之后，随着二里头文化势力从洛阳盆地进入，才彻底告一段落。令人奇怪的，是陶寺晚期文化典型的大肥袋足鬲、深腹簋、三足杯、单耳杯、鬶形器、折肩罐等陶器，在晋南消失，却突然出现于陕北北部石峁类型末期的神木新华⑥、石峁遗址，以及鄂尔多斯地区的朱开沟早期遗存等当中⑦。

《国语·周语》记载，"昔我先世后稷，以服事虞夏。及夏之衰也，弃稷不务，我先王不窋，用失其官，而自窜于戎狄之间。"韦昭注："衰，谓

---

① 钱穆：《周初地理考》，《燕京学报》第 10 期，1931 年，第 1955～2008 页。
② 《汉书·地理志（上）》河东郡平阳条下，应劭曰："尧都也，在平河之阳。"《汉书·地理志（下）》中山国唐条下有"尧山在南"，应劭曰："故尧国也"。
③ 韩建业：《先周文化的起源与发展阶段》，《考古与文物》2002 年增刊（先秦考古），第 212～218 页。
④ 王明辉：《周人体质特征分析》，《二十一世纪的中国考古学——庆祝佟柱臣先生八十五华诞学术文集》，文物出版社，2006 年，第 909～924 页。
⑤ 邹衡：《论先周文化》，《夏商周考古学论文集》，文物出版社，1980 年，第 297～356 页。
⑥ 陕西省考古研究所、榆林市文物保护研究所：《神木新华》，科学出版社，2005 年。
⑦ 韩建业：《内蒙古朱开沟遗址有关问题的分析》，《考古》2005 年第 3 期，第 55～64 页。

启子太康废稷之官，不复务农。《夏书序》曰：'太康失邦，昆弟五人须于洛汭。'""窜，匿也。尧封弃于邰，至不窋失官，去夏而迁于邠，邠西接戎，北近狄也。"韦昭以"太康失国"解释"夏之衰"，可谓确当。按照夏文化分为早、中、晚三期的方案①，王湾三期文化后期就应当是早期夏文化，"太康失国"就应该发生在公元前 2 千纪之初的王湾三期文化后期偏晚阶段，相当于石峁类型晚期。而陶寺晚期文化因素恰好于此时进入陕北—鄂尔多斯地区，岂不正对应稷周先人不窋"自窜于戎狄之间"的事件②？

　　然则又如何理解"戎狄之间"？韦昭显然是从戎狄有别的角度，认为戎在西方，狄在北方。但《左传·庄公二十八年》，前面说"可以威民而惧戎"，后面讲"狄之广莫，于晋为都"，将戎和狄当作同一个对象。按照王玉哲的梳理，西周以前北方已有狄（即易）的名称，春秋战国时期所谓戎狄可以互称，战国末期才如《大戴礼记·明堂》所说出现"南蛮、东夷、北狄、西戎"这样整齐划一的说法③。实际上我们目前无法确证"自窜于戎狄之间"到底属于哪种情况，但说石峁类型可能属于笼统"戎狄"之文化，或者"戎"与"狄"之某一支的文化，应该大致不差。

四　石峁类型具体可能属于黄帝族系后裔北狄的文化

　　龙山时代的老虎山文化虽与晋南文化面貌各异，分庭抗礼，但其渊源却都是仰韶文化，都有着晋西南、豫西和关中东部的庙底沟类型的深厚基因④。我们曾撰文论述仰韶文化庙底沟类型可能是黄帝族系的文化⑤，那么，老虎山文化就应当是黄帝族系后裔的文化。上述老虎山文化游邀类型可能对应后稷族系，后稷姬姓，而据《国语·晋语》："昔少典娶于有蟜氏，生黄帝、炎帝。黄帝以姬水成，炎帝以姜水成。成而异德，故黄帝为姬，炎

---

① 韩建业：《论二里头青铜文明的兴起》，《中国历史文物》2009 年第 1 期，第 37~47 页。
② 韩建业：《先周文化的起源与发展阶段》，《考古与文物》2002 年增刊（先秦考古），第 212~218 页。
③ 王玉哲：《中华民族早期源流》，天津古籍出版社，2010 年，第 34~40 页。
④ 韩建业：《龙山时代的中原和北方——文明化进程比较》，《中原文化研究》2017 年第 4 期，第 81~84 页。
⑤ 黄怀信：《仰韶文化与原始华夏族——炎、黄部族》，《考古与文物》1997 年第 4 期，第 33~37 页；韩建业：《涿鹿之战探索》，《中原文物》2002 年第 4 期，第 20~27 页。

帝为姜。"据《国语·晋语》，黄帝诸"子"中第一姓即为姬姓。可知黄帝和后稷可能确存在渊源关系。

　　无独有偶，属于黄帝之后的还可能有姬姓的北狄。《山海经·大荒西经》记载："黄帝之孙曰始均，始均生北狄。"《大荒北经》也说："黄帝生苗龙，苗龙生融吾，融吾生弄明，弄明生白犬，白犬有牝牡，是为犬戎。"知北狄、白犬、犬戎在传说中也都是黄帝后裔，或者说他们本来就是同一群人的不同称呼，白犬或即白狄。《世本》又说："鲜虞，姬姓，白狄也。"推测白狄可能也是姬姓，与后稷同宗黄帝。这就是说，石峁类型可能笼统属于"戎狄"文化，具体属于黄帝后裔北狄的文化。

　　当然戎也有姬姓宗黄帝者。《左传·庄公二十八年》："晋伐骊戎"，杜预注："骊戎……其君姬姓。"又"晋献公……娶二女于戎，大戎狐姬生重耳。"所以也不排除石峁类型与姬姓戎有关的可能性。

五　石峁类型的后继文化也当属于戎狄文化

　　老虎山文化的继承者，是内蒙古中南部和陕北等地的朱开沟文化①，再之后的晚商时期，则发展为陕北的李家崖文化②和鄂尔多斯地区的西岔文化等③，陶鬲、甗、三足瓮延续，石城衰落，新出各种刀、剑武器工具类和装饰品类"鄂尔多斯式青铜器"，属于半农半牧文化。

　　李伯谦认为，晋陕高原的石楼—绥德类型青铜文化的族属，当为甲骨文中记载的和武丁长期争战的𢀕方④，而石楼—绥德类型青铜器群与李家崖文化、西岔文化等在分布地域和时代上有所重合，很可能就是一回事。吕智荣则认为，李家崖文化可能是《周易》所说"高宗伐鬼方"的鬼方遗存⑤。而

---

① 内蒙古自治区文物考古研究所、鄂尔多斯博物馆：《朱开沟——青铜时代早期遗址发掘报告》，文物出版社，2000年；田广金、韩建业：《朱开沟文化研究》，《考古学研究》（五），文物出版社，2003年，第227～259页。

② 陕西省考古研究院：《李家崖》，文物出版社，2013年。

③ 内蒙古文物考古研究所、清水河县文物管理所：《清水河县西岔遗址发掘简报》，《万家寨水利枢纽工程考古报告集》，远方出版社，2001年，第60～78页。

④ 李伯谦：《从灵石旌介商墓的发现看晋陕高原青铜文化的归属》，《北京大学学报》（哲学社会科学版）1988年第2期，第15～29页。

⑤ 吕智荣：《鬼方文化及相关问题初探》，《文博》1990年第1期，第32～37页。

无论是舌方还是鬼方，应当都属于戎狄之属。据《古本竹书纪年》，"武乙三十五年，周王季伐西落鬼戎，俘二十翟王。"此"西落鬼戎"应即"鬼方"，属于狄（翟）人。而诸狄中的赤狄，被认为属于隗氏，也当与鬼方有关。可证鬼方很可能属于狄之一支。由此上溯，也可证"石峁人"可能属于戎狄，更可能属于狄人。

有以上论述，就可得出石峁人属于传说中的黄帝后裔北狄先民的推论。也可知狄人至少4000多年以来就生活在长城沿线，和华夏同源而交流，同根而相煎，《墨子·节葬下》"尧北教乎八狄"的说法并非全属妄言。石峁所出玉器、石浮雕上的人面形象，着意强调突出的颧骨，说明狄人和华夏人具有类似的形貌特征，而绝非西方人形象。狄人曾经达到过令人难以置信的文明高度，为多元一体早期中国文明的形成和发展做出过重要的贡献。

沈长云早先主要通过对历史传说的钩沉，提出石峁古城是黄帝部族居邑的观点①。但黄帝和黄帝后裔毕竟并不是一回事。黄帝不会晚到尧舜禹时代，不会晚到龙山时代。吕智荣虽然和我同样提出石峁古城可能为古代狄族先民之都邑的观点，但他将石峁遗存归之于"黄帝的后裔""共工氏"②，则是我不能同意的，因为共工氏在龙山时代大约是以豫北辉县一带为中心的，而且一般认为其先可能为姜姓炎帝而非姬姓黄帝③。至于张怀通提出的"石峁古城是上古西夏的都邑"的观点④，与我所论"西夏"年代相差甚远，我认为难以成立。

（原载《文物春秋》2019 年第 4 期）

---

① 沈长云：《石峁古城是黄帝部族居邑》，《光明日报》2013 年 3 月 25 日第 15 版。

② 吕智荣：《从石峁到李家崖》，《榆林学院学报》2018 年第 5 期，第 1～3 页。

③ 徐旭生：《中国古史的传说时代》（新一版），文物出版社，1985 年，第 47～48、136～139 页；邹衡：《关于夏商时期北方地区诸邻境文化的初步探讨》，《夏商周考古学论文集》，文物出版社，1980 年，第 253～294 页。

④ 张怀通：《谁的石峁：石峁古城系上古西夏都邑》，《中国社会科学报》2015 年 3 月 18 日第 15 版。

庙底沟时代与"早期中国"

　　仰韶文化东庄—庙底沟类型时期，中国大部地区文化首次交融联系形成以中原为核心的文化共同体，这个文化共同体所处的新时代即为本文所谓庙底沟时代①。仰韶文化庙底沟类型实力强盛且对外产生很大影响，这已基本成为学术界的共识。早在1965年，苏秉琦就注意到庙底沟类型"对远方邻境地区发生很大影响"②。此后严文明指出"庙底沟期是一个相当繁盛的时期，这一方面表现在它内部各地方类型融合和一体化的趋势加强，另一方面则表现在对外部文化影响的加强"③。张忠培认为此时是"相对统一的时期"④，庙底沟类型（或西阴文化）对周围同期考古学文化产生了积极作用⑤。王仁湘称庙底沟期的彩陶扩展是"史前中国的艺术浪潮"⑥。在前人研究的基础上，本文试图论证：庙底沟时代是在东庄—庙底沟类型的强力扩张影响下形成，该时代的到来标志着"早期中国文化圈"或文化上"早期中国"的形成。

---

① "庙底沟时代"是与"龙山时代"相对应的概念。见严文明：《龙山文化和龙山时代》，《文物》1981年第6期，第41～48页。
② 苏秉琦：《关于仰韶文化的若干问题》，《考古学报》1965年第1期，第51～82页。
③ 严文明：《略论仰韶文化的起源和发展阶段》，《仰韶文化研究》，文物出版社，1989年，第122～165页。
④ 张忠培：《关于内蒙古东部地区考古的几个问题》，《内蒙古东部区考古学文化研究文集》，海洋出版社，1991年，第3～8页。
⑤ 张忠培：《仰韶时代——史前社会的繁荣与向文明社会的转变》，《文物季刊》1997年第1期，第1～47页。
⑥ 王仁湘：《史前中国的艺术浪潮——庙底沟文化彩陶研究》，文物出版社，2011年。

一

仰韶文化东庄类型和庙底沟类型主要分布在晋西南豫西地区，时当新石器时代晚期，绝对年代约在公元前 4200 ~ 前 3500 年①。

东庄类型以山西芮城东庄村仰韶遗存②和翼城北橄一、二期③为代表，时代介于半坡类型和庙底沟类型之间④，绝对年代约在公元前 4200 ~ 前 4000 年。是在当地仰韶文化枣园类型的基础上，接受东进的半坡类型的强烈影响而形成⑤。具体来说，其钵、盆、罐、瓮等主体陶器兼具枣园类型和半坡类型的特点，尖底瓶的雏形双唇口为仰韶文化枣园类型内折唇口和半坡类型杯形口的结合（图一，1 ~ 3）；杯形口尖底瓶和雏形双唇口尖底瓶的尖底特征，绳纹和宽带纹（图二，1、2）、三角纹、菱形纹、鱼纹等黑彩，以及头骨和肢骨成堆摆放的二次葬等特征⑥，都来自半坡类型；素面壶、鼎，尖底瓶的瘦长特征，墓葬基本不见随葬品的质朴习俗等，基于枣园类型；葫芦形瓶、火种炉以及豆荚纹、花瓣纹等彩陶纹饰（图三，1、2）则为新创。总体看来自半坡类型的影响巨大，甚至从某种程度上可视其为半坡类型的关东变体⑦。其大

① 严文明：《略论仰韶文化的起源和发展阶段》，《仰韶文化研究》，文物出版社，1989 年，第 122 ~ 165 页。
② 中国科学院考古研究所山西工作队：《山西芮城东庄村和西王村遗址的发掘》，《考古学报》1973 年第 1 期，第 1 ~ 63 页。
③ 山西省考古研究所：《山西翼城北橄遗址发掘报告》，《文物季刊》1993 年第 4 期，第 1 ~ 51 页。
④ 张忠培、严文明：《三里桥仰韶遗存的文化性质与年代》，《考古》1964 年第 6 期，第 301 ~ 305 页。
⑤ 田建文、薛新民、杨林中：《晋南地区新石器时期考古学文化的新认识》，《文物季刊》1992 年第 2 期，第 35 ~ 44 页；山西省考古研究所：《山西翼城北橄遗址发掘报告》，《文物季刊》1993 年第 4 期，第 1 ~ 51 页。
⑥ 陕西华县元君庙墓地一期就流行摆放成仰身直肢葬式的二次葬，二期以后流行头骨和肢骨成堆摆放的二次葬（北京大学历史系考古教研室：《元君庙仰韶墓地》，文物出版社，1983 年），这两种二次葬之间当存在演化关系。元君庙一、二期属于半坡类型早期，相对年代略早于北橄一期。
⑦ 严文明：《论半坡类型和庙底沟类型》，《考古与文物》1980 年第 1 期，第 64 ~ 72 页；戴向明：《试论庙底沟文化的起源》，《青果集——吉林大学考古系建系十周年纪念文集》，知识出版社，1998 年，第 18 ~ 26 页。

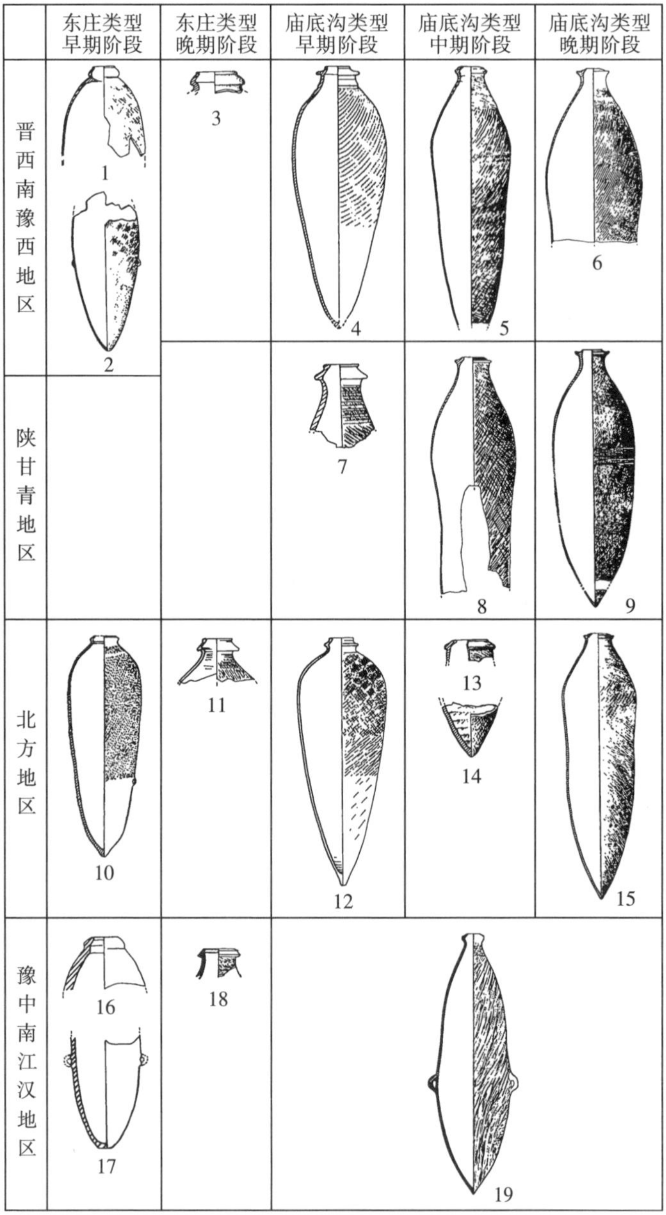

	东庄类型 早期阶段	东庄类型 晚期阶段	庙底沟类型 早期阶段	庙底沟类型 中期阶段	庙底沟类型 晚期阶段
晋西南豫西地区	1 2	3	4	5	6
陕甘青地区			7	8	9
北方地区	10	11	12	13 14	15
豫中南江汉地区	16 17	18	19		

图一　庙底沟时代各地区的陶双唇口小口尖底瓶

1～3. 仰韶文化东庄类型（北橄 H34：27、H34：5、Ⅱ T1302④：6）　　4～6. 仰韶文化庙底沟类型（南交口 H90：1、西阴 G1：28、西坡 H110：5）　　7～9. 仰韶文化泉护类型（大地湾 T704③：P50、案板 GNDH24：7、福临堡 H37：8）　　10～15. 仰韶文化白泥窑子类型（白泥窑子 F1：1、王墓山坡下Ⅰ F1：21、王墓山坡下Ⅰ F11：13、段家庄 H3：15、段家庄 H3：27、杨家坪 F1：3）　　16、17. 仰韶文化大河村类型（大河村 T56⑯：27、28）　　18. 大溪文化（关庙山 T63⑤A：27）　　19. 仰韶文化阎村类型（水地河 W1：2）

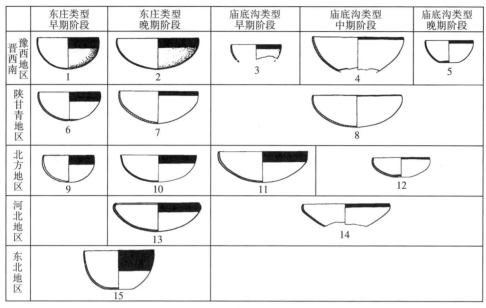

	东庄类型 早期阶段	东庄类型 晚期阶段	庙底沟类型 早期阶段	庙底沟类型 中期阶段	庙底沟类型 晚期阶段
豫西地区晋西南	1	2	3	4	5
陕甘青地区	6	7	8		
北方地区	9	10	11	12	
河北地区		13	14		
东北地区	15				

图二　庙底沟时代各地区的黑彩陶钵

1、2. 仰韶文化东庄类型（北橄 H34：20、H32：2）　　3～5. 仰韶文化庙底沟类型（北橄Ⅱ T402③：2、
西阴 H33：54、西阴 H30：9）　　6、7. 仰韶文化史家类型（原子头 H126：1、大地湾 T302③：21）
8. 仰韶文化泉护类型（大地湾 F709：1）　　9～12. 仰韶文化白泥窑子类型（白泥窑子 F1：11、王墓
山坡下ⅠH1：4、王墓山坡下ⅠF6：13、段家庄 H3：5）　　13. 仰韶文化后岗类型（南杨庄 T40②：1）
14. 仰韶文化钓鱼台类型（钓鱼台 H1）　　15. 红山文化（西水泉 T7②：20）

口勾鋬罐的勾鋬做鸟首状，暗示该类型或许有崇拜鸟的习俗。东庄类型大
致可以细分为两期，早期以北橄一期为代表，尖底瓶无颈且雏形双唇口的
下唇不突出；晚期以北橄二期为代表，尖底瓶出颈且雏形双唇口的下唇较
突出。同属东庄类型的豫西陕县三里桥仰韶遗存[1]、三门峡南交口仰韶文化
一期等[2]，仅见杯形口尖底瓶而不见雏形双唇口尖底瓶，也不见火种炉，推
测东庄类型的核心当不在豫西而在晋西南地区。

　　庙底沟类型以河南陕县庙底沟一期为代表[3]，绝对年代约在公元前
4000～前3500 年，总体是在东庄类型基础上的继续发展，新出的直领釜和

①　中国科学院考古研究所：《庙底沟与三里桥》，科学出版社，1959 年。

②　河南省文物考古研究所：《三门峡南交口》，科学出版社，2009 年。

③　中国科学院考古研究所：《庙底沟与三里桥》，科学出版社，1959 年。

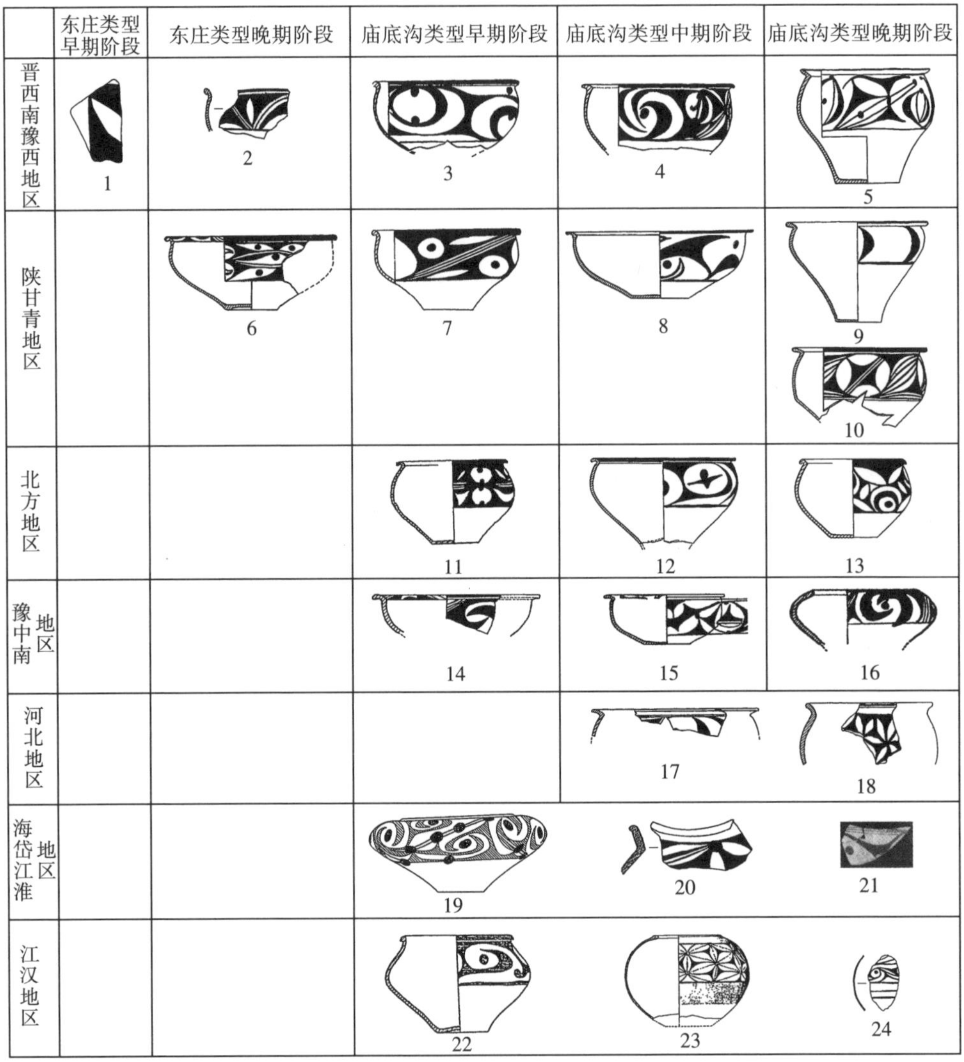

	东庄类型早期阶段	东庄类型晚期阶段	庙底沟类型早期阶段	庙底沟类型中期阶段	庙底沟类型晚期阶段
晋西南豫西地区	1	2	3	4	5
陕甘青地区		6	7	8	9 / 10
北方地区			11	12	13
豫中南地区			14	15	16
河北地区				17	18
海岱江淮地区			19	20	21
江汉地区			22	23	24

图三　庙底沟时代各地区的花瓣纹彩陶盆

1、2. 仰韶文化东庄类型（北橄 H38：11、东庄 H104：1：01）　　3～5. 仰韶文化庙底沟类型（北橄 T8⑨：1、西阴 H33：7、西阴 H30：63）　　6. 仰韶文化史家类型（原子头 H42：1）　　7～10. 仰韶文化泉护类型（大地湾 T700③：19、泉护 H5：192、泉护 H1127：871、胡李家 H14：2）　　11～13. 仰韶文化白泥窑子类型（章毛勿素 F1：4、段家庄 H3：07、白泥窑子 A 点 F2：2）　　14～16. 仰韶文化阎村类型（大河村 T1⑥D：113、点军台 F3：7、大河村 T11⑤A：83）　　17、18. 仰韶文化钓鱼台类型（南杨庄 H108：1、钓鱼台 T4②）　　19. 大汶口文化（刘林 M72：1）　　20、21. 崧泽文化（青墩下文化层、草鞋山 T304：6）　　22～24. 大溪文化（螺蛳山 1 号墓、关庙山 T37④：9、关庙山 T4③：9）

灶等则体现来自郑洛地区的影响。该类型流行鸟纹彩陶，见有鸟形鼎、灶、器盖等。庙底沟类型大致可以分为三期：北橄三、四期和南交口仰韶文化二期早期代表早期，庙底沟遗址一期和西阴村庙底沟类型主体遗存①代表中期，西坡墓葬和 H110 代表晚期②。小口尖底瓶先是上唇圆翘、下唇突出下垂而成为真正的双唇口，然后双唇逐渐尖平，最后上唇几乎消失而变为近于喇叭口，器底则由尖向钝变化（图一，4～6）。葫芦形瓶上部由斜弧向斜直转变，最后变为颈部出棱近似喇叭口。钵和宽沿盆由浅弧腹向深曲腹发展，罐、瓮的腹部由矮弧向深直演变，器鋬和附加堆纹越来越常见。彩陶中花瓣纹逐渐繁复，最后又趋于简化（图三，3～5）；钵口沿先是由宽带纹变为窄带纹，最后彩带基本消失（图二，3～5）。就级别甚高的西坡墓地看，至少晚期时庙底沟类型的核心已转移至豫西。

东庄类型形成以后，就以其极具活力的姿态迅速拓展；庙底沟类型青出于蓝而胜于蓝，进一步扩张影响。

二

东庄类型和庙底沟类型向周围邻近地区的扩张影响，造成仰韶文化的“庙底沟化”和空前统一局势。

东庄类型一经形成，就迅速反馈影响关中地区，使半坡类型进入晚期亦即史家类型阶段③。陕西渭南史家墓葬④、临潼姜寨二期⑤等史家类型遗

---

① 李济：《西阴村史前的遗存》，清华学校研究院丛书第 3 种，1927 年；山西省考古研究所：《西阴村史前遗存第二次发掘》，《三晋考古》（第二辑），山西人民出版社，1996 年，第 1～62 页。

② 河南省文物考古研究所、中国社会科学院考古研究所河南一队等：《河南灵宝市西坡遗址 2001 年春发掘简报》，《华夏考古》2002 年第 2 期，第 31～52 页；中国社会科学院考古研究所、河南省文物考古研究所：《灵宝西坡墓地》，文物出版社，2010 年。

③ 王小庆：《论仰韶文化史家类型》，《考古学报》1993 年第 4 期，第 415～434 页。

④ 西安半坡博物馆、渭南县文化馆：《陕西渭南史家新石器时代遗址》，《考古》1978 年第 1 期，第 41～53 页。

⑤ 半坡博物馆、陕西省考古研究所、临潼县博物馆：《姜寨——新石器时代遗址发掘报告》，文物出版社，1988 年。

存，总体上继承半坡类型早期而有所发展，如钵、盆类器向尖圜底、折腹方向转变，小口尖底瓶、细颈壶变小退化等；但不少则为东庄类型因素，如葫芦形瓶以及彩陶中的花瓣纹、豆荚纹等。考虑到半坡类型尚鱼，而东庄类型崇鸟，则此时新出的鸟鱼合体纹不啻为半坡类型和东庄类型融合的象征①。这次文化浪潮还一直延伸到关中西部乃至于甘肃中东部，形成陕西陇县原子头仰韶一、二期遗存②、甘肃秦安大地湾第二期遗存③等（图二，6、7；图三，6），西北可能已延伸至河西走廊东缘④。只是这些西部遗存流行仰身直肢葬而基本不见东部的多人二次合葬，双腹耳罐、双腹耳钵、葫芦口小口尖底瓶、人头形口平底瓶等也具有一定地方特点。庙底沟类型向西影响更加强烈，使得关中和甘肃东部由史家类型发展为泉护类型，如陕西华县泉护一期⑤、白水下河一期⑥、扶风案板一期⑦、宝鸡福临堡一、二期⑧、甘肃秦安大地湾第三期等；花瓣纹、鸟纹彩陶和双唇口小口尖底瓶（图一，7～9；图二，8；图三，7～9）等典型因素和庙底沟类型大同小异，区别只在鼎较少等细节方面。类似遗存还向西北一直扩展至青海东部⑨和宁夏南部⑩，

---

① 赵春青：《从鱼鸟相战到鱼鸟相融——仰韶文化鱼鸟彩陶图试析》，《中原文物》2000 年第 2 期，第 13～15 页。

② 宝鸡市考古工作队、陕西省考古研究所：《陇县原子头》，文物出版社，2005 年。

③ 甘肃省文物考古研究所：《秦安大地湾——新石器时代遗址发掘报告》，文物出版社，2006 年。

④ 在甘肃古浪三角城遗址曾采集到 1 件史家类型阶段的细黑彩带圜底钵。见甘肃省文物考古研究所、北京大学考古文博学院：《河西走廊史前考古调查报告》，文物出版社，2011 年，第 65 页，图三五，1。

⑤ 北京大学考古学系：《华县泉护村》，科学出版社，2003 年。

⑥ 王炜林、张鹏程：《陕西白水下河新石器时代遗址》，《2010 中国重要考古发现》，文物出版社，2011 年，第 18～20 页。

⑦ 西北大学文博学院考古专业：《扶风案板遗址发掘报告》，科学出版社，2002 年。

⑧ 宝鸡市考古工作队、陕西省考古研究所宝鸡工作队：《宝鸡福临堡——新石器时代遗址发掘报告》，文物出版社，1993 年。

⑨ 青海省文物考古队：《青海民和阳洼坡遗址试掘简报》，《考古》1984 年第 1 期，第 15～20 页；中国社会科学院考古研究所甘青工作队、青海省文物考古研究所：《青海民和县胡李家遗址的发掘》，《考古》2001 年第 1 期，第 40～58 页。

⑩ 北京大学考古实习队等：《隆德页河子新石器时代遗址发掘报告》，《考古学研究》（三），科学出版社，1997 年，第 158～195 页。

西南达陇南至川西北①，偏晚阶段彩陶明显繁缛化（图三，10），与关
中东部逐渐简化的趋势正好相反，反映核心区和"边远地区"逐渐分
道扬镳。至于汉中地区的陕西汉阴阮家坝、紫阳马家营等遗存②，流
行釜形鼎而与泉护类型有所不同，当受到过晋南豫西核心区文化的直接
影响。

　　东庄类型同时北向深刻影响晋中北、内蒙古中南部、陕北北部和冀
西北——狭义的北方地区，形成仰韶文化白泥窑子类型和马家小村类
型③。内蒙古中南部至陕北北部此前分布着仰韶文化鲁家坡类型和石虎
山类型，一定程度上可视为后岗类型和半坡类型的融合体，此时却变为
白泥窑子类型，早晚期分别以内蒙古清水河白泥窑子 C 点 F1④ 和凉城王
墓山坡下第 1 段⑤遗存为代表，新出雏形双唇口小口尖底瓶（图一，10、
11）和火种炉，钵、盆流行宽带纹（图二，9、10）和花瓣纹黑彩装
饰，显然与东庄类型因素的大量涌入有关；甚至早晚期的尖底瓶口特征
正好与北橄一、二期对应，充分显示其与晋西南亦步亦趋的关系。但白
泥窑子类型缺乏鼎、釜、灶等，花瓣纹彩陶也较简单，仍体现出一定的
地方特色。晋北和冀西北此前属后岗类型，此时则演变为地方特征浓厚
的以山西大同马家小村遗存为代表的马家小村类型⑥，宽带纹和花瓣纹彩
陶少而简单，小口尖底瓶个别卷沿外附加一圈泥条似双唇口，多数为单圆
唇直口。至庙底沟类型早中期，晋中北和冀西北文化面貌已与庙底沟类型

①　北京大学考古学系、甘肃省文物考古研究所：《甘肃武都县大李家坪新石器时代遗址
　　发掘报告》，《考古学集刊》（第 13 集），中国大百科全书出版社，2000 年，第 1～36
　　页；成都文物考古研究所等：《四川茂县波西遗址 2002 年的试掘》，《成都考古发现》
　　（2004），科学出版社，2006 年，第 1～12 页。
②　陕西省考古研究所等：《陕南考古报告集》，三秦出版社，1994 年。
③　韩建业：《中国北方地区新石器时代文化研究》，文物出版社，2003 年。
④　崔璿、斯琴：《内蒙古清水河白泥窑子 C、J 点发掘简报》，《考古》1988 年第 2 期，
　　第 97～108 页。
⑤　内蒙古文物考古研究所等：《岱海考古（三）——仰韶文化遗址发掘报告集》，科学
　　出版社，2003 年。
⑥　山西省考古研究所、大同市博物馆：《山西大同马家小村新石器时代遗址》，《文物
　　季刊》1992 年第 3 期，第 7～16 页。

基本相同①，而内蒙古中南部仍更多延续此前的风格（图一，12～15；图二，11、12；图三，11～13）。庙底沟类型晚期，由于红山文化的南下影响，冀西北孕育出最早的雪山一期文化②，岱海地区形成装饰较多红彩的王墓山坡下第3段遗存，北方地区文化与晋西南的关系日渐疏远。

东庄类型同样东南—南向对河南中南部和鄂北产生很大影响。郑洛及以南地区，此前为大河村前二期类遗存③，此时则转变为大河村类型遗存，新出现雏形口小口尖底瓶（图一，16、17）④和花瓣纹、豆荚纹黑彩等东庄类型因素，但流行釜形鼎、崇尚素面和红彩带等仍为当地传统的延续，小口折腹釜形鼎的出现当为北辛文化影响的结果，豆、杯等则体现出与江淮地区的文化联系。豫西南和鄂西北地区，此前为仰韶文化大张庄类型⑤，此时则发展为以河南淅川下王岗二期下层⑥、邓州八里岗M53⑦为代表的下王岗类型，新出现宽带纹、豆荚纹、花瓣纹黑彩和多人二次葬等东庄类型因素，小口尖底瓶则多为杯形口。庙底沟类型的影响更加深入，花瓣纹彩陶成为这些地区的典型因素（图三，14～16），双唇口小口尖底瓶（图一，19）和葫芦形瓶也见于各地，只是距离豫西越远越少。但地方性特征仍然浓厚，郑洛地区的河南汝州阎村、郑州大河村一、二期、荥阳点军台一期⑧、巩

---

① 如山西汾阳段家庄H3、柳林杨家坪F1（国家文物局、山西省考古研究所、吉林大学考古学系：《晋中考古》，文物出版社，1999年）、河北蔚县三关F3（张家口考古队：《一九七九年蔚县新石器时代考古的主要收获》，《考古》1981年第2期，第97～105页）等，只是仍少见鼎。

② 以河北平山中贾壁遗存为代表。见滹沱河考古队：《河北滹沱河流域考古调查与试掘》，《考古》1993年第4期，第300～310页；韩建业：《论雪山一期文化》，《华夏考古》2003年第4期，第46～54页。

③ 郑州市文物考古研究所：《郑州大河村》，科学出版社，2001年。

④ 《郑州大河村》将其划分为M型罐。

⑤ 南阳地区文物队等：《河南方城县大张庄新石器时代遗址》，《考古》1983年第5期，第398～403页。

⑥ 河南省文物研究所等：《淅川下王岗》，文物出版社，1989年。

⑦ 北京大学考古实习队、河南省南阳市文物研究所：《河南邓州八里岗遗址发掘简报》，《文物》1998年第9期，第31～45页。

⑧ 郑州市博物馆：《荥阳点军台遗址1980年发掘报告》，《中原文物》1982年第4期，第1～21页。

义水地河三、四期①类遗存，小口尖底瓶更多为矮杯形口，浅腹釜形鼎发达，常见在白衣上兼施黑、红彩，流行成人瓮棺葬，被称为仰韶文化阎村类型②。豫西南和鄂西北地区仍为下王岗类型的延续，以下王岗二期中、上层为代表，扩展至鄂西北的郧县、枣阳、随州一带③，流行圆腹釜形鼎，小口尖底瓶多为杯形口，彩陶黑、红、白搭配。偏晚阶段接受大汶口文化、大溪文化和崧泽文化影响，出现太阳纹、"互"字纹等彩陶图案，豆、杯、圈足碗、附杯圈足盘等陶器增多，与晋西南豫西核心区的差异逐渐增大。

东庄类型向太行山以东的影响最小，仅在河北正定南杨庄三期④、永年石北口中期四段和晚期的 H52 等遗存中，见有少量黑彩宽带钵（图二，13）、凹折沿绳纹罐和旋纹罐等东庄类型因素⑤，这当与后岗类型的顽强抵制有关。公元前 4000 年左右庙底沟类型正式形成之后，其与后岗类型的对峙局面终于宣告结束。这时除磁县钓鱼台、正定南杨庄四期为代表的少量与庙底沟类型近似的钓鱼台类型遗存外⑥（图二，14；图三，17、18），河北平原大部呈现出文化萧条景象，或许与庙底沟类型进入太行山以东引起的激烈战争有关。这也从另外一个侧面见证了庙底沟类型强势扩张的剧烈程度。

三

东庄类型和庙底沟类型对仰韶文化区以外的东北、东部沿海和长江中

---

① 张松林、刘彦锋、刘洪淼：《河南巩义水地河遗址发掘简报》，《郑州文物考古与研究》（一），科学出版社，2003 年，第 220～254 页。

② 严文明：《略论仰韶文化的起源和发展阶段》，《仰韶文化研究》，文物出版社，1989 年，第 122～165 页；袁广阔：《阎村类型研究》，《考古学报》1996 年第 3 期，第 307～324 页。

③ 以郧县大寺 H98、枣阳第一期为代表。参见湖北省文物考古研究所、湖北省文物局南水北调办公室：《湖北郧县大寺遗址 2006 年发掘简报》，《考古》2008 年第 4 期，第 3～13 页；中国社会科学院考古研究所：《枣阳雕龙碑》，科学出版社，2006 年。

④ 河北省文物研究所：《正定南杨庄——新石器时代遗址发掘报告》，科学出版社，2003 年。

⑤ 河北省文物研究所、邯郸地区文物管理所：《永年县石北口遗址发掘报告》，《河北省考古文集》，东方出版社，1998 年，第 46～105 页。

⑥ 严文明：《略论仰韶文化的起源和发展阶段》，《仰韶文化研究》，文物出版社，1989 年，第 122～165 页。

游地区都产生了较为深远的影响。

（一）东北地区

东庄类型和庙底沟类型东北向的影响渗透，导致了西辽河流域红山文化的兴盛。

约公元前 4200 年以前，东北西辽河流域分布着以内蒙古敖汉旗小山遗存为代表的晚期赵宝沟文化①和以赤峰魏家窝铺遗存为代表的初期红山文化，其中已经渗透进仰韶文化下潘汪类型—后岗类型的泥质红陶钵、盆类因素。东庄类型形成后向北方强烈影响，形成仰韶文化白泥窑子类型和马家小村类型，其中前者已扩展至内蒙古锡林郭勒盟境，后者到达冀西北②。这两个类型继续东北向强力渗透的结果，就是使西辽河流域的赵宝沟文化转变为以内蒙古赤峰蜘蛛山 T1③③、西水泉 H2④ 为代表的早期红山文化，面貌焕然一新，出现大量装饰黑彩的泥质红陶钵、盆、壶类，尤其宽带纹黑彩钵明确为东庄类型因素（图二，15）。庙底沟类型继续东北向施加影响，不但在冀西北地区留下蔚县三关 F3 那样与其很类似的遗存，而且使得以敖汉旗三道湾子 H1⑤、赤峰西水泉 F13 为代表的中期红山文化开始流行涡纹彩陶，那实际上是花瓣纹彩的变体。

苏秉琦先生曾以"华山玫瑰燕山龙"的诗句，对中原和东北这种文化联系进行了高度概括。他指出花瓣纹等仰韶文化因素正是从华山脚下开始，经由晋南、北方地区而至东北地区，并说红山文化"是北方与中原两大文

---

① 中国社会科学院考古研究所内蒙古工作队：《内蒙古敖汉旗小山遗址》，《考古》1987 年第 6 期，第 481～503 页。
② 以河北蔚县三关 F4 为代表，见张家口考古队：《一九七九年蔚县新石器时代考古的主要收获》，《考古》1981 年第 2 期，第 97～105 页。
③ 中国社会科学院考古研究所内蒙古工作队：《赤峰蜘蛛山遗址的发掘》，《考古学报》1979 年第 2 期，第 215～243 页。
④ 中国社会科学院考古研究所内蒙古工作队：《赤峰西水泉红山文化遗址》，《考古学报》1982 年第 2 期，第 183～198 页。
⑤ 辽宁省博物馆、昭乌达盟文物工作站、敖汉旗文化馆：《辽宁敖汉旗小河沿三种原始文化的发现》，《文物》1977 年第 12 期，第 1～22 页。

化区系在大凌河上游互相碰撞、聚变的产物"①。但到以辽宁凌源牛河梁主体遗存为代表的红山文化晚期②，红山文化已经开始反向对仰韶文化产生较大影响③。

（二）东部沿海地区

东庄类型和庙底沟类型向东部沿海地区的扩张影响，使海岱地区刚诞生的大汶口文化的面貌发生一定程度的改观，刺激了江淮和江浙地区文化的"崧泽化"进程，并促进了中国东部区"鼎豆壶杯鬶（盉）文化系统"的形成。

大约公元前4100年，在江淮地区龙虬庄文化北向渗透的背景之下，海岱地区增加了杯、豆、盉等崭新因素，从而由北辛文化发展为以山东泰安大汶口 H2003 为代表的最早期的大汶口文化④，东庄类型因素仅表现在兖州王因 M2558 那样的多人二次合葬方面⑤。约公元前4000年以后，庙底沟类型的影响显著增强，在大汶口、王因等早期大汶口文化遗存中，除多人二次合葬外，突然新增较多花瓣纹彩陶以及敛口鼓肩深腹彩陶钵、宽折沿彩陶盆等庙底沟类型因素（图三，19），这使得大汶口文化的面貌发生了一定程度的改观。不过从其彩陶的黑、红、白组合，以及钵敛口严重等情况来看，与阎村类型更为接近，说明庙底沟类型间接通过阎村类型对大汶口文化产生影响。

约公元前4100年以前，江淮地区为龙虬庄文化一期⑥或类似遗

① 苏秉琦：《中华文明的新曙光》，《东南文化》1988年第5期，第1~7页。
② 辽宁省文物考古研究所：《辽宁凌源市牛河梁遗址第五地点1998~1999年度的发掘》，《文物》2001年第8期，第15~30页。
③ 韩建业：《晚期红山文化南向影响的三个层次》，《文物研究》（第十六辑），黄山书社，2009年，第61~66页。
④ 山东省文物考古研究所：《大汶口续集——大汶口遗址第二、三次发掘报告》，科学出版社，1997年；韩建业：《龙虬庄文化的北上与大汶口文化的形成》，《江汉考古》2011年第1期，第59~64页。
⑤ 中国社会科学院考古研究所：《山东王因——新石器时代遗址发掘报告》，科学出版社，2000年。
⑥ 龙虬庄遗址考古队：《龙虬庄——江淮东部新石器时代遗址发掘报告》，科学出版社，1999年。

存①，江浙地区为马家浜文化；之后在马家浜文化向崧泽文化转变的同时，还出现北阴阳营文化、薛家岗文化、龙虬庄文化二期等与崧泽文化大同小异的遗存，本文暂称这些类似遗存的形成为"崧泽化"过程。这些遗存普遍新出小口鼓腹鼎，有的肩部还饰多周旋纹，当为受到庙底沟类型—阎村类型小口折腹釜形鼎的影响所致。安徽肥西古埂早期 H2②、江苏海安青墩下文化层③、吴县草鞋山 T304④ 等所见花瓣纹彩陶（图三，20、21），以及龙虬庄二期 M141 的葫芦形瓶等，都更明确为庙底沟类型因素。由此推测，东庄—庙底沟类型尤其是后者的影响在这次"崧泽化"进程中起到重要刺激作用。

（三）长江中游地区

东庄类型和庙底沟类型还向长江中游地区顽强渗透，不但为其增添了新的文化内容，而且使其文化活力大为增强。

约公元前 4200 年以前，长江中游地区文化可分为两个系统：汉江以东的湖北钟祥边畈类遗存⑤，流行高锥足釜形鼎、红顶钵、盆等，实际上与豫西南和鄂北地区的下王岗一期遗存近似，大致属于仰韶文化系统。而在汉江以西，则是以湖北枝江关庙山大溪文化一期⑥、湖南澧县城头山一期⑦为

---

① 比如江苏高淳薛城早期、金坛三星村一期遗存等。见南京市文物局、南京市博物馆、高淳县文管所：《江苏高淳县薛城新石器时代遗址发掘简报》，《考古》2000年第 5 期，第 1～20 页；江苏省三星村联合考古队：《江苏金坛三星村新石器时代遗址》，《文物》2004 年第 2 期，第 4～26 页。

② 安徽省文物考古研究所：《安徽肥西县古埂新石器时代遗址》，《考古》1985 年第 7 期，第 577～583 页。

③ 南京博物院：《江苏海安青墩遗址》，《考古学报》1983 年第 2 期，第 147～190 页。

④ 南京博物院：《吴县草鞋山遗址》，《文物资料丛刊》（3），文物出版社，1980 年，第 1～24 页。

⑤ 张绪球：《汉江东部地区新石器时代文化初论》，《考古与文物》1987 年第 4 期，第 56～66 页。

⑥ 中国社会科学院考古研究所湖北工作队：《湖北枝江县关庙山新石器时代遗址发掘简报》，《考古》1981 年第 4 期，第 289～297 页；中国社会科学院考古研究所湖北工作队：《湖北枝江关庙山遗址第二次发掘》，《考古》1983 年第 1 期，第 17～29 页。

⑦ 湖南省文物考古研究所：《澧县城头山——新石器时代遗址发掘报告》，文物出版社，2007 年。

代表的早期大溪文化，流行釜、折腹钵、圈足碗等陶器。稍后至约公元前4100 年，大溪文化向东渗透，为汉江东部地区增加了大量圈足盘、圈足碗等器类，使其形成大溪文化油子岭类型①；与此同时，东庄类型的花瓣纹彩陶、雏形口小口尖底瓶（图一，18）、小口鼓腹旋纹鼎等因素也进入汉江两岸，见于关庙山二期、城头山二期等遗存。此时大溪文化中新出的薄胎彩陶杯，也不排除是受到仰韶文化彩陶影响而产生。

庙底沟类型对长江中游大溪文化的影响更加深入，其典型因素花瓣纹、鸟纹彩陶装饰和多人二次葬，发现于湖北宜昌中堡岛新石器时代Ⅰ期②、关庙山大溪文化三期（图三，23、24）、四川巫山大溪遗存③等当中，在湖北黄冈螺蛳山 M1 甚至还随葬庙底沟类型风格的彩陶鼓腹盆④（图三，22）。通过这种交流影响，大溪文化进入蓬勃发展时期。

四

总体来看，由于公元前 4000 年前后仰韶文化东庄—庙底沟类型从晋南豫西核心区向外强力扩张影响，使得中国大部地区文化交融联系形成相对的文化共同体⑤。其空间结构自内而外至少可以分为三个层次：核心区在晋西南豫西及关中东部，即仰韶文化东庄类型—庙底沟类型分布区和泉护类型东部，最具代表性的花瓣纹彩陶线条流畅，设色典雅；双唇口小口尖底瓶、折腹釜形鼎等典型器造型规整大气。向外是主体区即黄河中游地区（南侧还包括汉水上中游、淮河上游等），也就是除核心区之外的整个仰韶文化分布区，花瓣纹彩陶的造型因地略异，线条迟滞，其中偏东部彩陶多色搭配；西北部多双唇口小口尖底瓶而少鼎，东南部少双唇口小口尖底瓶

---

① 张绪球：《长江中游新石器时代文化概论》，湖北科学技术出版社，1992 年。

② 国家文物局三峡考古队：《朝天嘴与中堡岛》，文物出版社，2001 年。

③ 四川省博物馆：《巫山大溪遗址第三次发掘》，《考古学报》1981 年第 4 期，第 461 ~ 490 页。

④ 中国科学院考古研究所湖北发掘队：《湖北黄冈螺蛳山遗址的探掘》，《考古》1962 年第 7 期，第 339 ~ 344 页。

⑤ 张光直早就提出公元前 4000 年前开始形成"中国相互作用圈"，见张光直：《中国相互作用圈与文明的形成》，《庆祝苏秉琦考古五十五年论文集》，文物出版社，1989 年，第 1 ~ 23 页。

而多鼎，也体现出区域性差异。再向外是边缘区即黄河下游、长江中下游和东北等仰韶文化的邻境地区，时见正宗或变体花瓣纹彩陶，以及黑彩带钵、折腹釜形鼎、双唇口小口尖底瓶、葫芦形瓶等。这个三层次结构共同体初定于东庄类型，成熟于庙底沟类型，是一个延续达六七百年的相对稳定的文化共同体，其所处的时代构成庙底沟时代（图四）。这一文化共同体与东北亚地区的筒形罐文化系统、华南地区的釜文化系统在边缘地带略有交叉，但总体自成系统。

庙底沟时代是社会开始走向分化的时代，稍后铜石并用时代的社会变革和复杂化趋势都于此开端。具体来说，东庄类型和庙底沟类型早、中期，核心区和主体区农业生产工具爪镰和石铲大增，表明农业有长足发展；作为专门武器的穿孔石钺已经少量出现，或许已经具有军权象征意义①，暗示战争在社会中的地位越来越重要。聚落房屋大小有别，成排分布②，社会秩序井然，显示当时已有较为强有力的社会组织管理能力。至于其墓葬少见随葬品，一方面说明其贫富分化和社会地位分化还很有限，一方面也是其社会平实质朴的表现。我们曾将此后铜石并用时代的此类社会发展模式称为"中原模式"③，则此时这一模式已见雏形。边缘区的大汶口文化、崧泽文化、北阴阳营文化的同时期墓葬分化显著，尤其玉石器制作水平远高于仰韶文化，似乎在社会发展方面走在前面，这也是其社会发展的"东方模式"初步显露的反映。但归根结底，这些文化的迅猛发展还是离不开仰韶文化东庄—庙底沟类型的启发。到庙底沟类型晚期，核心区附近的河南灵宝西坡、陕西白水下河、陕西华县泉护遗址已经出现二三百平方米的大型"宫殿式"房屋和大型墓葬，表明社会已经复杂到相当程度，已经站在了文明社会的门槛，但西坡大墓阔大特殊而一般仅随葬少量明器，重贵轻富，

① 河南汝州阎村发现的"鹳鱼石斧图"，其"斧"身似有穿孔，当为钺，此图或可称为"鹳鱼钺图"。严文明认为此斧（或钺）当为军权的象征。见严文明：《〈鹳鱼石斧图〉跋》，《文物》1981年第12期，第79～82页。

② 以内蒙古凉城王墓山坡下Ⅰ聚落为代表，最大的F7居于最高处，其余房屋成排分布。见内蒙古文物考古研究所等：《岱海考古（三）——仰韶文化遗址发掘报告集》，科学出版社，2003年。

③ 韩建业：《略论中国铜石并用时代社会发展的一般趋势和不同模式》，《古代文明》（第2卷），文物出版社，2003年，第84～96页。

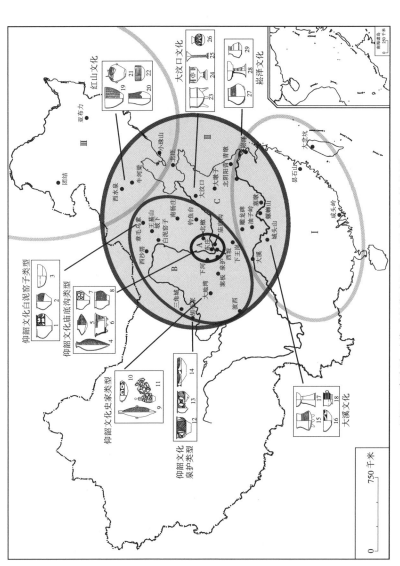

图四　庙底沟时代"早期中国"三层次文化结构图

I. 釜—圈足盘—豆文化系统　II. 早期中国文化圈　III. 简形文化系统　A. 核心区　B. 主体区　C. 边缘区

1、7、12、13. 盆（章毛乌素 F1:4、庙底沟 H11:75、胡李家 T1②:1、胡李家 H14:2）　2、8、20. 罐（章毛乌素 F1:2、庙底沟 H322:66、蜘蛛山 T1③:47）　3、10、14、16、22. 钵（章毛乌素 T1②:1、大地湾 T1③:1、胡李家 T1004②B:3、城头山 H210:3、西水泉 H4:2）　4、9、11. 瓶（庙底沟 T203:43、大地湾 F2:14、大地湾 QD0:19）　5. 釜（城头山 H12:112）　6. 灶（庙底沟 H47:34）　15、23、27. 鼎（城头山 M665:2、大汶口 M1013:5、崧泽 M10:3）　17、24、28. 豆（城头山 M678:4、大汶口 M2005:49、崧泽 M30:4）　18、25. 杯（城头山 M679:3、大汶口 M2002:8）　19. 筒形罐（西水泉 F13:31）　21、26、29. 壶（西水泉 H2:21、大汶口 M1013:2、崧泽 M30:3）（均为陶器）

井然有礼，严于生死之分，仍体现"中原模式"的质朴习俗。而东部诸文化——大汶口文化、崧泽文化、北阴阳营文化、薛家岗文化、红山文化等，贫富分化、社会地位分化和手工业分化则愈加显著，"东方模式"的特点越来越明显。

庙底沟时代这个三层次的文化共同体，与商代政治地理的三层次结构竟有惊人的相似之处①；这一共同体无论是在地理还是文化上，都为夏商乃至于秦汉以后的中国奠定了基础，因此可称为"早期中国文化圈"，或者文化上的"早期中国"，简称"早期中国"②。我们曾提出仰韶文化东庄类型和庙底沟类型对应传说中的黄帝族系，认为涿鹿之战确立了庙底沟期仰韶文化所代表的华夏集团的主导地位，使黄帝及其中原地区成为古代中国的认知核心。事实上东庄类型和庙底沟类型的范围恰好以冀州为核心，而其影响北逾燕山，东达海岱，东南至江淮，南达江湘，与《史记》所载黄帝所至之处何其相似③！究其原因，中原东庄类型—庙底沟类型的崛起，大约与距今 6000 年前后全新世适宜期最佳的水热条件有关；而其强力扩张影响乃至于形成庙底沟时代，则得益于中原所处"天下之中"的特殊地理位置。

（原载《考古》2012 年第 3 期）

---

①　宋新潮：《殷商文化区域研究》，陕西人民出版社，1991 年。

②　其实质与严文明所说"重瓣花朵式的格局"含义近同，与张光直提出的"中国相互作用圈"和苏秉琦所说"共识的中国"也相近。见严文明：《中国史前文化的统一性与多样性》，《文物》1987 年第 3 期，第 38～50 页；张光直：《中国相互作用圈与文明的形成》，《庆祝苏秉琦考古五十五年论文集》，文物出版社，1989 年，第 1～23 页；苏秉琦：《中国文明起源新探》，生活·读书·新知三联书店，1999 年，第 161 页。

③　韩建业：《涿鹿之战探索》，《中原文物》2002 年第 4 期，第 20～27 页；韩建业：《以华夏为核心的五帝时代古史体系的考古学观察》，《五帝时代——以华夏为核心的古史体系的考古学观察》，学苑出版社，2006 年，第 149～170 页。

西山古城兴废缘由试探

1993～1995 年，国家文物局考古领队培训班在郑州西山遗址发现一座仰韶时期的古城址①，引起了学术界的极大关注。该城不仅在迄今我国发现的中原古城址中年代最早，建筑技术先进，而且正好出现在被认为是仰韶文化相对处于低潮的后期阶段，又恰巧废弃在中原龙山文化形成之际。它何以会兴起，又如何被废弃？这是个十分令人感兴趣的问题。本文将通过分析郑州地区仰韶时期文化的发展变化及其与周围文化的交互作用过程，对西山古城的兴废缘由略作探讨。

一

据报道，西山遗址文化遗存可分为三期：第一、二期属仰韶前期，第三期约当仰韶后期。城址始建于三期早段，废弃于三期晚段。由于西山遗址的发掘工作还在进行，详细资料尚未发表，所以我们只好借助于对附近其他遗址的分析，对西山遗址的情况作进一步的推测和了解。

同西山遗址堆积近似而又相距较近的首推郑州大河村遗址②。此外还有

① 张玉石、杨肇清：《新石器时代考古获重大发现——郑州西山仰韶时代晚期遗址面世》，《中国文物报》1995 年 9 月 10 日第一版。

② 郑州市博物馆：《郑州大河村仰韶文化的房基遗址》，《考古》1973 年第 6 期，第 330～336 页；郑州市博物馆：《郑州大河村遗址发掘报告》，《考古学报》1979 年第 3 期，第 301～376 页；郑州市文物工作队、郑州市大河村遗址博物馆：《郑州大河村遗址 1983、1987 年仰韶文化遗存发掘报告》，《考古》1995 年第 6 期，第 506～563 页。

郑州后庄王①、荥阳点军台②和青台③等。大河村遗址至今揭露面积已达
5000余平方米，发掘者将其主要遗存分作六期，另外尚有更早的"前一期"
和"前二期"遗存以及更晚的遗存④。大致而言，大河村前期相当于西山一
期，大河村一、二期相当于西山二期，大河村三、四期相当于西山三期；
相当于大河村五、六期及更晚的遗存在西山未见报道。

据介绍，大河村前期遗存的文化面貌与仰韶文化后岗类型近似，如都
有较多的红顶钵、碗和罐形鼎，流行在鼎足根部施一周或半周指窝纹，但
尖底瓶等的发现则表明它又具备东庄类型的某些特征。

大河村一期有圆腹钵、盆、碗、釜形鼎、罐形鼎及葫芦口尖底瓶等器
类，彩陶为勾叶、圆点、三角纹，其年代介于后岗类型和庙底沟类型之间。
二期碗、钵多敛口曲腹，鼎为折腹盆形或釜形，足多呈扁柱状或瓦状，尖
底瓶双唇口，彩陶花纹除圆点、勾叶、三角纹外，还新出睫毛纹、互字纹
等，发现方形地面式单间房屋，地面及木骨泥墙的墙壁经火烧烤，其年代
应与庙底沟类型时期相当。一、二期总体上和洛阳地区同期遗存近似，可
以归入仰韶文化阎村类型⑤，不过，这里较多的折腹罐形、盆形、釜形鼎等
又显出一定的地方特色。

大河村三、四期一类遗存一般被称作"秦王寨类型"⑥或"秦王寨文
化"⑦，其堆积丰富，颇具特色，在郑州地区分布广泛。

大河村三期约与半坡晚期类型时期相当，^{14}C测年数据在公元前3300 ~

①　河南省文物研究所：《郑州后庄王遗址的发掘》，《华夏考古》1988年第1期，第5 ~
　　22、29页。

②　郑州市博物馆：《荥阳点军台遗址1980年发掘报告》，《中原文物》1982年第4期，第
　　1 ~ 22页。

③　郑州市文物工作队：《青台仰韶文化遗址1981年上半年发掘简报》，《中原文物》
　　1987年第1期，第1 ~ 7页。

④　廖永民：《大河村遗址的发掘与研究》，《中原文物》1989年第3期，第21 ~ 26页。

⑤　严文明：《略论仰韶文化的起源和发展阶段》，《仰韶文化研究》，文物出版社，1989
　　年，第122 ~ 165页。

⑥　李昌韬：《秦王寨遗址与秦王寨类型》，《中原文物》1981年第3期，第1 ~ 3页。

⑦　张忠培：《客省庄文化及其相关诸问题》，《考古与文物》1980年第4期，第78 ~ 84
　　页；孙祖初：《秦王寨文化研究》，《华夏考古》1991年第3期，第64 ~ 78页。

前 3000 年之间①。与二期相比，三期遗存在陶器和房屋建筑等方面都出现了许多新因素。

陶器方面，三期出现较多大汶口文化因素，如细颈壶、双连壶、镂孔圈足豆、深直腹和圆腹罐形凿足鼎以及彩陶中的六角星纹、圆圈纹图案和施白衣的做法。出现少量大溪文化因素，如矮圈足壶、矮圈足敛口杯、折肩深腹壶和刻划纹陶球。出现不少颇具特色的文化因素，如素面或饰网纹、带纹、"X"形纹、"⌒"形纹彩的陶侈口鼓腹罐、小口高领鼓腹罐、壶形鼎和侈口折肩罐等。明确属继承二期而来的陶器主要有双折腹鼎、曲腹盆和曲腹钵等，且不论鼎足已多呈凿形，盆、钵上彩陶纹样大变。二期的釜形鼎和灶等已基本不见，小口尖底瓶数量大减。

房屋建筑方面，三期始出多室房屋②。大河村的多室房屋属各室有主次大小之分的组合式房，一般是大小两间，也有多达四间者。但其方形地面式、木骨泥墙、高出地面的方形灶坑等特征则为继承二期而来。

此外，三期时常在地层或灰坑中掩埋猪骨架，这种现象在大汶口文化同期遗存中屡见不鲜，而在仰韶文化中却很少发现。至于墓葬方面，婴孩瓮棺葬和成人土坑竖穴墓且多无随葬品的情况和二期相似，但二次葬稍有增多。

从以上几方面可以看出，大河村三期已不再是对二期简单的继承和发展，大汶口文化对它的影响也不能仅仅视为文化间的正常交流。不仅大汶口文化的典型器物在大河村三期一类遗存中普遍发现，而且不少源于当地的鼎、钵、盆类也都打上了大汶口文化影响的深深烙印③。至于高领罐、鼓

---

① 本文采用的¹⁴C 数据均经 1988 年国际¹⁴C 会议确认的高精度树轮校正年代表校正，见中国社会科学院考古研究所：《中国考古学中碳十四年代数据集（1965～1991）》，文物出版社，1992 年。

② 例外的是在点军台一期（相当于大河村二期）有一座分间房 F1。检查原报告，该期房基均位于耕地层下，出典型庙底沟期陶器的 F2、F3 均为单间房，而 F1 所出陶器仅发现 2 件器座，缺乏该期的典型器。故 F1 的时代暂存疑，不宜以此作为庙底沟期已出现多室房屋的证据。

③ 郭引强、赵清：《试论大河村仰韶文化的分期及类型》，《中原文物》1984 年第 4 期，第 33～39 页；王震中：《大河村类型文化与祝融部落》，《中原文物》1986 年第 2 期，第 83～90 页。

腹罐、壶形凿足鼎和多室房屋等则大体同时出现在从山东西、南部到河南中、南部直至湖北北部的广大地区，该地区陶器素雅细腻的特征也同陕晋地区粗犷豪放的风格形成鲜明对照。这就从文化上很大程度地将这一广大地区联系在一起，而联系的纽带便在郑州地区，主导因素则无疑是大汶口文化。因此我们有理由推测，大河村三期一类遗存极可能是伴随着大汶口文化居民的西进和对郑州地区土著居民的征服，在两大文化传统摩擦和融合的过程中形成的。西山古城就正好兴建于这一特殊的历史背景之下。该城当然是社会发展到一定阶段才出现的，但并不见得是同一文化传统社会内部阶级矛盾激化的产物，而更可能是不同文化传统的社会之间、不同的人们共同体之间发生碰撞的结果。它首先体现的应是强烈的防御职能，或许正是大汶口文化居民修筑以抵御土著之堡垒。虽然至今尚未找到大汶口文化的城址，但从大汶口文化后期表现出的很高的发展水平看，发现稍早于西山古城的大汶口文化古城的可能性还是很大的。

大河村四期多被认为早于庙底沟二期，这是不够准确的。实际上它要比王湾二期三段略晚[①]，大体和庙底沟二期早段相当，^{14}C 测年在公元前3000～前2800年之间。

四期和三期一脉相承，并继续接受来自东方的影响。四期常见的背壶是大汶口文化晚期的典型器，宽折沿直腹罐形凿足鼎也和枣庄建新等遗址大汶口文化晚期同类器十分相似[②]。此时最大的变化是南方因素的猛增：较多的圈足碗和个别的锅形器明确来自屈家岭文化早期[③]，矮圈足小罐也可能最早产生于屈家岭文化。另外，四期中横篮纹、绳纹比例的增加应当是受西方庙底沟二期类型影响所致。

大河村五期约当庙底沟二期晚段，绝对年代可能在公元前2800～前2500年之间。

① 严文明：《略论仰韶文化的起源和发展阶段》，《仰韶文化研究》，文物出版社，1989年，第122～165页。

② 山东省文物考古研究所：《山东枣庄市建新遗址第一、二次发掘简报》，《考古》1995年第1期，第13～22页。

③ 本文所谓屈家岭文化指屈家岭遗址晚期一类遗存。见中国科学院考古研究所：《京山屈家岭》，科学出版社，1965年。

大河村五期一类遗存即仰韶文化谷水河类型①，在郑洛地区多有发现，如洛阳王湾二期四段②、禹县谷水河三期③、瓦店一期④以及偃师二里头和登封王城岗被称作"龙山早期"的遗存⑤。谷水河类型继续接受双腹豆、彩陶薄胎杯等屈家岭文化晚期因素和高颈瘦腹背壶、缸等大汶口文化末期因素，也继承了不少高领罐、罐形凿足鼎和壶、杯类当地文化因素，但其与秦王寨类型的区别是显而易见的。后者中折腹鼎、折肩罐以及颇具特色的彩陶花纹等大量典型特征在前者中数量大减或者消失，三足、圈足器减少而平底器比例增加，原素雅薄胎的风格已基本被粗犷厚胎、多拍印纹饰的西方特征取代。前者中夹砂罐、平底碗、扁壶以及布满按窝的扁柱状足鼎等更明确属庙底沟二期类型的典型器物。因此，谷水河类型不再和秦王寨类型一脉相承，而可能是伴随着西方庙底沟二期类型居民的东进和对秦王寨类型居民的征服而形成的。西山古城废弃于大河村四、五期之交，也许就是这两个不同文化传统的人们共同体之间激烈冲突的结果。

二

如果从一个更大的时空范围着眼，城的兴废和东方文化势力的盛衰密切相关的不只西山古城，还有比它稍晚的屈家岭文化的五座古城。

西山古城的平面略呈圆形，直径大约300米，城墙基底较宽，随高度增加而逐渐内收。四角城墙稍厚。城外有环绕城垣的不十分完善的城壕。城墙的建造是先挖基槽至生土层，然后在基底平面上用版筑法分段逐层逐块夯筑而成。

---

① 严文明：《略论仰韶文化的起源和发展阶段》，《仰韶文化研究》，文物出版社，1989年，第122～165页。
② 严文明：《从王湾看仰韶村》，《仰韶文化研究》，文物出版社，1989年，第1～20页。
③ 河南省博物馆：《河南禹县谷水河遗址发掘简报》，《考古》1979年第4期，第300～307页。
④ 河南省文物研究所、郑州大学历史系考古专业：《禹县瓦店遗址发掘简报》，《文物》1983年第3期，第37～45页。
⑤ 中国社会科学院考古研究所二里头工作队：《河南偃师二里头遗址发现龙山文化早期遗存》，《考古》1982年第5期，第460～462页；河南省文物研究所、中国历史博物馆考古部：《登封王城岗与阳城》，文物出版社，1992年。

　　屈家岭文化古城包括湖北天门石家河、石首走马岭、江陵阴湘城、荆门马家垸①和湖南澧县城头山古城②，其中以城头山古城的情况较为清楚。该城平面也略为圆形，外围直径 325 米。城墙也是从下而上内收，四角要厚一些。城外有壕，四座城门两两相对。城墙基筑在文化层上，基面不甚平整，系用平夯法叠筑而成。其余几座的建筑方法和基本结构与此近似，但因均依托周围岗地陡坎和河道修建而形状不如城头山古城规则，不过基本都是圆或圆角方形。

　　比较以上古城，会发现它们的平面近似且都注重防御功能，外墙坡度大而内墙坡度小，城外环绕不很完善的壕沟，城墙四角加厚，这些共同特点显示出一定的原始性，但也可能和它们之间在文化传统上存在联系有关。如前所述，秦王寨类型时期，山东—河南中、南部—湖北一线在文化上存在诸多共性，这些共性的形成是与大汶口文化的主导作用分不开的。进一步来说，秦王寨类型的盛衰和西山古城的兴废以及屈家岭—石家河文化系统的盛衰和城头山等古城的兴废都可能同以大汶口文化—龙山文化为中心的东方文化"亚相互作用圈"③ 实力的变动密不可分。大河村三期时，随着大汶口文化居民的西渐，秦王寨类型和西山古城应运而生；大河村四期时，在以大汶口文化为主体的居民（可能包括部分秦王寨类型居民）南下的背景下，兴起了屈家岭文化及其古城④；大河村四、五期之交，西方庙底沟二期类型势力的东进导致了秦王寨类型的衰亡和西山古城的废弃；到龙山前、后期之交，中原龙山文化南下取代了和屈家岭文化属同一文化系统的石家河文化，城头山等古城随之废弃⑤。

---

① 张绪球：《屈家岭文化古城的发现和初步研究》，《考古》1994 年第 7 期，第 629 ~ 634 页。

② 湖南省文物考古研究所、湖南省澧县文物管理所：《澧县城头山屈家岭文化城址调查与试掘》，《文物》1993 年第 12 期，第 19 ~ 30 页。

③ 韩建业：《中国上古时期三大集团交互关系探讨——兼论中国文明的形成》，《北京大学学报》（哲学社会科学版）1996 年第 1 期，第 78 ~ 82 页。

④ 韩建业、杨新改：《苗蛮集团来源与形成的探索》，《中原文物》1996 年第 4 期，第 44 ~ 49 页。

⑤ 杨新改、韩建业：《禹征三苗探索》，《中原文物》1995 年第 2 期，第 46 ~ 55 页。

三

秦王寨类型曾被推测为属于祝融部落①，那么西山古城就应当是这个部落的一个重要据点。《左传·昭公十七年》说："郑，祝融之虚也"，此"郑"一般认为在今新郑，与西山古城相去不远。文献中关于祝融族属的记载不尽统一，"祝融八姓"的分布地更是从山东、河南一直到两湖交界处②，这正反映了祝融族形成和发展过程的复杂性。我们同意祝融及其先祖颛顼均属东夷集团的说法③，认为正是祝融族的西渐导致了秦王寨类型的形成和西山古城的兴建，随着祝融族的衰弱和西方华夏集团势力的东进，西山古城遭到废弃。同样，在祝融族南下的背景之下，形成屈家岭—石家河文化所代表的苗蛮集团，其后华夏集团大规模的南侵也便宣告了苗蛮集团的衰灭。

总之，西山古城等的兴废都和东、西两大集团间的相互冲突及其实力变动有关。东夷集团进则筑城以防御土著居民，华夏集团盛则毁城掠地。这种现象或可算作中国"国野"制度的滥觞。

（原载《中原文物》1996 年第 3 期）

附记： 现在看来，该文将屈家岭文化古城的兴起直接与大汶口文化的南下联系有些牵强，因为早在大溪文化时期就已经在城头山有了城垣，长江中游古城的起源和发展可能自有其脉络。

2006 年 5 月

---

① 王震中：《大河村类型文化与祝融部落》，《中原文物》1986 年第 2 期，第 83 ~ 90 页。
② 徐旭生：《中国古史的传说时代》（新一版），文物出版社，1985 年。
③ 王迅：《东夷文化与淮夷文化研究》，北京大学出版社，1994 年。

苗蛮集团来源与形成的探索[*]

"苗蛮集团"这一概念是徐旭生先生在20世纪40年代明确提出的,用来指称上古时期存在于江汉地区的部族集团[①]。其内涵与30年代蒙文通先生所指的"江汉民族"基本相同[②]。

文献中记载苗蛮的事迹,主要是它与尧、舜、禹之间的几次战争。在最后一次战争中,以禹为首的华夏集团取得了决定性胜利,从而使苗蛮集团基本退出历史舞台(《墨子·非攻下》)。考古学上龙山前、后期之交中原龙山文化对石家河文化的大范围替代,大概就是这个事件的具体反映[③]。但尧、舜以前苗蛮集团的情形又如何呢?它的来源及形成情况怎样呢?这自然是人们比较关心的问题。本文将结合文献记载与考古资料,对这个问题作一些尝试性的探索。

一

关于苗蛮集团的来源,文献中主要有两种说法:一说为九黎之后,一说为颛顼之后。先看苗蛮为九黎之后的说法。《国语·楚语下》记载:"及少昊之衰也,九黎乱德,民神杂糅,不可方物;夫人作享,家为巫史……颛顼受之,乃命南正重司天以属神,命火正黎司地以属民,使复旧常,不相侵渎。是谓绝地天通。其后三苗复九黎之德。""三苗复九黎之德",说明三苗与九黎之间存在渊源关系。《尚书·吕刑》孔疏引郑玄说:"苗民,谓

---

[*] 本文为与杨新改合写。

① 徐旭生:《中国古史的传说时代》(新一版),文物出版社,1985年。

② 蒙文通:《古史甄微》,上海商务印书馆,1933年。

③ 杨新改、韩建业:《禹征三苗探索》,《中原文物》1995年第2期,第46~55页。

九黎之君也。九黎之君于少昊氏衰而弃善道，上效蚩尤重刑，必变九黎。言苗民者，有苗，九黎之后。""有苗，九黎之后"的说法或许从"三苗复九黎之德"一句而来，或许另有所本。总之，更明确地指出了苗蛮是由九黎发展而来的。

徐旭生先生是否认苗蛮与九黎有关的。他认为由于两者的巫教发展阶段相同，因而有若干相似点；"三苗复九黎之德"不过指韦昭所说"行其凶德，如三苗之为"①。但实际上韦昭在前文的注里也有"三苗，九黎之后"这类话的。可见韦昭所说"凶德"也并非就一般意义而言。在当时的社会中，部族的宗教习俗应是最受重视的东西之一。"九黎之德"自然便是特指九黎的宗教习俗，只有作为其后裔的三苗才会去继承它。

再看苗蛮为颛顼之后的说法，就更直截了当一些。《山海经·大荒北经》记载："颛顼生驩头，驩头生苗民。苗民厘姓"，说得很明白。

如果从大的部族集团着眼，九黎是属于东夷集团的，这一点徐旭生先生早有考证。但关于颛顼的归属却见解不一。徐旭生先生将其归入华夏集团，但又承认它与东夷集团关系很密切②。支持徐先生观点的文献重要者有两条，即《山海经·海内经》中颛顼出于黄帝③和《国语·鲁语上》中有虞氏、夏后氏对颛顼实行祖祭的记载④。但看《帝系》等书，大凡有些名望的古帝王无不出自黄帝，因此不少学者对万姓宗黄帝的说法持怀疑态度，也不是没有道理。本文更倾向于将颛顼归入东夷集团。《山海经·大荒东经》就有"东海之外大壑，少昊之国，少昊孺帝颛顼于此"的记载。郝懿行引《说文》"孺，乳子也"的说法，颇是；又说"此言少昊孺养帝颛顼于此……少昊即颛顼世交，颛顼是其犹子"，则属于增字解书，太过牵强。又《绎史》引《帝王世纪》说："颛顼生十年而佐少昊，二十而登帝"，《国语·楚语下》言："及少昊之衰也……颛顼受之"，都与"少昊孺帝颛顼"

① 徐旭生：《中国古史的传说时代》（新一版），文物出版社，1985 年。
② 徐旭生：《中国古史的传说时代》（新一版），文物出版社，1985 年。
③ 《山海经·海内经》："黄帝妻雷祖，生昌意，昌意降处若水，生韩流。韩流……生帝颛顼。"
④ 《国语·鲁语上》："故有虞氏禘黄帝而祖颛顼，郊尧而宗舜；夏后氏禘黄帝而祖颛顼，郊鲧而宗禹。"

的说法一致。少昊属于东夷集团，它在古史传说中的地位是无法和黄帝相比的。因此说颛顼出自少昊，攀附的意味少一些，也许更接近实际。

　　既然九黎与颛顼都属东夷集团，那么关于苗蛮集团来源的说法也就基本统一了，即苗蛮集团是由东夷集团分化而来的。此外，苗蛮还与祝融有着密切关系。

　　关于祝融的族属也是古史家一直争论的问题。徐旭生先生认为祝融属于华夏集团，只是由于他后来到苗蛮中间做了首领，才被后人当作南方集团的代表①。蒙文通先生则明确将祝融归入"江汉民族"②。实则祝融南迁大概是有过的，但并非从华夏集团中分化出来。祝融同颛顼一样，一开始也应当属于东夷集团。王迅对此有精彩的论证。他认为山东青州苏埠屯晚商墓出土的ᶲ形族徽从禺从虫，当释为"融"；族徽中的ᶲ，为"重禺"，即"重黎"③。而据《山海经》《左传》《史记》等的说法，祝融正是重黎，出于颛顼系统④。

　　重黎属于东夷集团，九黎也属于东夷集团。两者的区别可能是九黎的概念大些，重黎或为九黎之一支。《山海经·大荒北经》说"苗民厘姓"，厘、黎一音之转，说明苗民与重黎、九黎确有渊源关系。

　　值得注意的是，《山海经·大荒南经》有"炎融生骧头"的说法，而《大荒北经》又言"骧头生苗民"。这表明苗民又从炎融而来。炎融一名在《山海经》中仅一见，而祝融则有七处被提到。疑炎融即为祝融。祝融之"祝"当从王迅说解为巫祝之意，祝融即为看守祭火之巫祝——火正⑤。炎融之"炎"也与火有关，《说文》说："炎，火光上也"，正与祝融为火正的情形相符。如此，则说明苗蛮又来源于祝融。

---

① 徐旭生：《中国古史的传说时代》（新一版），文物出版社，1985 年。
② 蒙文通：《古史甄微》，上海商务印书馆，1933 年。
③ 王迅：《东夷文化与淮夷文化研究》，北京大学出版社，1994 年。
④ 《山海经·大荒西经》："颛顼生老童，老童生祝融"，又"颛顼生老童，老童生重及黎"。《左传·昭公二十九年》："颛顼氏有子曰犁，为祝融。"《史记·楚世家》："楚之先祖出自帝颛顼高阳……高阳生称，称生卷章，卷章生重黎。重黎为帝喾高辛氏居火正，甚有功，能光融天下，帝喾命曰祝融。"
⑤ 王迅：《东夷文化与淮夷文化研究》，北京大学出版社，1994 年。

　　既然苗蛮集团是从东夷集团中分化出来的，那么，为什么前者生活在江汉地区而后者存在于黄河下游地区呢？这就只好用迁徙来解释。文献中关于祝融八姓的记载为我们的推测提供了线索。

　　《左传·昭公十七年》说："郑，祝融之虚也。"郑，即今新郑，表明祝融的势力曾一度达到豫中一带。《国语·郑语》说祝融其后八姓，韦昭注为己、董、彭、秃、妘、曹、斟、芈。徐旭生先生考证其分布地域南达洞庭湖沿岸，北至河南、河北、山东交界处①。如果说这一大片地域属于东夷或苗蛮集团中的某一个，显然不甚合理。但如果注意到苗蛮从东夷分化迁徙而来，则祝融八姓的分布地不正暗示了这一迁徙的具体路线吗？

　　概括来讲，大约是在颛顼时期，东夷之一支祝融族开始分化，其中某些分族并向西南方向迁徙。这次迁徙并非一蹴而就，随着向西南的不断伸展，总有一些族人与当地居民融合而定居下来。大约直到帝喾时期，祝融族才与江汉地区的土著民族完全融合，形成苗蛮集团。这个集团发展很快，短时期内就又向北扩张，才真正成为华夏人的眼中钉，才有了尧、舜、禹对它的屡次战争。

　　颛顼时期祝融族分化迁徙的原因，大概与颛顼的"绝地天通"有关。颛顼作为一位宗教主，开始垄断宗教大权，实行政教合一，这自然是社会发展到一定阶段，阶级、私有制等开始出现的产物。作为东夷首领的颛顼又能被华夏族尊为五帝之一，除其与华夏确有密切关系这一原因外，从另一个侧面也反映出此时东夷的发展水平很高，势力极其强大。强大常常是伴随着扩张的，祝融的分化迁徙正是东夷对外扩张的最大的一次行动。

二

　　从考古学上来看，以江汉平原为中心分布区的屈家岭—石家河文化可能属于苗蛮文化，分布于黄河下游地区的大汶口—龙山文化可能属于东夷文化。如果要证明我们从文献中得到的推论能够成立，即苗蛮集团确是东夷一支分化南迁的结果，那么在考古学上至少当从以下四个方面进行考察：

　　（1）屈家岭文化的形成与大汶口文化的影响有无关系；

---

①　徐旭生：《中国古史的传说时代》（新一版），文物出版社，1985 年。

（2）屈家岭文化形成后，是否与大汶口文化存在频繁的交流；

（3）大汶口文化的远距离影响与其自身的生产力发展水平是否相应；

（4）大汶口文化向南影响的路线与过程在考古学上是否有所反映。

下面让我们逐一加以分析。

关于第一点，自从屈家岭文化被发现以来，关于它的来源与形成问题便一直为学术界所关心。而要谈来源，首先须对文化本身的内涵有个严格的界定。最早在1960年，主持京山屈家岭第二次发掘的张云鹏曾将该次发掘第一阶段的遗存作为屈家岭文化早期；但几年后又将它们从屈家岭文化中分离出来，称为"以细泥黑陶为特征的文化"①。可惜张云鹏的后一种观点未得到及时发表，学术界多数人仍长期遵从《京山屈家岭》报告的说法②，将这类"以细泥黑陶为特征的文化"遗存当作屈家岭文化早期，并在此基础上探讨文化来源且形成不同观点③。直到1985年，向绪成才明确提出屈家岭下层一类黑陶遗存应属大溪文化（晚期），应将其与屈家岭文化区别开来④。从目前的材料来看，向绪成的提法是符合实际情况的。当然江汉地区与鄂西湘北地区该时期文化面貌上的差别也不可否认，大溪文化"油子岭类型"正是在注意到这种差别后被提出的⑤。

---

① 张云鹏：《江汉地区新石器时代考古收获（1955年～1965年）》，《江汉考古》1985年第4期，第38～41页。

② 中国科学院考古研究所：《京山屈家岭》，科学出版社，1965年。

③ 一种观点认为大溪文化与屈家岭文化是先后承接发展的关系，如李文杰：《试论大溪文化与屈家岭文化、仰韶文化的关系》，《考古》1979年第2期，第161～164、185页；何介钧：《试论大溪文化》，《中国考古学会第二次年会论文集》（1980），文物出版社，1982年，第116～123页；朱乃诚：《屈家岭下层遗存的文化性质和屈家岭文化的来源》，《考古》1993年第8期，第734～740页。一种观点认为它们是起源于不同地域的两个不同的原始文化，如王劲：《江汉地区新石器时代文化综述》，《江汉考古》1980年第1期，第7～16页；王杰、田富强：《论大溪文化与其它原始文化的关系》，《江汉考古》1989年第2期，第41～44、21页；孟华平：《论大溪文化》，《考古学报》1992年第4期，第393～412页。

④ 向绪成：《屈家岭遗址下层及同类遗存文化性质讨论》，《考古》1985年第7期，第627～632页。

⑤ 张绪球：《汉江东部地区新石器时代文化初论》，《考古与文物》1987年第4期，第56～66页。

现在，如果我们说屈家岭文化是以屈家岭下层那类黑陶遗存为主体发展而来，大概是不会有人反对的。但问题是它们两者之间毕竟存在较大差别。我们不仅要知道这种差别的存在，而且要探讨足以将两个文化区分开来的这些差别出现的原因。而对一个文化向另一个文化发展的原因，人们习惯于从文化内部寻求答案，把它看作是事物由量变到质变的自然发展结果。从一般意义上讲，这当然是正确的。但变化的契机与外因也不可忽视。外因可能是自然环境方面的，可能是人文环境方面的，也可能两方面都是。就人文环境来讲，民族的分化、迁徙、融合应当是其中很重要的一项。越来越多的证据表明，上古时期人类迁徙移居、分化融合的范围与幅度是很大的，农业民族也不例外。在相当大的范围内，考古学文化间的交流与作用更是形成了一个十分复杂的多方面、多层次的巨系统。如果我们在看到文化主体因素继承性的同时，多注意一些外来特殊因素的存在并探讨其出现的原因，也许会对文化间的发展关系有个更为准确的了解。

为了说明屈家岭文化的来源与形成问题，我们将屈家岭文化早期的主要陶器种类分为三组[①]：

A 组：包括凿足小罐形鼎、圈足弧腹碗、彩陶壶形器、彩陶薄胎杯、甑等，基本上都能在屈家岭下层那类黑陶遗存中找到渊源，只是形态有所变化。颇具代表性的双腹豆、双腹碗也大致属于此组，只是变化幅度更大了一些，而且豆的比例比大溪晚期大为增加。此组构成文化的主体。

B 组：包括高领罐与双腹盆形鼎，在大溪文化中没有传统，只在晚期有个别类似器物出现；但在北部南阳盆地青龙泉仰韶文化一类遗存中却有不少同类器，只是盆形鼎尚未形成双腹。因此该组器物的出现可能与青龙泉仰韶文化一类遗存的影响有关。

C 组：包括尊与高柄杯，不见于大溪文化，但却是大汶口文化极具特色的器物。

---

① 这里分析的主要是江汉平原东北部的屈家岭文化，即所谓"屈家岭类型"。资料来源见：中国科学院考古研究所：《京山屈家岭》，科学出版社，1965 年；荆州地区博物馆、钟祥县博物馆：《钟祥六合遗址》，《江汉考古》1987 年第 2 期，第 1～31 页；石河考古队：《湖北省石河遗址群 1987 年发掘简报》，《文物》1990 年第 8 期，第 1～16 页。

陶尊在大汶口文化中数量虽然不多，但其重要性与独特性却是大家公认的。它并非日常用具，早晚都存在，一般发现于各墓地最富有的墓中，且上面多有神秘的刻划符号①；这些刻符又被认为与东夷集团密切相关②。因此可以说，大汶口文化的陶尊就是融族、权于一体的象征。从屈家岭文化早期的陶尊看，其直口胖弧腹的特征正与大汶口文化前期的尊形态相近，可见前者是由后者发展而来的（图一，1、3）。陶尊从屈家岭文化延续到石家河文化，同整个苗蛮文化相始终。在屈家岭文化和石家河文化少数陶尊的相同部位也有刻划符号，而且个别刻符和大汶口文化刻符十分近似③（图二）。故陶尊在苗蛮文化与东夷文化中的地位与功能应大致相同。

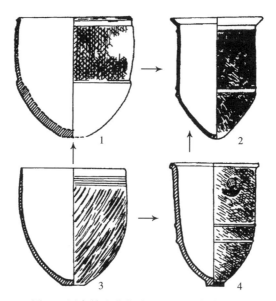

图一 屈家岭文化与大汶口文化陶尊比较

1、2. 屈家岭文化（京山屈家岭 T108∶4（45）、郧县青龙泉 H13∶3）   3、4. 大汶口文化（邳县大墩子 M44∶36、莒县陵阳河）

① 邵望平：《远古文明的火花——陶尊上的文字》，《文物》1978 年第 9 期，第 74～76 页。

② 王迅：《东夷文化与淮夷文化研究》，北京大学出版社，1994 年。

③ 青龙泉三期一件陶尊（T54②∶156）上有鬼脸状刻符。见中国社会科学院考古研究所：《青龙泉与大寺》，科学出版社，1991 年。

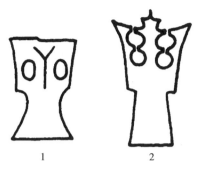

图二　石家河文化与大汶口文化陶尊刻划符号比较
1. 郧县青龙泉（T54②：156）　　2. 莒县大朱村（F1）

高柄杯是大汶口文化的一种典型器物，又是龙山文化蛋壳黑陶杯的前身，可能属于酒器。大汶口文化前期的高柄杯矮胖，杯腹方折，正与屈家岭文化高柄杯近似（图三，1、2），表明两者间有渊源关系。高柄杯也是伴随苗蛮文化始终的。

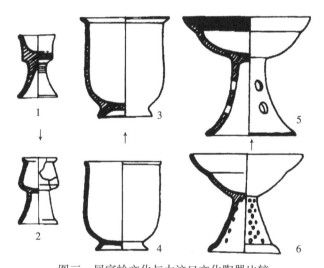

图三　屈家岭文化与大汶口文化陶器比较
1、3、5. 大汶口文化（邳县刘林 M182：16，泰安大汶口 M4：6、M100：6）　　2、4、6. 屈家岭文化（京山屈家岭 T138：2（77）、钟祥六合 H22：7、天门谭家岭 M18）

从对以上三组器物的分析看，虽然屈家岭文化是以 A 组从大溪文化发展而来的因素为主体的，但 C 组来自大汶口文化（前期）的因素却处于一种特殊地位。A 组多为日常生活的必需品，C 组则与意识形态有更多联系。

这就使我们不能因为 C 组器物数量少而忽视它，也许 C 组器的出现正暗示了屈家岭文化形成的原因：大汶口文化的一支分化南迁，与已发展到以使用黑陶器物为主的原大溪文化土著居民融合而形成新的部族集团——苗蛮集团，而产生新的文化——屈家岭文化。这个新集团在常用器上自然会更多地继承当地因素，因为东夷居民毕竟千里而来；而且迁徙本身是和平状态下的人口流动，它体现在文化上就应当是文化的融合而非替代。此外，大汶口文化（前期）与大溪文化"油子岭类型"本来就有一些相似点，如陶器素雅，流行圈足与三足器，这就使两者更易融合且几乎不露痕迹。但东夷集团在意识形态方面可能处于一个更高的发展阶段，南迁后在宗教习俗上大概企图保留它原有的最有代表性的东西，如高柄杯、尊等①，因此才会有苗蛮来源于东夷这一传说的出现。

　　需要说明的是，东夷一支南迁的时间大约正当大汶口文化前后期之交，即公元前 3500 年左右。其时大汶口文化的典型器袋足鬶与背壶等尚未出现，也就不存在向江汉地区传播的可能性。由于距离遥远，这次迁徙大概经过了较长一段时间；直到大汶口文化末期时，才形成屈家岭文化。这与屈家岭文化绝对年代即公元前 3100 ~ 前 2600 年也是相符的。

　　关于第二点，不仅屈家岭文化在形成过程中吸收了大汶口文化的重要因素，而且两文化在后来的发展中又存在频繁的交流。以陶尊为例，在两文化晚期均向侈口瘦高，下腹微折发展，也都使用宽扁的附加堆纹装饰（图一，2、4）。由于山东是尊的大本营，所以这种相似性可能出于大汶口文化（末期）对屈家岭文化的继续影响。又例如，双腹豆和圈足小罐在两文化都存在且形态近似（图三，3 ~ 6）。双腹豆等双腹器在屈家岭文化非常流行，矮圈足的深腹小罐与大溪文化的深腹簋又有渊源关系；但在大汶口文化中，这两种器物出现稍晚，也不如在前者中那样流行。因此这两种器物体现的可能是屈家岭文化对大汶口文化（末期）的影响。值得注意的是，在两文化最末期，双腹豆均出现台座，这种极明显的亦步亦趋的现象绝非

---

① 房县七里河等遗址墓葬中所见拔牙风俗可能也与东夷南迁有关。见湖北省博物馆、武大考古专业、房县文化馆：《房县七里河遗址发掘的主要收获》，《江汉考古》1984 年第 3 期，第 1 ~ 12 页。

用事物发展的阶段性可以解释。

关于第三点，公元前 3500 年左右，开始进入中国铜石并用时代。大汶口文化正是这一时期发展水平最高的考古学文化的代表。大汶口墓地早期墓所反映出的家族间的贫富分化、等级差别已十分明显，表明阶级、私有制等正在形成之中，氏族社会已濒临解体的边缘。该时期它对仰韶文化的强烈影响也是与其实力的增强分不开的。这与徐旭生先生对颛顼"绝地天通"的解释多么相合！正是在这个时候，大汶口文化的一支向西南迁移，最终与大溪文化融合，形成屈家岭文化。屈家岭文化由于融入了新鲜血液，从一开始就呈现出十分旺盛的发展势头。天门石家河等 5 座中国早期城垣建筑就是此时相继建立的①。而与此同时，大汶口文化又发展到了另一个高度。大汶口晚期家族墓地的独立出现，暗示了氏族社会可能已经解体，最初的中国文明已初步形成②。这时候两文化都对外强烈影响，尤以屈家岭文化最为突出。从豫中、豫西直到山西、陕西的一些地方也都能见到屈家岭文化因素③。

关于第四点，前文所言祝融八姓的居地是和屈家岭文化、大汶口文化的分布及影响地区大体一致的，因此这一片地区正是寻求大汶口文化向南影响的关键地带。就目前所知，大汶口文化最西南已分布到周口地区④。从周口出发，可能的路线有两条：一条是向西南进入南阳盆地，然后到达江汉平原；一条是向南越桐柏山入湖北。现在看来，以第一条路线最为可能，理由有三：在周口以西的平顶山地区发现有大汶口文化墓葬⑤，说明大汶口文化的对外影响确实有一部分是伴随着迁徙而实现的，而且从平顶山越伏牛山即可到南阳盆地，此其一；屈家岭文化 B 组器物可能是从南阳盆地传

---

① 张绪球：《屈家岭文化古城的发现和初步研究》，《考古》1994 年第 7 期，第 629 ～ 634 页。

② 韩建业：《大汶口墓地分析》，《中原文物》1994 年第 2 期，第 48 ～ 61 页。

③ 任式楠：《长江黄河中下游新石器文化的交流》，《庆祝苏秉琦考古五十五年论文集》，文物出版社，1989 年，第 65 ～ 81 页。

④ 武津彦：《略论河南境内发现的大汶口文化》，《考古》1981 年第 3 期，第 261 ～ 265 页；周口地区文化局文物科：《周口市大汶口文化墓葬清理简报》，《中原文物》1986 年第 1 期，第 1 ～ 3 页。

⑤ 张脱：《河南平顶山市发现一座大汶口类型墓葬》，《考古》1977 年第 5 期，第 353 页。

播而来，此其二；青龙泉仰韶文化遗存中发现一件陶尊①，形制与屈家岭文化早期同类器非常近似，说明尊可能是先至南阳盆地，然后再到江汉地区的，此其三。当然，关于大汶口文化向西南影响的路线与过程问题是十分复杂的，这里只能提出一点线索。

（原载《中原文物》1996 年第 4 期）

附记：我后来在《涿鹿之战探索》一文中，将九黎归入苗蛮，以蚩尤为黎苗之祖，似乎否定了这篇文章所说苗蛮集团为从东夷集团分化出来的说法。不过，考古学上屈家岭文化在形成时期的确受到大汶口文化诸多影响，或者说东夷文化在塑造新的苗蛮文化的过程中起到重要作用；从这个意义上，也未尝不可以说苗蛮集团来自于东夷集团。

2006 年 5 月

---

① 中国社会科学院考古研究所：《青龙泉与大寺》，图四三，4（T52HG：121），科学出版社，1991 年。

中国上古时期三大集团交互关系探讨

——兼论中国文明的形成

早在半个多世纪以前，徐旭生先生就提出中国上古时候不但有过华夏、东夷、苗蛮三大集团的存在，而且它们之间从很早就相互发生关系①。时至今日，随着考古发现与研究的进展，三集团的真面目开始自历史传说的迷雾中渐渐显露出来。目前学术界一般认为，大汶口文化—龙山文化可能属东夷文化②，屈家岭文化—石家河文化可能属苗蛮文化③，仰韶文化—中原龙山文化可能属华夏文化。但三集团间交互关系在考古学上究竟有哪些表现？至今还没有人论及这个问题。

三大集团大约主要活动在五帝时期。当时的社会结构可能已达到十分复杂的程度④。其后的夏代又普遍被认为已进入文明时代。因此，对三大集团交互关系的探讨必然对研究中国文明的形成过程有所帮助。几年前，张光直讨论中国文明的形成问题，曾借用了葛德伟（Joseph R. Caldwell）的"相互作用圈"这一概念⑤。但他纳入所谓"中国相互作用圈"的文化很多，实际上它们在中国文明形成过程中扮演的角色是各不相同、有主有次的。最主要的还是代表三集团的三大文化系统或简称三集团文化。三集团文化的交

---

① 徐旭生：《中国古史的传说时代》（新一版），文物出版社，1985 年。
② 严文明：《东夷文化的探索》，《文物》1989 年第 9 期，第 1～12 页。
③ 俞伟超：《先楚与三苗文化的考古学推测》，《文物》1980 年第 10 期，第 1～12 页。
④ 郑光：《中国新石器时代与中国古代文明》，《华夏考古》1988 年第 2 期，第 51～61 页；严文明：《略论中国文明的起源》，《文物》1992 年第 1 期，第 40～49、25 页。
⑤ 张光直：《中国相互作用圈与文明的形成》，《庆祝苏秉琦考古五十五年论文集》，文物出版社，1989 年，第 1～13 页。

互作用影响着、带动着其他各系统文化，是中国文明形成的关键所在。

本文将主要就三集团文化间的交互作用及阶段性变化加以讨论。然后结合文献，对三集团在中国文明形成中的作用与地位略加阐释。

一

中原、海岱、江汉三区域的考古学文化间虽然早在新石器时代早期就相互影响，但作用最激烈、表现最突出的阶段还是从新石器时代晚期（公元前5000～前3500年）开始①。这时候，仰韶文化对大汶口文化和大溪文化的影响非常明显。例如，仰韶文化庙底沟期典型的卷缘曲腹盆、敛口钵和回旋勾连纹彩陶等，在大汶口文化和大溪文化前期普遍发现②。庙底沟期仰韶文化的范围也空前广大，向南从淮河上中游、南阳盆地直到汉水中游的一些地方都有所分布。反之，大汶口文化和大溪文化对仰韶文化（前期）的影响就要小得多。

进入铜石并用时代早期（公元前3500～前2500年），形势逆转，大汶口文化和屈家岭文化反过来对仰韶文化（后期）产生了重大影响。我们可以从两个方面来对这次变化进行观察。首先，大汶口和屈家岭文化因素在仰韶文化（后期）中表现得越来越突出。仰韶后期豆、鼎类器的大量出现，彩陶白衣上饰红、黑两色花纹的作风明显为受大汶口文化影响所致；而从洛阳以西直至山西、陕西地区一些晕彩薄胎杯、双腹豆、圈足杯、尊等器类的发现，又是屈家岭文化影响大增的明证。屈家岭文化的分布地域曾一度大幅度地向北移动，从南阳盆地直至淮河上、中游地区都为其分布区；大汶口文化后期的范围也有西渐的迹象。至于豫中地区，虽仍基本属仰韶文化分布区，但在屈家岭文化和大汶口文化的强烈冲击下，其文化面貌则呈现出十分复杂的情况。以禹县谷水河③

①　严文明：《中国新石器时代聚落形态的考察》，《庆祝苏秉琦考古五十五年论文集》，文物出版社，1989年，第24～37页。

②　严文明：《略论仰韶文化的起源和发展阶段》，《仰韶文化研究》，文物出版社，1989年，第122～165页。

③　中国社会科学院考古研究所洛阳工作队：《1975年豫西考古调查》，《考古》1978年第1期，第23～34页；河南省博物馆：《河南禹县谷水河遗址发掘简报》，《考古》1979年第4期，第300～307页。

和郑州大河村①遗址为例，该阶段遗存中除仰韶文化主体因素外，还有不少彩陶薄胎杯、高柄杯、圈足杯、双腹豆、壶、背壶和锅等器类，它们或属于屈家岭文化，或属于大汶口文化，或者是两者共有或融合的产物。

文化交互关系中表现出的这种对外影响的强弱变化，是与各文化自身生产力发展水平密切相关的。自公元前 3500 年左右进入铜石并用时代早期开始，大汶口文化发展很快。就大汶口墓地来说，偏早阶段的墓葬虽仍保持着氏族墓地的形式，但各家族墓区间的贫富分化已十分明显，私有制、阶级可能正在形成，氏族社会已濒临解体的边缘。到公元前 3000 年左右，大汶口社会终于发生质变，大汶口原氏族墓地已被高级家族墓地替代，暗示着家族已作为一支独立力量而登上历史的舞台，氏族社会可能已经解体②。同样，屈家岭文化的生产力发展水平也很高，天门石家河等数座中国早期古城都于此时相继建立③，显示了聚落分化的进一步升级；城内建筑区、墓葬区、经济区、宗教区等又有着较为严格的区分④，说明一种具有强制和规划功能的强有力的政权机构已经出现。从以上情况看，约在铜石并用时代早期的偏晚阶段，即公元前 3000 年左右，已初步进入中国早期文明时代。与此形成鲜明对照的是，仰韶文化后期至今尚未见到类似的重大发现，这恐怕不只是偶然的原因，而是它本身正处于一个徘徊的低谷时期的缘故。

除自身原因外，仰韶后期被动局面的形成还同它在文化交互关系中所处的孤立地位有关。如果从较大范围观察，沿江、海的大汶口文化、屈家岭文化和良渚文化间有着更为密切的关系。陶器均素雅精美、薄胎细腻，流行鼎、豆、壶、杯；这与仰韶后期陶器粗犷厚胎，多拍印纹饰，多见罐、钵、瓮、尖底瓶的作风明显不同。沿江、海几支文化间突出的共同特征使

① 郑州市博物馆：《郑州大河村遗址发掘报告》，《考古学报》1979 年第 3 期，第 301～375 页。

② 韩建业：《大汶口墓地分析》，《中原文物》1994 年第 2 期，第 48～61 页。

③ 张绪球：《屈家岭文化古城的发现和初步研究》，《考古学报》1994 年第 7 期，第 629～634 页。

④ 北京大学考古系、湖北省文物考古研究所、湖北荆州地区博物馆石家河考古队：《石家河遗址调查报告》，《南方民族考古》（第五辑）（1992），四川科学技术出版社，1993 年，第 213～294 页。

它们构成"中国相互作用圈"这个大圈之内的小圈，或可称之为"亚相互作用圈"。文化上的凝聚力可能使这个"亚相互作用圈"内各集团间产生过某种形式的联合。当仰韶文化同这样几支关系密切、发展水平高的文化发生碰撞时，处于劣势当是自然而然的事。

二

从约公元前2500年进入铜石并用时代晚期（即龙山时代）开始，情况又发生很大变化。突出表现在中原龙山文化的影响明显增强。石家河文化中鬶、斝、直领瓮、盆形擂钵等器物的产生，篮纹的不断增多；龙山文化城子崖类型中大量拍印纹夹砂罐、覆盆式器盖、斝等的出现，都与中原龙山文化对它们的强烈影响有关。另外，文化的分布地域也有所变动。此时，豫中地区基本不见石家河文化的影响，石家河文化最北只分布到豫南的上蔡、西平一线。原分布着大汶口文化的豫东地区也已成为中原龙山文化造律台类型的地盘。大汶口文化中心在鲁中南泰山附近，而龙山文化中心则东移至胶莱平原地区[①]。由于石家河文化和龙山文化在地理上不再相连，它们之间的交流就很少了。早一个时期的"亚相互作用圈"已不复存在。

从文化发展水平看，一方面，中原龙山文化从庙底沟二期的低谷中走出，呈现出蒸蒸日上的发展势头。例如，山西襄汾陶寺墓地不仅规模极大，随葬品多而精美，而且是按墓葬规模和墓主身份不同而分区埋葬的。西北部为随葬蟠龙纹陶盘、鼍鼓特磬的大墓区，东南部为有木棺、彩绘木陶器的中型墓区，中部则为多无随葬品的小墓区[②]。这些墓区可能属于地位不同的家族所有，表明阶级分化十分严重。又如，河南郾城郝家台发现夯土城垣[③]，是聚落进一步分化的产物。另一方面，屈家岭文化在过渡到石家河文化后，仅保持了一段时间的辉煌，接着就开始走下坡路。石家河文化只是

---

① 吴汝祚：《从黑陶杯看大汶口—龙山文化发展的阶段性及其中心范围》，《考古学文化论集》（2），文物出版社，1989年，第11～30页。

② 高炜：《中原龙山文化葬制研究》，《中国考古学论丛——中国社会科学院考古研究所建所40年纪念》，科学出版社，1993年，第90～105页。

③ 河南省文物研究所、郾城县许慎纪念馆：《郾城郝家台遗址的发掘》，《华夏考古》1992年第3期，第62～91页。

沿用原屈家岭文化城垣而未再新筑。龙山文化势力也相对减弱。

三

在约公元前 2200 年的龙山前、后期之交，三大集团文化在交互关系上终于发生了一次前所未有的巨变。此时，石家河文化消亡，龙山文化有所发展，中原龙山文化则势力大盛。

石家河文化是屈家岭文化的继承和发展，两者的许多文化特征一脉相承，如均流行土坑竖穴墓，都有壶形器、斜腹杯、高领罐等。石家河文化本身极具特色的是一组富有宗教色彩的红陶小器物，包括红陶杯、壶形器、钵、大口圈足杯、陶塑小动物等。但到龙山后期，以上典型特征在原石家河文化分布区消失殆尽；土坑竖穴墓基本不见而流行瓮棺葬；石家河城等废弃，在原建筑区上遍布灰坑、瓮棺①。代石家河文化而出现的是基本与中原龙山文化大同小异的一些遗存，流行篮纹等拍印纹饰，主要有直领瓮、罐形鼎、细高柄豆、圈足盘等陶器种类。这表明石家河文化的消亡与中原龙山文化的介入可能存在因果关系。

龙山文化继续发展。例如，山东临朐朱封大墓无论从棺椁墓室大小、随葬品等级、礼制性器物的多少等几方面都比大汶口文化晚期大墓更高了一个层次②。山东章丘城子崖、邹平丁公、寿光边线王等夯土城垣的出现，是其实力增强的又一证据。

发展最快、影响最大的当属中原龙山文化（后期）。西至陕西西部，北达河北南部，东到鲁西南、豫东，南跨江、淮，其分布地域远远超过了后来二里头文化的范围。河南辉县孟庄、登封王城岗、淮阳平粮台等城址的出现，与中原龙山文化（后期）的兴盛是分不开的。

总之，经过龙山前、后期之交这场巨变，三集团文化分庭抗礼的局面已不复存在。

---

① 北京大学考古系、湖北省文物考古研究所、湖北荆州地区博物馆石家河考古队：《石家河遗址调查报告》，《南方民族考古》（第五辑）（1992），四川科学技术出版社，1993 年，第 213～294 页。
② 中国社会科学院考古研究所山东工作队：《山东临朐朱封龙山文化墓葬》，《考古》1990 年第 7 期，第 587～594 页。

四

文献中记载三集团交互关系，主要是关于它们之间战争的传说。徐旭生先生将其主要归纳为两大阶段，即五帝前期华夏集团与东夷集团的战争，五帝后期（唐虞时期）华夏集团与苗蛮集团的战争①。

华夏与东夷的战争最著名者莫过于"涿鹿之战"。《逸周书·尝麦篇》记载：

> 蚩尤乃逐帝，争于涿鹿之阿，九隅无遗。赤帝大摄，乃说于黄帝，执蚩尤，杀之于中冀，以甲兵释怒。

是说东夷集团在蚩尤率领下，攻击华夏集团的炎帝一方，使其疆土全失，只好求救于黄帝。黄帝与蚩尤经过战争，才挫败东夷的进攻。但华夏集团的胜利只是暂时的，并无一劳永逸之功。《史记正义》引《龙鱼河图》又说："伏蚩尤后，天下复扰乱……咸谓蚩尤不死，八方皆为殄灭"，表明随着势力的增大，东夷集团又进行挑衅，致使战争持续了相当长的时期。

五帝初期华夏对东夷战争上的胜利，是与新石器时代晚期庙底沟期仰韶文化对大汶口文化产生强烈影响的实际相符的。而此后东夷的反复扰乱，也正和铜石并用时代早期大汶口文化蓬勃发展，反过来对仰韶文化施加巨大影响的情况不悖。当然这两个集团间的战争只是互有胜负，不存在一个集团对另一个集团的征服，所以在考古学上的表现也是只有文化的强弱进退而无替代现象。

文献中尚未明确见到五帝前期华夏与苗蛮冲突的记载，但从屈家岭文化的大规模北进来看，它们之间大概也并非和平相处的局面。

到唐虞时期，华夏集团已走出低谷，生产力发展，实力大增；而东夷与苗蛮集团的力量则相对削弱。

东夷实力的暂时削弱可能与其穷兵黩武有关。侵扰华夏不说，对与自己关系一度密切的集团可能也开始发动战争。比如和良渚文化，早期大半处于和平交往的状态。但到晚期，却有证据表明它们之间发生过战争。江苏新沂花厅墓地殉人现象就被认为是良渚对大汶口的远征所致；而有的良

---

① 徐旭生：《中国古史的传说时代》（新一版），文物出版社，1985 年。

渚玉琮上刻有大汶口文化的符号，又可能是大汶口征服良渚的纪念品①。当东夷集团在实力大耗而自顾不暇的情况下，华夏集团重振旗鼓，"箭头"开始对准曾猖獗一时的苗蛮集团。这时，石家河文化渐趋衰落，它与龙山文化的联系也被中原龙山文化从中切断。《战国策·魏策》中"禹攻三苗而东夷之民不起"的记载大概指的就是这种状况。

关于华夏与苗蛮战争的记述很多。《吕氏春秋·召类》说："尧战于丹水之浦以服南蛮""舜却苗民，更易其俗"；《淮南子·修务训》言："舜南征三苗，道死苍梧"，说明从尧到舜在一步步向南推进。至禹时时机成熟，终于趁三苗发生内乱和天灾之机，大举入侵，对三苗进行了一次毁灭性的打击。《墨子·非攻下》记载：

> 昔者三苗大乱，天命殛之。日妖宵出，雨血三朝；龙生于庙，犬哭乎市；夏冰，地坼及泉；五谷变化。民乃大振。高阳乃命玄宫，禹亲把天之瑞令以征有苗，四电诱祇。有神人面鸟身，若谨以侍。搤矢有苗之祥，苗师大乱，后乃遂几。

经过这场惨败，三苗衰微。石家河文化被中原龙山文化替代。中国由三大集团"三足鼎立"演变为夷与夏东西争雄②。

五

综合起来看，三大集团在中国文明形成中都扮演了极其重要的角色，只不过在不同阶段所处的地位和所起的作用有所分别而已。铜石并用时代早期，东夷和苗蛮的生产力发展水平最高。在距今5000年前后，大约已初步进入中国早期文明时代。铜石并用时代晚期，苗蛮渐趋衰落，东夷继续发展，华夏则盛极一时。此时，以华夏为首的三大集团共同把中国的早期文明发展到一个新的高度，奠定了向中国成熟文明时代——夏代迈进的基

---

① 严文明：《碰撞与征服——花厅墓地埋葬情况的思考》，《文物天地》1990年第6期，第18～20页。

② 傅斯年：《夷夏东西说》，《庆祝蔡元培先生六十五岁论文集》（下册），国立中央研究院历史语言研究所集刊外编第一种，1935年，第1093～1134页。

础。最后在距今 4200 年左右的龙山前、后期之交，由于华夏集团的向南扩张，苗蛮集团终于消亡，夏王朝随之诞生。

苗蛮虽然较早地退出了历史舞台，但它与华夏、东夷一道，共同孕育了更加绚丽多彩的三代文明。三大集团在中国文明形成中所起的巨大作用是永远不会被人们忘怀的。

（原载《北京大学学报》（哲学社会科学版）1996 年第 1 期）

附记：该文完全接受了徐旭生关于"三大集团"的观点，如将蚩尤也归入东夷集团等，现在看来并不十分妥当。其实蒙文通早就在《古史甄微》中将蚩尤归入"江汉民族"，可惜我当时没有在意。虽然将中国传说时代分为三大集团或三大民族大致确当，但其早晚分布地域存在较大变化，细节上也还有很多可以讨论之处（参见本书《以华夏为核心的五帝时代古史体系的考古学观察》）。

2006 年 5 月

夏文化的起源与发展阶段

对夏文化的探讨是中国考古和历史学界的一件盛事。早在 20 世纪三四十年代，便有学者将夏文化与仰韶文化、龙山文化联系起来①。70 年代以后，大家最终把目光集中到王湾三期文化和二里头文化身上，但具体认识仍存在较大分歧。本文拟从对较大时空范围内文化变迁的分析入手，结合历史文献，对夏文化的起源、形成、中兴和消亡过程略作探讨。

一 起源

研究夏文化的起源，主要就是探讨何为先夏文化。如果二里头文化即夏文化，那么作为其主要渊源的王湾三期文化后期就至少是先夏文化；如果王湾三期文化后期已进入夏代，则王湾三期前期就可能是先夏文化。

王湾三期文化前、后期遗存主要分布在豫西、豫中地区。前期遗存如郑州站马屯一期②、临汝北刘三期③、郾城郝家台一、二期④和上蔡十里铺一至三期⑤。陶器以灰陶为主，红褐陶也占一定比例，流行横篮纹。典型器

---

① 徐中舒：《再论小屯与仰韶》，《安阳发掘报告》1931 年第 3 期，第 523～558 页；范文澜：《中国通史简编》修订本第一编，人民出版社，1953 年。

② 河南省文物研究所等：《郑州市站马屯遗址发掘报告》，《华夏考古》1987 年第 2 期，第 3～46 页。

③ 河南省文物研究所：《河南临汝北刘庄遗址发掘报告》，《华夏考古》1990 年第 2 期，第 11～42 页。

④ 河南省文物研究所等：《郾城郝家台遗址的发掘》，《华夏考古》1992 年第 3 期，第 62～91 页。

⑤ 河南省驻马店地区文管会：《河南上蔡十里铺新石器时代遗址》，《考古学集刊》（第 3 集），中国社会科学出版社，1983 年，第 69～80 页。

类有侈口罐、高直领瓮、三角形足或矮乳状足罐形鼎、双腹盆、平底碗、钵、豆、圈足盘和平底实足鬶。后期遗存如洛阳王湾三期[①]和临汝煤山一、二期[②]。除红褐陶大减，篮纹由横拍变为竖或斜施以外，其典型器类几乎均为承继前期而来。所以，王湾三期文化前、后期应是一个文化一脉相承的两个发展阶段。如果后期属先夏文化，前期自然也是先夏文化。这就是说，虽然对夏文化认识不同，但在把王湾三期文化前期作为先夏文化这一点上则是可以统一的。

如果进一步溯源，王湾三期文化前期就应当是由时代上相当于庙底沟二期晚段的谷水河类型为主体发展而来[③]。谷水河类型遗存在郑洛地区屡有发现，如洛阳王湾二期四段[④]、渑池仰韶三期[⑤]、禹县谷水河三期[⑥]和郑州大河村五期[⑦]。陶器以夹砂灰陶居多，篮纹横向，其主要器类高领罐、侈口罐、罐形鼎、双腹盆、碗、钵和斝等均属王湾三期文化前期同类器的前身。因此，谷水河类型也可纳入先夏文化范畴。

那么，谷水河类型是不是郑洛地区最早的先夏文化呢？

郑洛地区相当于半坡晚期和庙底沟二期早段的是颇具特色的秦王寨类型遗存，如郑州大河村三、四期[⑧]、渑池仰韶二期[⑨]和洛阳王湾二期一至三段[⑩]。

---

① 北京大学考古实习队：《洛阳王湾遗址发掘简报》，《考古》1961 年第 4 期，第 175 ~ 178 页。

② 中国社会科学院考古研究所河南二队：《河南临汝煤山遗址发掘报告》，《考古学报》1982 年第 4 期，第 427 ~ 476 页。

③ 严文明：《略论仰韶文化的起源和发展阶段》，《仰韶文化研究》，文物出版社，1989 年，第 122 ~ 165 页。

④ 严文明：《从王湾看仰韶村》，《仰韶文化研究》，文物出版社，1989 年，第 1 ~ 20 页。

⑤ 河南省文物研究所、渑池县文化馆：《渑池仰韶遗址 1980 ~ 1981 年发掘报告》，《史前研究》1985 年第 3 期，第 38 ~ 59 页。

⑥ 河南省博物馆：《河南禹县谷水河遗址发掘简报》，《考古》1979 年第 4 期，第 300 ~ 307 页。

⑦ 郑州市博物馆：《郑州大河村遗址发掘报告》，《考古学报》1979 年第 3 期，第 301 ~ 376 页。

⑧ 郑州市博物馆：《郑州大河村遗址发掘报告》，《考古学报》1979 年第 3 期，第 301 ~ 376 页。

⑨ 河南省文物研究所、渑池县文化馆：《渑池仰韶遗址 1980 ~ 1981 年发掘报告》，《史前研究》1985 年第 3 期，第 38 ~ 59 页。

⑩ 严文明：《从王湾看仰韶村》，《仰韶文化研究》，文物出版社，1989 年，第 1 ~ 20 页。

陶器素雅精美，流行太阳纹、睫毛纹、网纹、"⌒"形纹及"X"形纹彩陶；除双折腹鼎、盆和钵等明确属承继当地阎村类型而来外，其余陶器多为新出。从大河村三期细颈壶、双连壶、镂孔圈足豆、凿形足鼎等的较多出现，可以推测出秦王寨类型是伴随着东夷居民的西渐，在大汶口文化强烈影响下形成的。此时兴建的郑州西山古城①可能正是东夷人修筑以防御土著的堡垒。到大河村四期，除继续接受来自东方的影响外，南方屈家岭文化的典型器圈足碗、圈足小罐和锅等也常见于秦王寨类型。

谷水河类型虽然继承了不少秦王寨类型因素，但两者区别还是很大的。前者是厚胎多拍印纹饰的西方风格，后者是薄胎素雅的东方特点。前者中柱状足鼎、平底碗、敞口钵、扁壶等很少见于后者。由于谷水河类型中涌现出的大量新因素正好是渭、汾流域庙底沟二期类型的典型特征，所以它的形成自然是和庙底沟二期类型的强烈影响分不开的。西山古城恰巧废弃在公元前2800年前后的谷水河类型形成之际。

显然，秦王寨类型只是谷水河类型的来源之一，不再是先夏文化。最早的先夏文化谷水河类型可能是在西方庙底沟二期类型居民东进的背景下形成的。

文献记载夏后氏禹的来源，多谓其出自西羌。如《史记·六国年表》云："禹兴于西羌。"《盐铁论·国疾篇》曰："禹出西羌。"《潜夫论·五德志》又称禹为"戎禹"。顾颉刚先生认为禹最初属"九州之戎"的宗神②。

西羌或九州之戎所居的汾、渭流域，恰巧是庙底沟二期类型的分布地，或者庙底沟二期类型就是西羌或九州之戎的文化遗存。属先夏文化的谷水河类型大约正是由于西方羌戎族人东进并与当地居民融合而形成的。具体来讲，夏人极可能是西起晋南再东进豫境的③。

---

① 张玉石、杨肇清：《新石器时代考古获重大发现——郑州西山仰韶时代晚期遗址面世》，《中国文物报》1995年9月10日第1版。
② 顾颉刚：《九州之戎与戎禹》，《古史辨》（第七册）（下），上海古籍出版社，1982年，第117～138页。
③ 刘起釪：《由夏族原居地纵论夏文化始于晋南》，《华夏文明》（第一集），北京大学出版社，1987年，第18～52页。

二　形成

关于夏文化的形成时间，主要有王湾三期文化后期和二里头文化早期两种说法①。哪一种更符合实际呢？

如果仅从郑洛地区着眼，则从谷水河类型到王湾三期文化前、后期直至二里头文化都是一脉相承的文化发展过程。但若放大眼光，就会发现龙山前、后期之交，在豫南、湖北地区发生了一次文化上的巨变，这一变化同夏文化的形成有着密切关系。

龙山前期，在豫南、湖北地区分布着承继屈家岭文化而来的石家河文化，如驻马店杨庄一期②、郧县青龙泉三期③及天门石家河遗址群六、七期④。陶器虽以灰陶较多，但红陶也占相当比例。实用器类主要有高领溜肩罐、腰鼓罐、宽扁足釜形鼎、漏斗形擂钵、圈足碗、镂孔粗柄豆。还有大量颇具宗教色彩的红陶小器物，如红陶杯、平底钵、变异壶形器、大口圈足杯及小动物、小人。屈家岭文化时期始建的石家河古城等仍在沿用⑤。

龙山后期，在豫南、湖北地区分布着驻马店杨庄二期、淅川下王岗晚二期⑥、均县乱石滩上层⑦和天门石家河遗址群八期一类近似于王湾三期文化的遗存。陶器绝大多数为灰陶，红陶很少。实用器变成直领瓮、侈口罐、

---

① 前者如吴汝祚：《关于夏文化及其来源的初步考察》，《文物》1978 年第 9 期，第 70 ~ 73 页；安金槐：《豫西夏代文化初探》，《中国历史博物馆馆刊》1979 年第 1 期，第 38 ~ 39 页。后者如邹衡：《试论夏文化》，《夏商周考古学论文集》，文物出版社，1980 年，第 95 ~ 182 页。

② 北京大学考古系、驻马店市文物保护管理所：《河南驻马店市杨庄遗址发掘简报》，《考古》1995 年第 10 期，第 873 ~ 882 页。

③ 中国社会科学院考古研究所：《青龙泉与大寺》，科学出版社，1991 年。

④ 石河考古队：《湖北省石河遗址群 1987 年发掘简报》，《文物》1990 年第 8 期，第 1 ~ 16 页。

⑤ 张绪球：《屈家岭文化古城的发现和初步研究》，《考古》1994 年第 7 期，第 629 ~ 634 页。

⑥ 河南省文物研究所、长江流域规划办公室考古队河南分队：《淅川下王岗》，文物出版社，1989 年。

⑦ 中国社会科学院考古研究所长江工作队：《湖北均县乱石滩遗址发掘报告》，《考古》1986 年第 7 期，第 586 ~ 596 页。

罐形鼎、细柄豆、圈足盘、盆形擂钵、平底碗和平底钵等。红陶小器物已基本不见。石家河古城等也遭废弃。

可以看出，龙山前、后期之交文化巨变的实质，是以王湾三期文化为主体的中原龙山文化对石家河文化的替代，其时约当公元前 2200 年。

夏代是从禹开始的①。与禹创建夏王朝直接相关的重大事件便是"禹征三苗"。许多文献都记载这件事。如《墨子·非攻下》说："昔者三苗大乱，天命殛之……禹亲把天之瑞令以征有苗……苗师大乱，后乃遂几。"说明经过禹这次大规模征伐，三苗集团基本衰亡了。

石家河文化被认为就是苗蛮文化②，王湾三期文化前期又正好是先夏文化，那么上述这次文化巨变反映的不正是"禹征三苗"这一历史事件吗③？如此，则王湾三期文化后期就已属早期夏文化。王城岗古城正好兴建于王湾三期文化后期早段，也许确属"禹都阳城"④。

三　中兴

夏文化的中兴，具体指二里头文化在王湾三期文化后期的基础上有了突飞猛进的发展。

早期夏文化阶段，属王湾三期文化后期早段的遗存在郑洛地区分布密集，以王湾三期和王城岗一至三期为代表。陶器精美规整，胎较薄，侈口罐小底鼓腹，并已能冶铜，表现出较高的发展水平。后段遗存遗址数减少，以王城岗五期、郑州牛砦⑤和密县新砦龙山遗存⑥为代表。陶器变得粗糙笨拙，胎较厚，侈口罐大底瘦腹，呈现出明显的衰落景象。至晚期夏文化阶

---

① 《竹书纪年》（《文选·六代论》注引）："夏自禹以至于桀，十七王。"《史记·夏本纪》："禹于是遂即天子位，南面朝天下，国号曰夏后，姓姒氏。"

② 俞伟超：《先楚与三苗文化的考古学推测》，《文物》1980 年第 10 期，第 1～12 页。

③ 杨新改、韩建业：《禹征三苗探索》，《中原文物》1995 年第 2 期，第 46～55 页。

④ 河南省文物研究所、中国历史博物馆考古部：《登封王城岗与阳城》，文物出版社，1992 年。

⑤ 河南省文化局文物工作队：《郑州牛砦龙山文化遗址发掘报告》，《考古学报》1958 年第 4 期，第 19～26 页。

⑥ 中国社会科学院考古研究所河南二队：《河南密县新砦遗址的试掘》，《考古》1981 年第 5 期，第 398～408 页。

段，二里头文化早期不仅和王湾三期文化后期晚段的衰败状况全然不同，而且比王湾三期文化后期早段也有了更大发展。例如，偃师二里头早期发现大型夯土建筑基址、大型铸铜遗址以及铜、玉、象牙、漆器等。陶器不仅数量、种类多，而且制作工艺先进，规整精美①。

二里头文化是以王湾三期文化为主体发展而来的。其主要器类中口长腹罐、圆腹罐、大口尊、罐形鼎、盆形鼎、擂钵、鸡冠耳盆、平底盆、器盖、甑、圈足盘和单耳杯等均可在王湾三期文化中找到渊源。但二里头文化形成过程中深受东方文化影响却也是不可否认的事实。如瓠、鬶、三足盘的形制和龙山文化同类器更为近似②，壶、曲尺形镂孔柄豆则似源于造律台类型。

文献记载，夏前期曾有过"太康失国""后羿代夏"和"少康中兴"的政局变动。"太康失国"是由于东夷居民的侵入③。其后经仲康，至后羿代相为王，"因夏民以代夏政"（《左传·襄公四年》）。相妻后缗奔于有仍而生少康。后来少康依靠有虞氏、有鬲氏等的帮助攻杀浞、浇，恢复夏政权，实现了"中兴"的局面④。

用"后羿代夏"虽然可以解释二里头文化中东方因素的出现⑤，但其后既然有"少康中兴"，则应当引起新的文化变动。这就与二里头文化一至三期持续发展的情况有些矛盾。其实"少康中兴"也是同东方势力的影响分不开的。少康所依靠的有仍和有鬲氏大约在今山东西部⑥，属龙山文化分布

---

① 赵芝荃：《探索夏文化三十年》，《中国考古学论丛——中国社会科学院考古研究所建所 40 年纪念》，科学出版社，1993 年，第 182～189 页。

② 中国科学院考古研究所洛阳发掘队：《河南偃师二里头遗址发掘简报》，《考古》1965 年第 5 期，第 215～224 页；邹衡：《试论夏文化》，《夏商周考古学论文集》，文物出版社，1980 年，第 95～182 页；李伯谦：《二里头类型的文化性质与族属问题》，《文物》1986 年第 6 期，第 41～47 页。

③ 《路史·后纪》卷十三注引《竹书纪年》："太康居斟寻，乃失邦。"《太平御览》卷八十二引《帝王世纪》："太康无道，在位二十九年，失政而崩。"《史记·夏本纪》："帝太康失国"，《集解》引孔安国："为羿所逐，不得反国。"

④ 见《左传·襄公四年》《左传·哀公元年》《潜夫论·五德志》《竹书纪年》《楚辞·天问》《离骚》等。

⑤ 李伯谦：《二里头类型的文化性质与族属问题》，《文物》1986 年第 6 期，第 41～47 页。

⑥ 顾颉刚：《有仍国考》，《古史辨》（第七册）（下），上海古籍出版社，1982 年，第 324～329 页。

区。可能属有虞氏文化的造律台类型中也包含大量龙山文化因素①。这样，二里头文化就极可能诞生于少康之时，是在王湾三期文化的基础上，随着有仍、有鬲和有虞等东方居民的西进并带来龙山文化因素而形成的。而且如此一来，王湾三期文化后期晚段文化中衰的现象也可以用"太康失国"来解释。

从 ^{14}C 测年数据看，王湾三期文化后期约从公元前 2200 持续到公元前 1900 年。二里头文化也正始于公元前 1900 年②。因此早期夏文化共约 300 年时间。据记载，禹、启、太康在位共一百多年，再加上仲康、相、羿、寒浞四世近百年③，就和 ^{14}C 年数相差不多了。

四　消亡

夏文化的消亡和商王朝的建立是同时的。

目前关于夏、商分界主要有四种不同认识，即在二里头文化一、二、三、四期和二里岗下层文化之间分别划界④。总体看来，以三、四期分界说证据较为充分。如二里头遗址二、三期均有大规模的宫殿建筑，至四期废弃；深腹平底罐、细绳纹鬲等漳河型一类文化因素在四期有较多出现，大口尊增加，而圜底深腹罐、平底盆、三足盘、觚、盉、鬶等典型的二里头文化因素却明显减少⑤。此外，大范围的文化变迁也反映出三、四期间是一

---

① 李伯谦：《论造律台类型》，《文物》1983 年第 4 期，第 50～59 页。

② 仇士华、蔡莲珍等：《有关所谓"夏文化"的碳十四年代测定的初步报告》，《考古》1983 年第 10 期，第 923～928 页。

③ 参见庄春波：《羿浞代夏少康中兴轶史与年代学和考古学解释》一文表 Ⅱ "夏代诸王纪年表"，《中原文物》1990 年第 2 期，第 45～53 页。

④ 一、二期分界说如：李民、文兵：《从偃师二里头文化遗址看中国古代国家的形成和发展》，《郑州大学学报》（社科版）1975 年第 4 期，第 80～84 页。二、三期分界说如：殷玮璋：《二里头文化探讨》，《考古》1978 年第 1 期，第 1～4 页；安金槐：《豫西夏代文化初探》，《中国历史博物馆馆刊》1979 年第 1 期，第 38～39 页。三、四期分界说如：孙华：《关于二里头文化》，《考古》1980 年第 6 期，第 521～525 页；田昌五：《夏文化探索》，《文物》1981 年第 5 期，第 18～26 页。四期与二里岗下层文化间分界说如：邹衡：《试论夏文化》，《夏商周考古学论文集》，文物出版社，1980 年，第 95～182 页。

⑤ 郑光：《二里头陶器分期初论》，1995 年中国商文化国际学术讨论会论文。

个重要转折点。

　　二里头文化的分布和影响面，二、三期较一、四期明显大。二、三期遗存除在伊、洛流域密集分布外，在周围较远或很远的地方也有所发现。带有一定地方特点的二里头文化二、三期遗存，向南在驻马店杨庄、淅川下王岗和信阳三里店①，向北在夏县东下冯②，向东在杞县牛角岗③和朱岗④等遗址发现。二里头文化二、三期因素更是远布湖北、四川、安徽、上海、江西、陕西、河北、内蒙古等广大地区。

　　杜金鹏认为，二里头文化二、三期分布和影响面的急剧扩大，是由于夏人在商人强大军事压力下的大迁移。向南者为"桀奔南巢"，朝北者成为匈奴的来源之一。因此他主张夏、商断代应在二、三期之交⑤。这种解释令人耳目一新，但却存在着不可回避的矛盾。既然在周围很远地方都能发现二里头文化二、三期因素，则表明二、三期正处于鼎盛阶段，正在对四周产生着极大的影响和作用。如果二期为夏三期为商，则流散四处的夏人只能继承到二期因素，只会在二期基础上朝不同方向发展，如何能在西南、东南直到东北都出现三期因素呢？

　　实际上，除少数边远遗存中二里头文化三期（晚段）因素的突然出现可能是由于夏人逃亡所带去的以外，其余主要可用文化的交流和影响来解释。夏王朝末年仍是十分强大的，夏文化的灭亡也并非文化自然发展的结果。史载桀伐岷山、有缗和有施⑥，就是其强大的证明。《左传·昭公十一年》"桀克有缗以丧其国"，正与"纣克东夷而陨其身"相仿佛。夏通过征伐或其他方式将其文化传播至远方是完全可能

①　河南省文化局文物工作队：《河南信阳三里店遗址发掘报告》，《考古学报》1959年第1期，第1~12页。
②　中国社会科学院考古研究所等：《夏县东下冯》，文物出版社，1988年。
③　郑州大学考古专业等：《河南杞县牛角岗遗址试掘报告》，《华夏考古》1994年第2期，第6~35页。
④　郑州大学考古专业等：《河南杞县朱岗遗址试掘报告》，《华夏考古》1992年第1期，第1~27页。
⑤　杜金鹏：《夏商文化断代新探》，《中原文物》1993年第1期，第12~18页。
⑥　孙淼：《夏商史稿》，文物出版社，1987年。

的。因此，上述现象反映的恰好是二里头文化三、四期间为夏、商分界这一事实。

夏从少康而至桀共约 300 年时间[1]，这与二里头文化一至三期^{14}C 数据从大约公元前 1900 ~ 前 1600 年大致相合[2]。

（原载《北京大学学报》（哲学社会科学版）1997 年第 4 期）

---

[1]　参见庄春波：《羿浞代夏少康中兴轶史与年代学和考古学解释》一文表Ⅱ"夏代诸王纪年表"，《中原文物》1990 年第 2 期，第 45 ~ 53 页。

[2]　仇士华、蔡莲珍：《解决商周纪年问题的一线希望》，1995 年中国商文化国际学术讨论会论文。

论二里头青铜文明的兴起

公元前 2 千纪初期二里头青铜文明的兴起，是自从进入新石器时代以来东亚地区发生的最重要的文化和社会变革。本文拟在前人研究的基础上，综合讨论这一变革的文化基础、外来影响、环境背景及其与文献记载的联系。

一

早在二里头遗址发掘初期，发掘者方酉生就提出"二里头类型应该是在继承中原的河南龙山文化的基础上，吸取了山东龙山文化的一些因素而发展成的"[1]，并具体指出其中山东龙山文化因素有三足盘和鬶。以后邹衡、李伯谦将二里头文化中的爵、觚、折盘豆、单耳杯等也确定为东方文化因素[2]。

1979 年对河南新密新砦遗址的试掘，走出了具体揭示王湾三期文化（即河南龙山文化）向二里头文化过渡的关键一步[3]。发掘者赵芝荃将新砦发现的这类过渡性遗存称之为"新砦期二里头文化"，指出其略早于二里头遗址第一期文化[4]。1999 年以来对新砦遗址大规模发掘，再次证明其第二

---

① 中国科学院考古研究所洛阳发掘队：《河南偃师二里头遗址发掘简报》，《考古》1965 年第 5 期，第 223 页。

② 邹衡：《试论夏文化》，《夏商周考古学论文集》，文物出版社，1980 年，第 95 ~ 182 页；李伯谦：《二里头类型的文化性质与族属问题》，《文物》1986 年第 6 期，第 41 ~ 47 页。

③ 中国社会科学院考古研究所河南二队：《河南密县新砦遗址的试掘》，《考古》1981 年第 5 期，第 398 ~ 408 页。

④ 赵芝荃：《略论新砦期二里头文化》，《中国考古学会第四次年会论文集》（1983），文物出版社，1985 年，第 13 ~ 17 页。

期——"新砦期"遗存，构成该遗址的主体。发掘者赵春青等将这类遗存又分为早、晚两段，指出无论在地层还是陶器序列上，"新砦期"都晚于王湾三期文化而早于二里头文化一期；嵩山东部地区率先经过"新砦期"发展为二里头文化[①]。也有不同意见。李维明将二里头一期分为早、晚两段，指出新砦期遗存只是二里头文化一期早段的一个地方类型[②]。

新砦二期早、晚段分别以 2000T4H26 和 2000T6⑧为代表，其实两者只在个别方面略有区别，如深腹罐的折沿凸棱前者比后者更明显，前者还残留圆肩直领瓮，而后者仅见折肩直领瓮等。二里头一期的Ⅱ·ⅤT104⑥和Ⅱ·ⅤT104⑤虽然有叠压关系，而且前者花边罐的花边距口沿比后者略远，平底盆唇部贴边不如后者明显，表明之间的确有细微的早晚之分，但总体上阶段性特征并不很突出；要以此为据将已发表资料归纳为早晚两段，也还很是勉强，不如暂将二里头一期视为一个整体，更易观察其全貌[③]。

比较来看，二里头一期和新砦二期晚段遗存的确近似，它们共有的陶器种类就有深腹罐、深腹缸、罐形鼎、盆形甑、弧腹盆、平底盆、盆形擂钵、直领瓮、尊形瓮、折腹豆、三（四）足盘、折腹器盖、平底碗、觚、鬶等，这已经构成两类遗存的陶器主体。但它们之间总体形态上还是存在着普遍性的区别：新砦二期晚段的器物胎体厚薄较为均匀，轮制比例较大，折沿转折处棱角分明，有的甚至有凸棱，器腹较深；而二里头一期的器物胎体厚薄不甚均匀，手制轮修比例较大，唇部多有贴边，折沿转折处棱角不显、不见凸棱，器腹变浅。此外，每类器物的具体特征也都存在看得见的差异：前者的深腹罐中腹圆鼓，下腹略内收成小平底；后者的深腹罐中腹较为平直，有的与下腹连接不够圆滑，底较大。前者的敛口罐形鼎有明显的子母口，折沿罐形鼎深垂腹圜底；后者的敛口罐形鼎子母口退化不显，折沿罐形鼎浅弧腹平底。前者的盆形甑深鼓腹小底，近底有一周柳叶形箅

① 北京大学震旦古代文明研究中心、郑州市文物考古研究院：《新密新砦——1999～2000 年田野考古发掘报告》，文物出版社，2008 年，第 541 页。
② 李维明：《二里头文化一期遗存与夏文化初始》，《中原文物》2002 年第 1 期，第 33～42 页。
③ 中国社会科学院考古研究所：《偃师二里头——1959 年～1978 年考古发掘报告》，中国大百科全书出版社，1999 年。

孔，底部有五六个小圆孔；后者的盆形甑浅弧腹大底，底面中央一个圆形大箅孔，周边四五个柳叶形、椭圆形或者三角形大箅孔。前者的双鋬或双环耳弧腹盆深鼓腹小平底，后者浅弧腹大平底。前者的直领瓮、尊形瓮下腹急收，后者下腹缓收。前者折腹器盖的盖纽有喇叭状、平顶状、蘑菇状三种，且蘑菇状盖纽顶端多隆起较低；后者只见蘑菇状纽器盖，盖纽顶端隆起较高。前者的平底盆唇外没有贴边，后者有贴边。前者的擂钵和平底碗小平底，腹、底转折分明；后者大平底，腹、底转折不显。只有折盘豆例外，前者转折反不如后者明显（图一）。

新砦二期晚段不同于二里头一期的大部分特点，如薄胎轮制、棱角分明、中腹圆鼓、小底凸出、深腹等特征，以及矮足鼎等器类，都恰好是其与王湾三期文化煤山类型的相似之处。而子母口器（包括子母口缸、子母口鼎、子母口瓮、子母口钵等）、高足罐形鼎、折壁器盖、平底盆、甗等陶器，则同豫东造律台类型有直接联系①。这就从类型学上证明新砦二期晚段遗存早于二里头一期，不可能是二里头文化一期的一个地方类型。两者主体器类又近同，表明二里头文化一期主体来源于新砦二期晚段类遗存，而且二里头文化一期的东方因素也主要由新砦期遗存带来。鉴于新砦二期遗存与龙山时代的王湾三期文化和造律台类型之间的联系更多一些，且尚未出现陶爵、花边罐以及青铜礼器等二里头文化典型要素，故还是以将其放在王湾三期文化后期末段为宜②，可称之为王湾三期文化新砦类型。该类型主要分布在郑州、新密和巩义一带。和煤山类型相比，其分布范围"呈现向北、向东南移动的趋势"③，汝州、禹州、登封等地则仍基本为煤山类型的延续。

不过，二里头文化在形成过程中显然还吸收了洛阳盆地及邻近地区的文化因素。例如爵这种二里头文化特有的陶器，就不见于新砦类型，也不见得直接来自东方，而应当由洛阳王湾、孟津小潘沟等遗址发现的王湾三

---

① 北京大学震旦古代文明研究中心、郑州市文物考古研究院：《新密新砦——1999～2000 年田野考古发掘报告》，文物出版社，2008 年，第 540 页。

② 韩建业、杨新改：《王湾三期文化研究》，《考古学报》1997 年第 1 期，第 1～22 页。

③ 北京大学震旦古代文明研究中心、郑州市文物考古研究院：《新密新砦——1999～2000 年田野考古发掘报告》，文物出版社，2008 年，第 537 页。

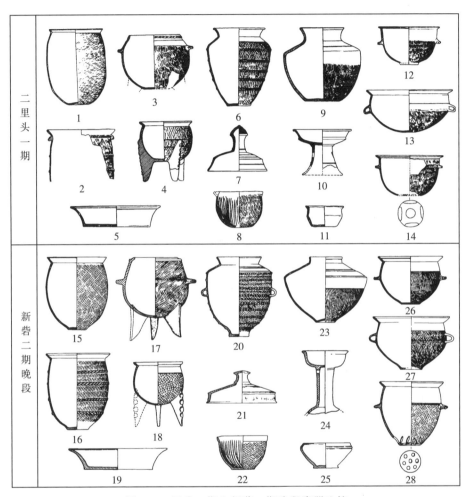

二里头一期

新砦二期晚段

图一　二里头一期和新砦二期晚段陶器比较

1、15. 深腹罐（Ⅱ H216∶13、2000T6⑧∶930）　　2、16. 深腹缸（Ⅷ H53∶14、2000T6⑧∶784）

3、17. 敛口罐形鼎（ⅣH106∶12、2000T6⑧∶772）　　4、18. 折沿罐形鼎（Ⅱ·ⅤT104⑥∶51、

2000T6⑧∶779）　　5、19. 平底盆（Ⅱ·ⅤT104⑥∶28、2000T6⑧∶598）　　6、20. 尊形瓮（Ⅱ

H216∶17、2000T11⑦B∶41）　　7、21. 器盖（Ⅱ·ⅤT104⑥∶48、2000T6⑧∶211）　　8、22. 擂钵

（Ⅱ·ⅤH148∶15、2000T6⑧∶627）　　9、23. 直领瓮（Ⅱ·ⅤH148∶12、2000T6⑧∶810）　　10、24. 折

盘豆（Ⅱ·ⅤH148∶20、2000T11⑦A∶28）　　11、25. 平底碗（Ⅱ·ⅤT203⑦∶13、2000T6⑧∶616）

12、26. 双錾弧腹盆（Ⅱ·ⅤT104⑥∶47、2000T5⑧∶22）　　13、27. 双耳弧腹盆（Ⅱ·ⅤH105∶18、

2000T11⑦A∶56）　　14、28. 甑（ⅨH1∶12、2000T6⑧∶827）

期文化后期的平底实足鬶形器发展而来，杜金鹏就直接称其为原始陶爵[①]。尤其小潘沟的一件高足原始陶爵，已与二里头文化一期的陶爵极为接近[②]。这类原始陶爵中最早的一件出自上蔡十里铺遗址[③]，属于王湾三期文化前期，大概是早期海岱龙山文化的陶鬶西进豫中南后地方化的产物（图二）。

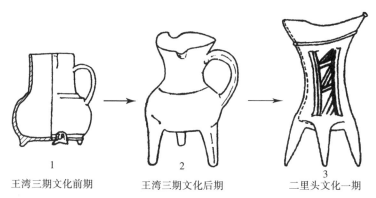

图二　王湾三期文化原始陶爵和二里头文化一期陶爵比较
1. 十里铺（H5：1）　2. 小潘沟（T5H44：52）　3. 二里头（Ⅱ·ⅤM54：7）

　　如果我们不限于二里头文化一期陶器而做整体观察，会发现二里头文化大型宫殿建筑，钺、戚、璋、圭、多孔刀、柄形器等玉礼器，以及兽面纹题材等众多文明要素，也都主要是在以新砦类型为主体的中原文化基础上发展而来。新砦二期发现有大型浅穴式建筑[④]，稍早的新密古城寨城址中更有380多平方米的宫殿式建筑[⑤]。相当于新砦二期早段的巩义花地嘴遗存见有钺、铲、璋、琮等玉礼器，璋下端带扉齿，与二里头文化的璋基本一

① 杜金鹏：《陶爵——中国古代酒器研究之一》，《考古》1990 年第 6 期，第 519～530 页。

② 洛阳博物馆：《孟津小潘沟遗址试掘简报》，《考古》1978 年第 4 期，第 244～255 页。

③ 河南省驻马店地区文管会：《河南上蔡十里铺新石器时代遗址》，《考古学集刊》（第 3 集），中国社会科学出版社，1983 年，第 69～80 页。该遗址还出有属于王湾三期文化前期的陶瓨（M5：1）。

④ 中国社会科学院考古研究所、郑州市文物考古研究所：《河南新密市新砦城址中心区发现大型浅穴式建筑》，《考古》2006 年第 1 期，第 3～6 页。

⑤ 河南省文物考古研究所、新密市炎黄文化历史研究会：《河南新密市古城寨龙山文化城址发掘简报》，《华夏考古》2002 年第 2 期，第 53～82 页。

致；还有朱砂绘兽面纹子母口瓮①。

　　陈剩勇和吕琪昌等则强调二里头文化的陶鬶、盉，玉钺、琮、璧、璜、多孔刀，以及兽面纹等重要因素，均发源于江浙一带②。诚然，陶鬶、盉和石钺、玉璜最早诞生在新石器时代晚期的龙虬庄文化、马家浜文化，兽面纹早在新石器时代中期末段就从长江中游传播至跨湖桥文化。至铜石并用时代，陶鬶、盉，玉钺、琮、璧、璜以及兽面纹等包含复杂历史信息的文化特征，集大成于辉煌的良渚早期文明。但应当看到，这些因素中的陶鬶、盉、石钺、玉璜等从公元前3000年左右开始就已经向周围扩散，玉琮、璧和兽面纹则主要在公元前2600年左右良渚文化衰败后向海岱、晋南等地流播，这都与二里头文化的初始有着相当长的时间差距。这些因素先后辗转汇聚中原，最后主要通过新砦类型而变成二里头文化的有机组成部分。二里头文化一期时直接来自江浙地区的因素，大概只有鸭形陶壶等少量因素，据此不能得出二里头文明主要源于中国东南地区的结论。

二

　　二里头文化一期突然出现大量束颈圆腹陶罐，其中口沿外箍一周附加堆纹或直接压印唇面者被称为花边罐。有的带单耳，也有少量下加三足成为束颈圆腹罐形鼎。

　　这类束颈圆腹罐与中原和东方的侈口深腹罐风格迥异，却和西北地区长期流行的同类器物神似。在束颈圆腹罐口沿外或者颈部箍附加堆纹的做法，从仰韶晚期就开始常见于仰韶文化海生不浪类型，沿面压印花边最早见于庙底沟二期阶段的仰韶文化阿善三期类型；至龙山前期，则普遍流行

---

① 郑州市文物考古研究所、北京大学考古文博学院：《河南巩义市花地嘴遗址"新砦期"遗存》，《考古》2005年第6期，第3～6页；顾问、张松林：《花地嘴遗址所出"新砦期"朱砂绘陶瓮研究》，《古代文明研究通讯》总第二十三期，2004年，第9～21页。

② 陈剩勇：《东南地区：夏文化的萌生与崛起——从中国新石器时代晚期主要文化圈的比较研究探寻夏文化》，《东南文化》1991年第1期，第3～22页；吕琪昌：《青铜爵、斝的秘密：从史前陶鬶到夏商文化起源并断代问题研究》，浙江大学出版社，2007年。

于内蒙古中南部和陕北的老虎山文化、宁夏南部的菜园文化①（图三，1）、波及客省庄二期文化②（图三，2）和齐家文化（图三，3）；龙山后期扩展到整个甘青齐家文化③（图三，4、5）和渭河流域客省庄二期文化当中④。中原一带只是在王湾三期文化后期偏晚，才于洛阳矬李等遗址出现个别束颈圆腹花边罐⑤，这自然应当是西北地区同类器的进一步东向渗透所致（图三，6）。因此，二里头文化中束颈圆腹罐（包括花边罐）的源头就应当在西北地区。但它是在二里头文化形成的时候直接来自西北地区，还是从洛阳盆地王湾三期文化间接继承的呢？

还是让我们从对关中地区二里头文化时期遗存的分析入手。这类遗存包括陕西陇县川口河⑥、西安老牛坡 H16 和 H24⑦、华县元君庙 M451⑧ 和南沙村 H12⑨、华阴横阵 M9⑩ 等。陶器除大量单耳、双耳、三耳或无耳的束颈罐外（图三，7~9），还有双大耳罐、大口高领罐、折肩罐等陶器。实际上与甘肃永靖秦魏家⑪和大何庄遗存⑫为代表的齐家文化大同小异。如果我们

① 宁夏文物研究所、中国历史博物馆考古部：《宁夏菜园——新石器时代遗址、墓葬发掘报告》，科学出版社，2003 年。
② 甘肃省博物馆考古队：《甘肃灵台桥村齐家文化遗址发掘简报》，《考古与文物》1980 年第 3 期，第 22~33 页。
③ 青海省文物管理处考古队、中国社会科学院考古研究所：《青海柳湾——乐都柳湾原始社会墓地》，文物出版社，1984 年；北京大学考古实习队等：《隆德页河子新石器时代遗址发掘报告》，《考古学研究》（三），科学出版社，1997 年，第 158~195 页。
④ 韩建业：《中国西北地区先秦时期的自然环境与文化发展》，文物出版社，2008 年。
⑤ 洛阳博物馆：《洛阳矬李遗址试掘简报》，《考古》1978 年第 1 期，第 5~17 页。
⑥ 尹盛平：《陕西陇县川口河齐家文化陶器》，《考古与文物》1987 年第 5 期，第 1~11 页。
⑦ 刘士莪：《老牛坡》，陕西人民出版社，2002 年。
⑧ 北京大学历史系考古教研室：《元君庙仰韶墓地》，文物出版社，1983 年，第 45~46 页。
⑨ 北京大学考古教研室华县报告编写组：《华县、渭南古代遗址调查与试掘》，《考古学报》1980 年第 3 期，第 297~328 页。
⑩ 中国社会科学院考古研究所陕西工作队：《陕西华阴横阵遗址发掘报告》，《考古学集刊》（第 4 集），中国社会科学出版社，1984 年，第 1~39 页。
⑪ 中国科学院考古研究所甘肃工作队：《甘肃永靖秦魏家齐家文化墓地》，《考古学报》1975 年第 2 期，第 57~96 页。
⑫ 中国科学院考古研究所甘肃工作队：《甘肃永靖大何庄遗址发掘报告》，《考古学报》1974 年第 2 期，第 29~62 页。

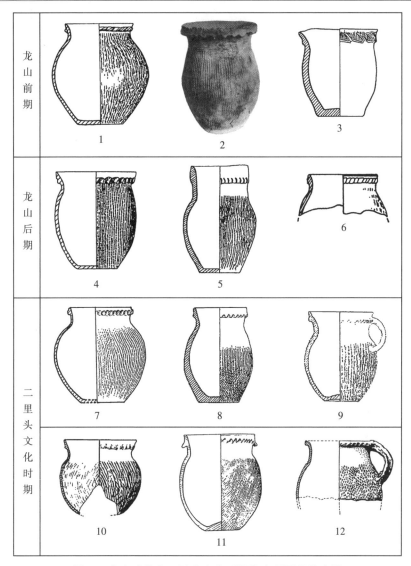

图三　龙山时代和二里头文化时期陶束颈圆腹花边罐

1. 菜园文化（林子梁 LF11⑤：11）　2. 客省庄二期文化（桥村 H4：24）　3~5、7~9. 齐家文化（师赵村 T317②：6、页河子 H148：12、柳湾 M968：1、老牛坡 88XLⅠ2H24：14、秦魏家、横阵 M9：5）　6. 王湾三期文化（矬李 H22：31）　10~12. 二里头文化（二里头Ⅱ·ⅤT104⑥：21、西崖村 H4：40、西崖村 H4：48）

将齐家文化分为早、中、晚三期，则此类遗存就属于晚期齐家文化，年代基本和二里头文化相当。其中西部的甘青和渭河上中游地区，流行红褐陶，器体瘦长，不见慢轮旋修陶器，这类遗存可称为"秦魏家类型"；东部渭河下游地区，多为灰陶，花边罐圆腹，有素面旋修陶器，可称为"老牛坡类型"①。与其类似的遗存还有丹江流域的商州东龙山早期遗存②。

正如张忠培和孙祖初指出的那样，"宝鸡地区客省庄文化的消失便是齐家文化向东拓展的结果"③。不但宝鸡地区，整个关中地区龙山时代之后文化格局的大变都与晚期齐家文化的大规模东进有关，甚至朱开沟文化早期也受到晚期齐家文化强烈影响。齐家文化继续东进的结果，就是与西进的新砦类型在洛阳盆地碰撞，从而给二里头文化增添了大量束颈圆腹罐这种重要器物，见于偃师二里头、陕县西崖村④等二里头文化一期遗存（图三，10～12）。也就是说，二里头文化的束颈圆腹罐虽不排除继承早先渗入洛阳盆地同类器的可能性，但主要为二里头文化形成之初从甘青—关中一路传入。以前不少人以为关中的花边罐是二里头文化影响的结果，其实正好颠倒了因果关系。

晚期齐家文化向中原腹地的强烈渗透，带来的当然不应当只是陶束颈圆腹罐这一种因素。林沄早就注意到"北方系青铜器在二里头文化晚期已经存在，而且对二里头文化的青铜器发生了影响"⑤。安志敏据齐家文化铜器发达这一现象，推测中原铜器"很可能是通过史前时期的'丝绸之路'进入中国的"⑥。美国学者菲兹杰拉德－胡博更明确提出，二里头青铜文明的起源或许与中亚地区巴克特利亚冶金术的东传有密切关系，从西而东的具体传播路线是中亚与西伯利亚—新疆—甘青—中原，最后直接产生作用的正是甘青地区的齐家文化；并推测铜爵和觚与伊朗沙赫德遗址的带流罐

① 张天恩：《试论关中东部夏代文化遗存》，《文博》2000 年第 3 期，第 3～10 页。
② 杨亚长：《陕西夏时期考古的新进展——商州东龙山遗址的发掘收获》，《古代文明研究通讯》（总第 5 期），2000 年，第 34～36 页。
③ 张忠培、孙祖初：《陕西史前文化的谱系研究与周文明的形成》，《远望集——陕西省考古研究所华诞四十周年纪念文集》，陕西人民美术出版社，1998 年，第 155 页。
④ 河南省文物研究所：《陕县西崖村遗址的发掘》，《华夏考古》1989 年第 1 期，第 15～48 页。
⑤ 林沄：《商文化青铜器与北方地区青铜器关系之研究》，《考古学文化论集》（一），文物出版社，1987 年，第 129～155 页。
⑥ 安志敏：《试论中国的早期铜器》，《考古》1993 年第 12 期，第 1117 页。

和铜杯可能存在联系①。王迅还提到二里头文化中马的出现有受西北影响的可能性②。

　　的确，龙山时代的中原（包括东方）地区，还很少有能够确认的专门的青铜器（不包括利用共生矿冶炼的具有青铜性状的所谓青铜器），且只见铃、锥、片状物等个别铜器，而二里头文化青铜冶金技术已经较为成熟，工具、武器、容器种类繁多，这不能不让人将二里头文化青铜器的突然兴起与有着悠久历史的西方冶金术的东传联系起来。西伯利亚、中亚至新疆西部的辛塔什塔—彼德罗夫斯卡文化、安德罗诺沃文化、塞伊玛—图宾诺文化、奥库涅夫文化，阿尔泰至东疆的克尔木齐类遗存、哈密天山北路文化，河西走廊的四坝文化，甘青地区的晚期齐家文化，不但普遍流行刀、斧、矛、镜、泡饰等青铜器，而且绝对年代都在公元前2千纪初期，构成西方冶金术东传并渐次土著化的坚实链条③。随着束颈圆腹罐所揭示出的晚期齐家文化向关中乃至中原的强烈东渐路程的逐渐明朗，西方冶金术对二里头青铜文明的间接影响实际已得到确证。如林沄指出的那样④，二里头遗址三期出土的一件青铜环首刀明确属于北方系⑤，另一件铜"戚"实即北方系战斧的变体⑥，这两件器物都可以在晚期齐家文化找到类似器⑦。菲兹杰拉德－胡博也指出二里头三期的十字镂空圆牌与中亚有关。金正耀的分析表

①　Louisa G. Fitsgerald-Huber：Qijia and Erlitou：The question of contacts with distant cultures，*Early China* 20，pp. 17－67，1995.

②　王迅：《二里头文化与中国古代文明》，《考古与文物》1997 年第 3 期，第 61～68 页。

③　李水城：《西北与中原早期冶铜业的区域特征及交互作用》，《考古学报》2005 年第 3 期，第 239～278 页；韩建业：《新疆的青铜时代和早期铁器时代文化》，文物出版社，2007 年。

④　林沄：《早期北方系青铜器的几个年代问题》，《内蒙古文物考古文集》（第 1 辑），中国大百科全书出版社，1994 年，第 291～295 页。

⑤　中国社会科学院考古研究所二里头队：《1980 年秋河南偃师二里头遗址发掘简报》，《考古》1983 年第 3 期，第 199～205 页。

⑥　中国科学院考古研究所二里头工作队：《偃师二里头遗址新发现的铜器和玉器》，《考古》1976 年第 4 期，第 259～263 页。

⑦　如甘肃广河齐家坪的环首刀和康乐商罐地的双耳斧，见李水城：《西北与中原早期冶铜业的区域特征及交互作用》，《考古学报》2005 年第 3 期，第 241 页（图二，18、21）。

明二里头二期的一件锥为砷铜合金①，透露出其与四坝文化、哈密天山北路文化砷铜合金可能存在联系的信息，而砷铜早在公元前 4 千纪就已经出现在西亚地区②。另外，二里头文化的戈与哈密天山北路文化的管銎斧有相似之处③，或许受其启发而产生（图四）。反过来，二里头文化的嵌饰绿松石的兽面纹牌饰以及陶盉等，也反向传播至甘肃的晚期齐家文化④。

除了青铜器，二里头文化中车的出现也当与西方影响有关⑤。一般被认

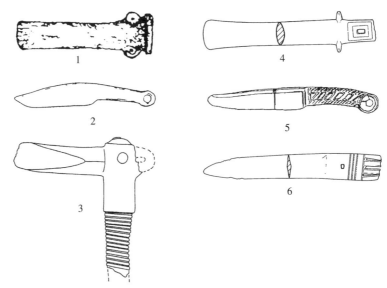

图四　哈密天山北路文化、晚期齐家文化和二里头文化铜器比较

1、3、4. 斧（齐家坪、南湾、二里头 K3∶1）　　2、5. 环首刀（商罐地、二里头Ⅲ M2∶4）　　6. 戈（二里头Ⅲ采∶60）（1、2. 晚期齐家文化，3. 哈密天山北路文化，4~6. 二里头文化）

①　金正耀：《二里头青铜器的自然科学研究与夏文明探索》，《文物》2000 年第 1 期，第 56~64 页。

②　J. D. Muhly. The beginning of metallurgy in the old world. In R. Maddin（ed.）*The Beginning of the Use of Metals and Alloys*. Cambridge，MA：MIT Press. 1988. 2~20.

③　吕恩国、常喜恩、王炳华：《新疆青铜时代考古文化浅论》，《苏秉琦与当代中国考古学》，科学出版社，2001 年，第 184~187 页。

④　张天恩：《天水出土的兽面铜牌饰及有关问题》，《中原文物》2002 年第 1 期，第 43~46 页。

⑤　在二里头文化发现车辙以前，中国商代马车源自西方的观点就很盛行，见王海城：《中国马车的起源》，《欧亚学刊》（第三辑），中华书局，2004 年，第 1~75 页。

为最早的公元前 2 千纪初的双轮马车，出于乌拉尔山南部的辛塔什塔墓葬，轨距 1.25～1.3 米[①]；而近年在二里头遗址三期发现的双轮车辙印，轨距约 1.2 米[②]，两者彼此近似。

此外，轮制制陶技术的衰落，虽于龙山后期偏晚已现端倪，但至二里头文化才顿然明显起来。这或许与齐家文化代表的陶器手制传统的介入，以及西方先进冶金术传入后手工业技术的重点转移都有关系。

不过，西方文化只是间接影响到二里头青铜文明的兴起。作为二里头青铜文明象征的爵、斝、鼎等青铜礼器，在东方、中原均有陶器原型且源头深远，与中亚器物风马牛不相及。铸造青铜容器所使用的复合泥范铸造技术，早在龙山时代已经出现，与中西亚流行的硬型石范铸造技术也明显有别。这说明二里头青铜文明主要是在中原（包括东方）基础上发展而来。实际正如李水城指出的那样，中亚冶金术"这种外来的影响力对于中原地区而言，经过一站站的中转、筛选和改造而不断地被弱化，而中原地区冶金术的真正崛起并形成独立的华夏风格，则是在二里头文化晚期才最终实现"[③]。

三

二里头青铜文明的兴起，从根本来说与公元前 2 千纪前后欧亚大陆的气候波动有关。

吴文祥和刘东生归纳指出，距今 4000 年前后的降温事件"被认为可能是新仙女木事件以来最为寒冷的一次降温过程，是历史时期以来最具影响力的一次小冰期，也是世界上许多地区全新世气候演化过程中的一次重要转变，标志着当地气候最适宜期的结束和全新世后期的开始"。他们还指出，这次气候事件影响范围广，涉及包括欧洲、北非和中国在内的欧亚大

[①] Gening, V. F. , Zdanovich, G. B. , and Gening, V. V. *Sintashta.* Cheliyabinsk, 1992（俄文版）.

[②] 中国社会科学院考古研究所：《中国考古学·夏商卷》，中国大百科全书出版社，2003 年，第 122～123 页。

[③] 李水城：《西北与中原早期冶铜业的区域特征及交互作用》，《考古学报》2005 年第 3 期，第 239～278 页。

陆大部地区①。就中国来说，这次干冷事件从大约公元前2300～前2200年开始，引起植被带整体南移，黄河流域则洪水频发②，至公元前2000年左右达到干冷极点。当时天山冰川发生冰进③，岱海地区的气温几乎降到0℃左右，降水也有明显减少④，关中一带气候恶化⑤。至公元前1800～前1700年气候又稍趋暖湿，岱海盆地温度、降水回升⑥，豫东南地区河谷下切明显⑦。之后转向干冷，至公元前1000年左右再次到达谷底。

公元前2300～前2200年开始的气候恶化事件，对整个欧亚地区古代文明都有深远影响⑧。随着植被带的南移，处于北方草原地带的人们面临很大的生存压力，多数情况下都会选择向南迁徙，同时也适当调整生产方式。当这些南迁的北方人群与南方原有的主要从事农业的人群碰撞在一起的时候，就会冲突不断，从而引起大范围连锁式的文化格局和社会经济结构的调整。

---

① 吴文祥、刘东生：《4000aB. P. 前后降温事件与中华文明的诞生》，《第四纪研究》第21卷第5期，2001年，第443～451页。

② 崔建新、刘尚哲：《4000a前中国洪水与文化的探讨》，《兰州大学学报》（自然科学版）第39卷第3期，2003年，第94～97页。

③ 陈吉阳：《天山乌鲁木齐河源全新世冰川变化的地衣年代学等若干问题之初步研究》，《中国科学》（B辑）1988年第2期，第95～104页。

④ 刘清泗、汪家兴、李华章：《北方农牧交错带全新世湖泊演变特征》，《区域·环境·自然灾害地理研究》，科学出版社，1991，第1～7页；刘清泗、李华章：《中国北方农牧交错带（岱海—黄旗海地区）全新世环境演变》，《中国北方农牧交错带全新世环境演变及预测》，地质出版社，1992年，第16～54页；许清海、肖举乐等：《孢粉资料定量重建全新世以来岱海盆地的古气候》，《海洋地质与第四纪地质》第23卷第4期，2003年，第99～108页。

⑤ 贾耀锋、庞奖励：《关中盆地东部李湾剖面全新世高分辨率气候研究》，《干旱区资源与环境》第17卷第3期，2003年，第39～43页；黄春长、庞奖励、黄萍等：《关中盆地西部黄土台塬全新世气候事件研究》，《干旱区地理》第25卷第1期，2002年，第10～15页。

⑥ 许清海、肖举乐等：《孢粉资料定量重建全新世以来岱海盆地的古气候》，《海洋地质与第四纪地质》第23卷第4期，2003年，第99～108页。

⑦ 北京大学考古学系、驻马店市文物保护管理所：《驻马店杨庄——中全新世淮河上游的文化遗存与环境信息》，科学出版社，1998年。

⑧ 吴文祥、刘东生：《4000aB. P. 前后降温事件与中华文明的诞生》，《第四纪研究》第21卷第5期，2001年，第443～451页。

　　就中国来说，可能是由于北方狩猎人群的南迁和长城沿线农业生产条件的趋于恶劣，迫使内蒙古中南部和晋中一带的后期老虎山文化向南迁徙，造成临汾盆地曾强盛一时的陶寺类型的衰亡①，并使临汾以南的末期庙底沟二期类型向豫中西地区推进，与豫中的前期王湾三期文化融合，形成实力强劲的后期王湾三期文化②。后期王湾三期文化继续大规模南进，造成石家河文化的衰亡，奠定了中原腹心地区文化的核心地位③。另外，洪水灾害可能是造成长江流域石家河文化等衰落的原因之一，而灾害稍轻的中原文化不但没有在洪灾面前倒下，而且治水反过来强化了中原地区的组织管理能力，促进了中原社会的文明化过程④。

　　就西伯利亚和中亚来说，为了适应气候向干冷方向的转化，在西伯利亚草原兴起了以马拉战车为特征的半农半牧文化——辛塔什塔—彼德罗夫斯卡文化，之后发展为安德罗诺沃文化，并向偏南方向大规模扩展。其中一支扩展到新疆西部，其影响的余波则直达中原。

　　公元前 1800 年左右气候的稍转暖湿，为中原文化的发展带来了良好机遇，王湾三期文化新砦类型在此背景下西进，在洛阳盆地与西方半农半牧文化的东进余波正撞在一起，从而融合成面貌一新的二里头文化，二里头青铜文明于是兴起。一次大的气候事件，给各地文化都增加了一次大的变革契机，但结局却大不一样。最终中原文化拔得头筹，周围地区黯然失色。

　　苏秉琦和殷玮璋讨论考古学文化的区系类型，将中国早期文化概括为面向内陆和面向海洋的两个大区⑤。面向内陆的西北地区以黄河上中游为核心，与欧亚大陆中西部颇多联系，面向海洋的东南地区以长江中下游和黄

---

① 韩建业：《唐伐西夏与稷放丹朱》，《北京大学学报》（哲学社会科学版）2001 年第 4 期，第 119～123 页；韩建业：《老虎山文化的扩张与对外影响》，《中原文物》2007 年第 1 期，第 17～23 页。

② 韩建业：《晋西南豫西西部庙底沟二期—龙山时代文化的分期与谱系》，《考古学报》2006 年第 2 期，第 179～204 页。

③ 杨新改、韩建业：《禹征三苗探索》，《中原文物》1995 年第 2 期，第 46～55 页。

④ 王巍：《公元前 2000 年前后我国大范围文化变化原因探讨》，《考古》2004 年第 1 期，第 67～77 页。

⑤ 苏秉琦、殷玮璋：《关于考古学文化的区系类型问题》，《文物》1981 年第 5 期，第 10～17 页。

河下游为核心，与东南亚和太平洋诸岛颇多联系；而在中原兴起的二里头文化是东西两大文化传统汇聚融合的结晶。正是中原地区"天下之中"的优越地理位置，成为兼容并蓄的二里头文明兴起的前提。此外，中原腹地也大致在中国东部季风区的中央，年均温度、降水量和对气候变化的敏感程度都大致适中，这大约是中原文化既能够长久绵延发展而不至于忽生忽灭，又能够始终积极奋进而不会不思进取的主要原因。

四

关于二里头文化和夏商文化的关系，已经热烈讨论了半个多世纪。

1956 年郑州洛达庙遗存发现后，李学勤就认为其最可能是夏代的文化[①]。1959 年徐旭生等调查发现包含洛达庙类遗存的二里头遗址后，结合汤都西亳的记载，认为此遗址"在当时实为一大都会，为商汤都城的可能性很不小"[②]。二里头遗址发掘之后，学术界基本仍遵徐旭生的说法，至少认为其晚期已进入商代。许顺湛则认为其早、中期大概就是夏代文化[③]。20 世纪 70 年代末以后，讨论渐成热潮。最具代表性的有两种观点：其一，邹衡提出"汤都郑亳"说，据此认为二里头文化一至四期均属夏文化[④]。其二，安金槐提出"禹都阳城"说，据此认为河南龙山文化晚期和二里头文化一、二期属于夏文化，三、四期属早商文化[⑤]。80 年代以后，孙华和田昌五提出二里头文化一至三期为夏文化、四期为商文化的看法[⑥]，李伯谦则认为河南龙山文化晚期和整个二里头文化都是夏文化[⑦]。就连曾主张二里头遗址属于

---

① 李学勤：《近年来考古发现与中国早期奴隶制社会》，《新建设》1958 年第 8 期，第 47～53 页。

② 徐旭生：《1959 年夏豫西调查"夏墟"的初步报告》，《考古》1959 年第 11 期，第 600 页。

③ 许顺湛：《夏代文化探索》，《史学月刊》1964 年第 7 期，第 15～21 页。

④ 邹衡：《郑州商城即汤都亳说》，《文物》1978 年第 2 期，第 69～71 页；邹衡：《试论夏文化》，《夏商周考古学论文集》，文物出版社，1980 年，第 95～182 页。

⑤ 安金槐：《豫西夏代文化初探》，《河南文博通讯》1978 年第 2 期，第 38～39 页。

⑥ 孙华：《关于二里头文化》，《考古》1980 年第 6 期，第 521～525 页；田昌五：《夏文化探索》，《文物》1981 年第 5 期，第 18～26 页。

⑦ 李伯谦：《二里头类型的文化性质与族属问题》，《文物》1986 年第 6 期，第 41～47 页。

汤都西亳的赵芝荃，也根据新砦遗址和偃师商城的新发现，将其观点修正为河南龙山文化晚期、新砦期和二里头文化一至三期同为夏文化①。可见，至 90 年代以前，二里头文化主体为夏文化这一点，已经得到学术界越来越多的认同。我曾经利用"禹征三苗"引起的王湾三期文化对石家河文化的大范围取代，论证王湾三期文化后期之初已进入夏代；又依据二里头文化三期对外影响极大而四期衰败的现象，论证夏商交界在三、四期之间②。稍后高炜等论证夏商文化的分界在二里头文化第四期早、晚段之间，这就等于进一步确认了二里头文化基本都属于夏文化的观点③。

如果承认王湾三期文化后期、新砦期和二里头文化主体均属于夏文化，那么二里头文化到底是从何时开始的夏文化呢？

田昌五曾指出，"二里头文化当是从少康复国后发展起来的"④。李伯谦认为，二里头类型"很有可能是'太康失国'、'后羿代夏'以后的夏代文化"⑤。而我则从曲尺形镂孔柄豆、贯耳壶等陶器上看到了二里头文化与造律台类型之间更为直接的联系，又考虑到"少康中兴"所依靠的有虞氏的遗存可能正好对应造律台类型，因此认为"二里头文化就极可能诞生于少康之时，是在王湾三期文化的基础上，随着有仍、有鬲和有虞等东方居民的西进并带来龙山文化因素而形成的。而且如此一来，王湾三期文化后期晚段文化中衰的现象也可以用'太康失国'来解释"⑥。

近年新砦遗址大规模发掘之后，我们才知道王湾三期文化末期的中衰现象只发生在登封、禹州等早期夏文化的核心地区，嵩山以东郑州、新密

①　赵芝荃：《略论新砦期二里头文化》，《中国考古学会第四次年会论文集》（1983），文物出版社，1985 年，第 13～17 页。

②　韩建业：《夏文化的起源与发展阶段》，《北京大学学报》（哲学社会科学版）1997年第 4 期，第 120～125 页。

③　高炜、杨锡璋、王巍、杜金鹏：《偃师商城与夏商文化分界》，《考古》1998 年第10 期，第 66～79 页。

④　田昌五：《夏文化探索》，《文物》1981 年第 5 期，第 21 页。

⑤　李伯谦：《二里头类型的文化性质与族属问题》，《文物》1986 年第 6 期，第 44 页。

⑥　韩建业：《夏文化的起源与发展阶段》，《北京大学学报》（哲学社会科学版）1997年第 4 期，第 122 页。二里头文化一期的曲尺形镂孔柄豆（东干沟 M1：1）、贯耳壶（二里头ⅣM26：3），与豫东王油坊遗址龙山同类陶器很是近似（H5：42、M3：9）。

等地的新砦类型则异军突起、后来居上。也就是说，此时的中原地区只有
文化格局调整和重心转移，并未发生普遍的文化衰落。新砦类型本身就包
含大量造律台类型等东方因素，二里头文化的造律台类型因素正是通过新
砦类型而来。这就从逻辑上提供了这样一种新的可能：新砦类型才可能是
"少康中兴"之后融合大量豫东造律台类型因素而形成的遗存，二里头文化
只能是少康数代之后某夏王西迁洛阳盆地而发展起来的文化。我们可以称
新砦类型为中期夏文化，二里头文化为晚期夏文化，而早于新砦类型的王
湾三期文化后期主体自然就是早期夏文化了。

（原载《中国历史文物》2009 年第 1 期）

先商文化探源

20 世纪以来，甲骨文的发现和殷墟、郑州商代遗址的发掘使商文化得以确立，由此基点上溯先商文化及其来源，将是进一步研究中国上古史的关键。

一

关于先商文化的认识虽然还存在一些分歧，但在把漳河型作为先商文化这点上，学界的看法则是基本一致的①。

漳河型最具代表性的三种陶器是卷沿弧腹鬲、卷沿有腰隔甗和卷沿橄榄形罐。一般认为，卷沿弧腹鬲来自晋中龙山时代文化②，但对于另两种器物的来源则有不同说法：其一，认为仅源于豫北、冀南的"河北龙山文化涧沟型"③，即通常所说"后岗二期文化"；其二，认为仅来自冀南龙山遗存"涧沟型"，与豫北的后岗二期文化无关④。两者差别主要在于对豫北龙山遗

---

① 邹衡：《试论夏文化》，《夏商周考古学论文集》，文物出版社，1980 年，第 95～182 页；李伯谦：《先商文化探索》，《庆祝苏秉琦考古五十五年论文集》，文物出版社，1989 年，第 280～293 页；张立东：《先商文化浅议》，中国商文化国际学术讨论会论文，1995 年。

② 邹衡：《试论夏文化》，《夏商周考古学论文集》，文物出版社，1980 年，第 95～182 页；李伯谦：《先商文化探索》，《庆祝苏秉琦考古五十五年论文集》，文物出版社，1989 年，第 280～293 页；王立新、朱永刚：《下七垣文化探源》，《华夏考古》1995 年第 4 期，第 59～67 页。

③ 邹衡：《试论夏文化》，《夏商周考古学论文集》，文物出版社，1980 年，第 95～182 页。

④ 王立新、朱永刚：《下七垣文化探源》，《华夏考古》1995 年第 4 期，第 59～67 页。

存的认识上。

　　豫北龙山遗存以安阳后岗①、大寒②和汤阴白营③为代表。发掘者曾分别将后岗和白营龙山遗存各分作三期。如果进一步考察这两个遗址的层位关系，并结合其他遗址材料加以对比，可将豫北龙山遗存分为两期四段。其典型器类夹砂罐和无腰隔甗由卷沿、绳纹细密整齐逐渐发展成折沿、绳纹粗疏浅乱；罐最大径由上腹渐至中腹，器体由瘦高而至矮胖；甗由鼓上腹、实足根不明显变为上腹斜弧、实足根明显④（图一）。可以看出，豫北龙山前期罐、甗卷沿、细绳纹的特点与漳河型同类器有些相似，而龙山后期者则与之相差甚远。豫北龙山遗存是一个连续发展的整体，不能越过后期而直接以其前期作为漳河型的渊源⑤。

　　那么冀南龙山遗存是否就是漳河型橄榄形罐和有腰隔甗的直接来源呢？

　　邹衡先生将"河北龙山文化涧沟型"分为三期。"早期以河北邯郸涧沟龙山遗址为代表，河北磁县下潘汪龙山遗址下层亦属此期。中期以河北邯郸龟台寺龙山遗址为代表，河南安阳后岗 1972 年龙山灰坑（H2）亦属此期。晚期以最近发现的河南汤阴白营龙山遗址的上层（白营龙山晚期）为代表。"⑥ 据此分期，则恰好属晚期的白营上层的罐、甗与漳河型同类器区别最大；而涧沟龙山遗址和下潘汪龙山遗址下层既属早期，从逻辑上就不

①　中国科学院考古研究所安阳工作队：《1972 年春安阳后冈发掘简报》，《考古》1972 年第 5 期，第 8～19 页；中国社会科学院考古研究所安阳工作队：《1979 年安阳后冈遗址发掘报告》，《考古学报》1985 年第 1 期，第 33～88 页。

②　中国社会科学院考古研究所安阳队：《安阳大寒村南岗遗址》，《考古学报》1990 年第 1 期，第 45～70 页。

③　河南省安阳地区文物管理委员会：《汤阴白营河南龙山文化村落遗址发掘报告》，《考古学集刊》（第 3 集），中国社会科学出版社，1983 年，第 1～47 页。

④　中国科学院考古研究所安阳工作队：《1972 年春安阳后冈发掘简报》，《考古》1972 年第 5 期，第 8～19 页；中国社会科学院考古研究所安阳工作队：《1979 年安阳后冈遗址发掘报告》，《考古学报》1985 年第 1 期，第 33～88 页。

⑤　据原报告器物描述及图、图版，在白营龙山晚期遗存见有卷沿绳纹小罐（T16②：16，见原报告图十六，4）和卷沿绳纹甗（H68：18，见原报告图十六，1）各一，其余 40 余件罐、甗似乎都是折沿。后岗龙山后期很少有卷沿罐、甗。

⑥　邹衡：《关于夏商时期北方地区诸邻境文化的初步探讨》，《夏商周考古学论文集》，文物出版社，1980 年，第 253～294 页。

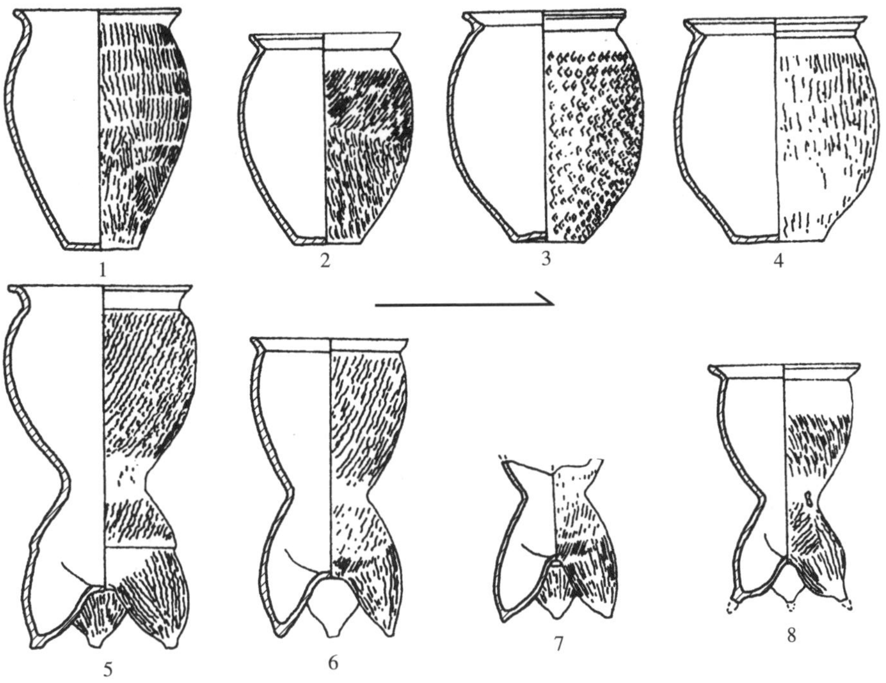

图一　后岗龙山遗存陶罐、甗演变序列示意图

1～4. 罐（M21∶1、H50∶11、F4∶2、M23∶2）　5～8. 甗（H31∶6、H50∶8、T12∶6、H1∶1）

（1、2、5、6. 前期，3、4、7、8. 后期）

应当和漳河型存在直接关系。

实际上冀南龙山遗存本身即有其相对完整的序列，涧沟龙山遗址也并非只属早期。

《1957 年邯郸发掘简报》和《河北邯郸涧沟村古遗址发掘简报》分别将涧沟龙山遗存分为三类堆积和早、晚两期①。将两者加以对比，会发现第一、二类堆积同于早期，第三类堆积同于晚期。综合起来看，早期流行素面或绳纹敞口夹砂罐、斝、鬲、鼎、鬶、双腹盆和豆等，有细石器；晚期多无颈或短颈、小口的方格纹及绳纹夹砂罐，较多甗、鬲、豆，罕见泥质磨光黑陶和细石器。

① 北京大学、河北省文化局邯郸考古发掘队：《1957 年邯郸发掘简报》，《考古》1959 年第 10 期，第 531～536 页；河北省文化局文物工作队：《河北邯郸涧沟村古遗址发掘简报》，《考古》1961 年第 4 期，第 197～202 页。

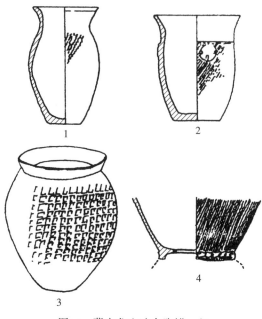

图二　冀南龙山遗存陶罐、甗
1、2. 涧沟　3. 龟台寺　4. 下潘汪（T41③∶47）
（1、2. 前期，3、4. 后期）

两个简报均未指明见于图或图版的罐和甗的具体期属。但简报描述近似于漳河型的卷沿罐为敞口（图二，1），可见其极可能属于早期。与涧沟龙山早期相当的下潘汪龙山下层 F1、T36③中，也发现卷沿小罐①。可能属涧沟龙山晚期的侈口、折沿、鼓腹夹砂方格纹罐或绳纹罐则与漳河型罐明显不同；同类的龟台寺龙山遗存中也流行折沿罐②（图二，3）。因此，冀南龙山遗存大概不是橄榄形罐的来源。简报中又提到龙山晚期多甗，与其大体同时的下潘汪 T41③并出有有腰隔甗（图二，4）。看来，漳河型甗的确与冀南龙山遗存有些关系，可惜我们无从知晓冀南龙山甗的整体情况。

在已发表的涧沟的材料中，最有可能准确判断其时代的当属水井 H6。井中出土百余件陶器，仅复原者即达 50 余件。器类是壶、瓶、罐类汲水器，其中陶壶、瓶敞口，高颈，瘦腹，素面或饰横篮纹、绳纹，有的口边有泥钉，一般认为其时代属龙山早期③。但如将井中陶壶、瓶和胶县三里河大汶

---

① 河北省文物管理处：《磁县下潘汪遗址发掘报告》，《考古学报》1975 年第 1 期，第 73～116 页。

② 北京大学、河北省文化局邯郸考古发掘队：《1957 年邯郸发掘简报》，《考古》1959 年第 10 期，第 531～536 页。

③ 邹衡：《关于夏商时期北方地区诸邻境文化的初步探讨》，《夏商周考古学论文集》，文物出版社，1980 年，第 253～294 页；北京大学、河北省文化局邯郸考古发掘队：《1957 年邯郸发掘简报》，《考古》1959 年第 10 期，第 531～536 页。

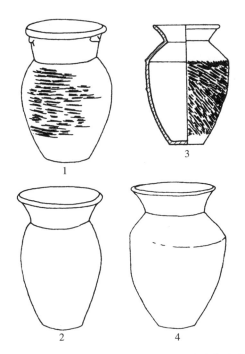

图三　涧沟水井 H6 陶瓶与三里河大汶口文化晚期陶尊比较图

1、2. 涧沟陶瓶（H6）　　3、4. 三里河陶尊（M250∶11、M288∶11）

口文化晚期陶尊相比较①，会发现两者惊人地相似（图三）。因此，涧沟 H6
一类遗存极可能是直接从山东地区传播而来，时代属大汶口文化晚期无疑。
其与漳河型相距六七百年，两者应当没有多少关系。

　　探讨先商文化漳河型的来源，还必须注意冀北，尤其是冀东北地区。
最近任丘哑叭庄遗址的发掘为我们提供了依据②。

　　哑叭庄遗址下层为龙山堆积，其上叠压着漳河型一类先商文化遗存。
龙山遗存基本属龙山后期，可大致分为以 H34、H35 和 H115 为代表的三
段。其中前两段和后岗龙山后期时代相当，第三段晚于后岗龙山遗存。哑
叭庄龙山遗存典型器类夹砂中口罐和甗由口沿微折渐趋卷沿，正可与漳河

①　中国社会科学院考古研究所：《胶县三里河》，文物出版社，1988 年。

②　河北省文物研究所、沧州地区文物管理所：《河北省任邱市哑叭庄遗址发掘报告》，
　　《文物春秋》1992 年增刊，第 178～219 页。

型早期同类器相衔接（图四）。只是其甗中无腰隔，与漳河型甗有一定区别。发掘者称此类遗存为"龙山时代哑叭庄类型"，其当是漳河型橄榄形罐的直接来源和有腰隔卷沿甗的主要来源之一。近似遗存在冀东北还有所发现，如昌平雪山二期①、唐山大城山龙山遗存等②。

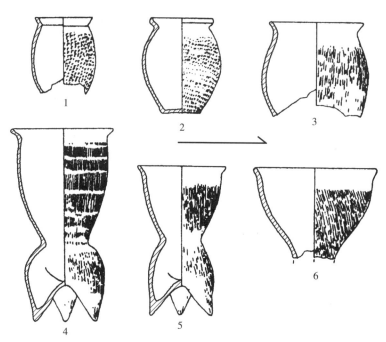

图四　哑叭庄龙山遗存陶罐、甗演变序列示意图

1～3. 罐（H34：106、H35：20、H70：1）　　4～6. 甗（H34：95、H7：9、H30：15）（均属后期）

由以上分析可知，冀南和冀东北龙山遗存均与漳河型有密切关系。那么更早的来源又是什么呢？

冀东北龙山时代以前新石器时代文化序列为兴隆洼文化、赵宝沟文化和红山文化③。三者皆属北方筒形罐"之"字纹文化系统，与哑叭庄类型龙

①　北京市文物局考古队：《建国以来北京市考古和文物保护工作》，《文物考古工作三十年》，文物出版社，1979年，第1～12页。

②　河北省文物管理委员会：《河北唐山市大城山遗址发掘报告》，《考古学报》1959年第3期，第17～36页。

③　郑绍宗：《河北考古发现研究与展望》，《文物春秋》1992年增刊，第1～21页。

山后期遗存间存在较大缺环，文化面貌也绝不相类。显而易见，哑叭庄型龙山遗存不是当地原始文化自然发展的产物。

哑叭庄龙山遗存陶器以泥质和夹砂灰陶为主，并有磨光黑陶、白陶和夹蚌陶，主要器类包括直领贯耳瓮、子口罐、子口缸、粗柄豆、圈足盘、平底盆、贯耳壶、宽把杯、粗颈鬶、三足甗、器盖等，流行骨、角、蚌器。这些和海岱地区，尤其是鲁西北、豫东地区龙山文化的情况很相似。哑叭庄甗的形态介于龙山文化和后岗二期文化之间，夹砂中口罐则是此时黄河中、下游地区普遍存在的器物。但同时应当看到，哑叭庄龙山遗存盛行绳纹、篮纹和方格纹，有一定数量的红褐陶，较多带鸡冠鋬耳的鬲、盆、瓮、罐，与内蒙古中南部以及三北地区龙山时代文化存在相近的一面。因此，冀东北的哑叭庄型龙山遗存是以来自东方地区的因素为主体，融合部分北方和中原文化因素而形成①。

冀南龙山时代以前依次有磁山文化、仰韶文化后岗类型、钓鱼台类型、大司空类型和台口类型②，基本属中原文化系统③。大司空类型和台口类型陶器是敛口钵、折腹盆、彩陶罐类平底器，与涧沟龙山遗存多鼎、豆的情况不同，再结合涧沟龙山遗存陶器以素面或磨光为主，有少数蛋壳黑陶和白陶，多贯耳瓮、平底盆、宽把杯等特点，可以认为它的形成与东方文化因素的渗入密切相关。而斝、鬲等的大量存在又表明它继承了中原和北方地区的不少文化因素。

总之，冀东北和冀南地区龙山遗存的形成都离不开海岱地区龙山文化的强烈影响，只不过冀东北地区东方文化因素更为浓烈一些。

二

先商自契至汤灭夏，恰与夏王朝相始终。先商十四世也可大体和夏十

---

①　王青：《试论任邱哑叭庄遗址的龙山文化遗存》，《中原文物》1995 年第 4 期，第 75 ～ 86 页。

②　严文明：《略论仰韶文化的起源和发展阶段》，《仰韶文化研究》，文物出版社，1989 年，第 122 ～ 165 页。

③　涧沟水井 H6 的时代和台口类型大体相当，包含物则主要属大汶口文化系统。由于和 H6 性质类似的遗存在冀南其他地方尚未发现，故可认为这只是少数大汶口文化居民西迁时的遗留，与河南平顶山、偃师滑城等地所发现的大汶口文化墓葬性质相似。参见武津彦：《略论河南境内发现的大汶口文化》，《考古》1981 年第 3 期，第 261 ～ 265 页。

九世（除去羿、寒浞二世为十七世）相对应。

依《尚书》《史记》等记载，契和禹为同时代之人。据《今本竹书纪年》，夏帝相、少康、杼、芒、泄、不降、孔甲、履癸时，商先公有重要活动或先商发生过重大事件①。由此可约略排出夏王与商先公年代对照表：

夏王与商先公年代对照表

```
禹        ——契
启
太康        昭明
中康
相        ——相土
羿        昌若
寒浞        曹圉
少康      ——冥
予（杼）
槐（芬）
芒        ——振（王亥）
泄
不降      ——微（上甲微）
扃        报乙
厪        报丙
孔甲        报丁
皋        主壬
发        主癸
履癸（桀）——汤（履）
```

（横线表示文献中记载的夏王与商先公对应关系）

从禹至桀亡国和从契至汤灭夏，分别由夏、商二族为主体创造和使用的文化即夏文化和先商文化。

---

① 《今本竹书纪年》（王国维疏证）："帝相十五年，商侯相土作乘马。""帝少康十一年，使商侯冥治河。""帝杼十三年，商侯冥死于河。""帝芒三十三年，商侯迁于殷。"（王国维疏证："此因《山海经》引《纪年》有'殷王子亥'，故设迁殷一事。"）"帝泄十二年，殷侯子亥宾于有易，有易杀而放之。十六年，殷侯微以河伯之师伐有易，杀其君绵臣。""帝孔甲九年，陟。殷侯复归于商丘。""帝癸三十一年，大雷雨，战于鸣条。"

我们知道，漳河型虽属先商文化，但它本身经历时间不长，不应是整个先商文化。漳河型到底是从哪一位先公开始的先商文化呢？通过与夏文化的比较也许能回答这个问题。

夏文化包括两大阶段：通过"禹征三苗"在考古学上的明晰反映可确定王湾三期文化后期属早期夏文化，绝对年代约为公元前2200～前1900年①。通过年代上的排比和"少康中兴"所带来的东方文化因素在考古学上的体现，可判断二里头文化一至三期属晚期夏文化，绝对年代约为公元前1900～前1600年②。漳河型大致可分三期，大约相当于二里头文化二、三期，即其开始时间要比二里头文化晚一期，绝对年代在公元前1800～前1600年。据《路史》《古本竹书纪年》和《今本竹书纪年》等记载，从少康至泄五王共百余年，此亦即冥和王亥、王恒两代的约略年数，大体上和二里头文化一期持续时间相当。这样，漳河型也许是自上甲微开始至汤灭夏前的先商文化。

事实上，王亥、上甲微两代也确为先商史上变化最剧的时期。此时发生了两件互有联系的重大事件，即王亥仆牛而被有易氏所杀，其后上甲微借河伯之师杀有易之君绵臣，为王亥报了仇。这两件事在《楚辞·天问》《易经》《山海经·大荒东经》《今本竹书纪年》等书中均有记载。王国维、顾颉刚、吴其昌等详加考证③，其可靠性不容置疑。漳河型的形成大约正与此重大变动有关。

前文提到，漳河型最重要的三种器物，卷沿弧腹鬲来自晋中，卷沿橄榄形罐和卷沿有腰隔甗源于河北。晋中地区恰又是河伯原住地④，则卷沿弧腹鬲的东传不正与上甲微借河伯师之事相联系吗？不仅如此，这一推断还可在甲骨文中得到印证。

---

① 杨新改、韩建业：《禹征三苗探索》，《中原文物》1995年第2期，第46～55页。

② 韩建业：《夏文化的起源与发展阶段》，《北京大学学报》（哲学社会科学版）1997年第4期，第120～125页。

③ 王国维：《殷卜辞中所见先公先王考》，《观堂集林》卷第九，中华书局，1959年，第409～436页；顾颉刚：《周易卦爻辞中的故事》，《古史辨》（第三册），上海古籍出版社，1982年，第1～44页；吴其昌：《卜辞所见殷先公先王三续考》，《古史辨》（第七册）（下），上海古籍出版社，1982年，第333～360页。

④ 邹衡：《试论夏文化》，《夏商周考古学论文集》，文物出版社，1980年，第95～182页。

据张光直研究，从上甲微开始，祭祀商王的日干数一般与商王名干相合，商王天干记名也表现出"甲乙组"和"丁组"交替出现的情况，这是商王室内两股势力轮流执政的反映。上甲微之前，祭祀商先公大多在辛日，也许商始祖帝喾高辛氏之名也与此有关①。至于祭河之日则颇杂乱，辛日、丁日均见②，而且关于河伯是否为商先公也有不同说法。我们认为，商此二分制度的形成正和上甲微借河伯师一事有关。上甲微之前，商人是单系，祭祀用辛日；借河伯师后并非没有代价，河伯势力极可能也随之跟进，甚至可能是以和原商先公轮流执政作为交换条件的。这样祭祀就不能只在辛日进行，而是改为原商人一方用甲、乙、壬、癸日，原河伯一方用丁、丙、戊、己日。至于河伯，因其与王亥、上甲微同时，不能算作正式的商先公，故《史记·殷本纪》等不载，但他又因是丁组一方始祖而被以先公礼祭祀。其祭日的杂乱正反映了变革之初的混乱情况，以辛日祭可能是延续传统，以丁日祭则是丁组先公应当之礼。

既然漳河型只是自上甲微开始的晚期先商文化，那么此前还当有从契至王亥的早期先商文化。河北境内包含卷沿有腰隔鬲和卷沿橄榄形罐的涧沟型和哑叭庄型龙山遗存，大概就是早期先商文化，其分布地区也正和文献中契至王亥的居地相合。

契是商第一位先公。《世本·居篇》："契居蕃"（《水经·渭水注》引，《通鉴地理通释》引作番）。丁山疑此"蕃"为"亳"的音伪，其地在今永定河与滹河之间③。赵铁寒认为契始居郊，即蓟，在今北京市区④。二说近似。京、津、唐所在冀东北地区哑叭庄型龙山遗存恰好始于龙山后期，正与契的时代相合。

《荀子·成相篇》云："契玄王，生昭明，居于砥石迁于商。"丁山考证砥石即今砥水流域，商在漳河沿岸。又《左传·昭公元年》："昔高辛氏有二子，伯曰阏伯，季曰实沈，居于旷林，不相能也。日寻干戈，以相征讨。

---

① 张光直：《商王庙号新考》《谈王亥与伊尹的祭日并再论殷商王制》，《中国青铜时代》，生活·读书·新知三联书店，1983 年，第 135～168 页。
② 陈梦家：《殷墟卜辞综述》，科学出版社，1956 年。
③ 丁山：《商周史料考证》，中华书局，1988 年。
④ 赵铁寒：《汤前八迁的新考证》，《古史考述》，正中书局，1956 年。

后帝不臧，迁阏伯于商邱，主辰，商人是因，故辰为商星；迁实沈于大夏，主参，唐人是因。"《左传·襄公九年》："昔阏伯居商邱，祀大火，而火纪时焉，相土因之，故商主大火。"此阏伯始居、相土继居的商邱应即昭明所迁之商，而决非周代宋人所居的商邱①。邯郸涧沟遗址南距漳河不远，其水井 H6 中汲水器与大汶口文化同类器相似，或者就是阏伯之遗留。如此，可进一步证实昭明、相土所居之商或商邱在冀南漳河附近。此后，商侯王亥迁于殷，地在今安阳殷墟一带②，也离漳很近。泒河、漳河流经的冀南地区漳河型龙山遗存大约便是从昭明到王亥时的先商文化。

契为商"生祖"，并非"始祖"③。商始祖是帝喾高辛氏，又可能间接与帝颛顼高阳氏有关④。又《诗·商颂·长发》云："有娀方将，帝立子生商。"《楚辞·天问》说："简狄在台喾何宜。"可见与商有关的还有一个有娀氏，与喾联系的还有简狄。《史记·殷本纪》，将以上综合为"殷契，母曰简狄，有娀氏之女，为帝喾次妃"。实际正如《史记·索隐》引谯周《古史考》所说，契"必非喾子"，但有娀氏和简狄大概的确有关系。唐兰以为有娀就是戎⑤，和简狄之狄合起来即为戎狄，应当是中国北方地区一个大的部族集团。

关于帝喾居地，王国维据《书·商书序》"汤始居亳，从先王居，作帝告"和《书·商书序》孔传："契父帝喾居亳，汤自商丘迁焉，故曰从先王居"的说法，考证喾所居亳在今山东曹县境⑥。又高辛与高阳关系密切。《左传·昭公十七年》："卫，颛顼之虚也。"杜预集解曰："卫，今濮阳县，昔帝颛顼居之。"帝喾居地也当离此不远，总之离不开豫东、鲁西南地区。

从前文知，哑叭庄型龙山遗存尤与造律台类型面貌相似，这或许说明

① 丁山：《商周史料考证》，中华书局，1988 年，第 18 页。

② 邹衡：《论汤都郑亳及其前后的迁徙》，《夏商周考古学论文集》，文物出版社，1980 年，第 183～218 页。

③ 赵铁寒：《汤前八迁的新考证》，《古史考述》，正中书局，1956 年。

④ 徐旭生：《中国古史的传说时代》（新一版），文物出版社，1985 年，第 88～93 页。

⑤ 唐兰：《用青铜器铭文来研究西周史——综论宝鸡市近年发现的一批青铜器的重要历史价值》，《文物》1976 年第 6 期，第 31～39 页。

⑥ 王国维：《殷卜辞中所见先公先王考》，《观堂集林》卷第九，中华书局，1959 年，第 409～436 页。

帝喾的确与商之形成有关。哑叭庄型龙山遗存又含有一些三北地区龙山时代文化因素，正与戎狄占据北方及有娀地望在山西境内①的记载吻合。

总结起来看，商始祖帝喾一族大约生活在豫东、鲁西南一带。到龙山前、后期之交，其一支北迁入冀东北京、津、唐地区，与来自西北方的戎狄族融合，形成以契为首领的商族和以哑叭庄型龙山遗存为代表的早期先商文化。其后商人向西向南迁徙，最后在漳水附近形成中心。王亥时与北方有易部族发生激烈冲突，至于上甲微联合晋中河伯攻伐有易，而河伯一支也随之融入原商人之中，形成漳河型一类晚期先商文化。

（原载《中原文物》1998 年第 2 期）

---

① 邹衡：《试论夏文化》，《夏商周考古学论文集》，文物出版社，1980 年，第 95～182 页。

先周文化的起源与发展阶段

先周文化的探索，肇始于 20 世纪 30 年代苏秉琦等对宝鸡斗鸡台墓地的发掘[1]，成熟于 80 年代初邹衡《论先周文化》一文的发表[2]。时至今日，已确认了周人早期都邑周原、丰镐的地望，基本弄清了公亶父迁岐以后先周与商王朝的关系。但关于迁岐以后先周文化的内涵，学界还缺乏一致意见，对此前先周的起源与发展过程，更存在认识上的重大分歧。本文赞同姬周源于山西的说法，并由此展开讨论。

一　源于山西

姬周的历史，最早可追溯到后稷[3]。后稷弃与其母有邰氏姜嫄的居地[4]，旧说以为在泾、渭水一带，独钱穆提出晋南说[5]。陈梦家[6]、邹衡[7]、田昌五[8]、

---

① 苏秉琦：《斗鸡台沟东区墓葬》，北平研究院史学研究所，1948 年；《斗鸡台沟东区墓葬图说》，中国科学院，1954 年。

② 邹衡：《论先周文化》，《夏商周考古学论文集》，文物出版社，1980 年，第 297～356 页。

③ 《国语·周语下》："自后稷以来宁乱，及文、武、成、康而仅克安民。自后稷之始基靖民，十五王而文始平之，十八王而康克安之。"

④ 《诗·大雅·生民》："厥初生民，时唯姜嫄。生民如何？克禋克祀，以弗无子。履帝武敏歆，攸介攸止，载震载夙，载生载育，时维后稷。……诞后稷之穑，有相之道。茀厥丰草，种之黄茂。……即有邰家室。"

⑤ 钱穆：《周初地理考》，《燕京学报》第 10 期，1931 年，第 1955～2008 页。

⑥ 陈梦家：《殷墟卜辞综述》，科学出版社，1956 年，第 292 页。

⑦ 邹衡：《论先周文化》，《夏商周考古学论文集》，文物出版社，1980 年，第 297～356 页。

⑧ 田昌五：《对周灭商前所处社会发展阶段的估计》，《华夏文明》（第二集），北京大学出版社，1990 年，第 79～120 页。

许倬云①、王克林②等表示赞同。今举"稷放丹朱"一事进一步论证。

"稷放丹朱"见于《古本竹书纪年》："后稷放帝朱于丹水。"③ 丹朱既为尧子④，其始居地理应也在陶唐氏的根据地临汾盆地⑤。至于其居处丹水，或许正是被逐放的结果⑥。那么后稷所代表的姬姓族自然就应代之而居于晋南。

我们曾通过庙底沟二期类型的东进与王湾三期文化的形成，讨论了夏人西起晋南、东进豫西这一史实⑦。又将临汾盆地陶寺类型对庙底沟二期类型的代替，与所谓"唐伐西夏"相联系⑧。如此一来，陶寺类型自然就非陶唐氏遗存莫属⑨。但到龙山后期，以陶寺 H365 和 H303 为代表的陶寺晚期类型⑩，在临汾盆地代替了陶寺类型，并将其范围南扩至稷山、新绛一带。陶寺类型斝、扁壶等原属庙底沟二期系统的土著器物在陶寺晚期类型得到较多承继，而特征鲜明的高领折肩壶、折肩罐、折腹盆、大口缸、陶鼓、鼍鼓、钺、厨刀、琮等器类，以及陶、木器上的彩绘等东方因素则丧失殆尽，

---

① 许倬云：《西周史》（增订本），生活·读书·新知三联书店，1994 年。
② 王克林：《周族、周文化的起源及有关问题》，《周秦文化研究》，陕西人民出版社，1998 年，第 240～245 页。
③ 《山海经·海内南经》注。另：《史记·高祖本纪》正义引"后稷放帝子丹朱于丹水"；《史记·五帝本纪》正义引"后稷放帝子丹朱"。
④ 《国语·楚语上》："故尧有丹朱，舜有商均，启有五观，汤有太甲，文王有管、蔡。是五王者，皆有元德也，而有奸子。"
⑤ 徐旭生：《尧、舜、禹》（上），《文史》（第三十九辑），中华书局，1994 年，第 1～26 页。
⑥ 《史记·五帝本纪》正义引范汪《荆州记》云："丹水县在丹川，尧子朱之所封也。"《括地志》云："丹水故城在邓州内乡县西南百三十里。"
⑦ 韩建业：《夏文化的起源与发展阶段》，《北京大学学报》（哲学社会科学版）1997 年第 4 期，第 120～125 页。
⑧ 韩建业：《唐伐西夏与稷放丹朱》，《北京大学学报》（哲学社会科学版）2001 年第 4 期，第 119～123 页。
⑨ 王文清：《陶寺遗存可能是陶唐氏文化遗存》，《华夏文明》（第一集），北京大学出版社，1987 年，第 106～123 页。
⑩ 中国社会科学院考古研究所山西工作队、临汾地区文化局：《山西襄汾县陶寺遗址发掘简报》，《考古》1980 年第 1 期，第 18～31 页；中国社会科学院考古研究所山西工作队、山西省临汾地区文化局：《陶寺遗址 1983～1984 年Ⅲ区居住址发掘的主要收获》，《考古》1986 年第 9 期，第 773～781 页。

又新出大量鬲类。由于包括晋中、陕北和内蒙古中南部在内的狭义的北方地区是鬲的主要发源地①，则陶寺早、晚期间发生变化的原因，自当是由于北方老虎山文化游邀类型的南进②。这可能正是"稷放丹朱"，亦即后稷族系逐走陶唐氏这一事件在考古学上的真实反映。由此可知，不但龙山后期的陶寺晚期类型为后稷族系早期的文化（公元前 2200～前 1900 年），而且其源头还在龙山前期的老虎山文化前期（约公元前 2500～前 2200 年)③。

于此还可补充四点：

（1）钱穆正确地指出姜嫄"有邰氏"之"邰"即"台骀"之"骀"④；但他将台骀所处之"大原"或"汾川"局限在闻喜一带，并无十足理由。或者"大原"即今太原⑤。

（2）属于老虎山文化的凉城老虎山⑥、五台阳白⑦等遗址发现的陶人脚，正与《诗·大雅·生民》中姜嫄踩帝之大脚趾印才生育后稷的传说吻合⑧。这在一定程度上增强了后稷族系源于晋中的真实性。

---

① 苏秉琦：《晋文化问题——在晋文化研究会上的发言》，《华人·龙的传人·中国人——考古寻根记》，辽宁大学出版社，1994 年，第 17～21 页。

② 韩建业：《中国北方地区新石器时代文化研究》，北京大学考古文博院博士论文，2000 年。

③ 韩建业：《中国北方地区新石器时代文化研究》，北京大学考古文博院博士论文，2000 年。

④ 钱穆：《周初地理考》，《燕京学报》第 10 期，1931 年，第 1955～2008 页。"台骀"见《左传·昭公元年》："昔金天氏有裔子曰昧，为玄冥师，生允格、台骀。台骀能业其官，宣汾、洮，障大泽，以处大原。帝用嘉之，封诸汾川。沈、姒、蓐、黄，实守其祀。"

⑤ 古之言"太原"者虽多，但"命虢公率六师伐太原之戎"（《后汉书·西羌传》注引《纪年》）、"王师伐太原之戎"（《后汉书·西羌传》引《纪年》）甚至"既修太原，至于岳阳"（《尚书·禹贡》）中的"太原"，应当就是战国晚期秦置太原郡的地方（《史记·秦本纪》）；与《左传·昭公元年》"晋中行穆子败无终及群狄于大原"中的"大原"一样（《春秋》中为"大卤"），均应指今太原一带。然则"台骀"所居之"大原"就没有必要非得在晋南。

⑥ 内蒙古文物考古研究所：《岱海考古（一）——老虎山文化遗址发掘报告集》（图二〇二，2；图三二八，6），科学出版社，2000 年。

⑦ 山西大学历史系考古专业、忻州地区文物管理处、五台县博物馆：《山西五台县阳白遗址发掘简报》（图一四，2），《考古》1997 年第 4 期，第 46～57 页。

⑧ 据《尔雅》："武，迹也；敏，拇也。"

（3）后稷之老虎山文化游邀类型前期，与陶唐氏之陶寺类型、夏后氏之王湾三期文化前期约略同时，证明后稷的确时当虞、夏时期①。

（4）游邀类型和陶寺晚期类型所分布的晋中南地区自然环境优越，适于发展农业，与后稷善于稼穑的记载不悖。

总之，无论是晋中还是晋南，姬周的起源地均不出山西境内。

二　窜于戎狄

《国语·周语上》："昔我先王世后稷，以服事虞、夏。及夏之衰也，弃稷不务，我先王不窋用失其官，而自窜于戎狄之间。"韦昭以"太康失国"解释"夏之衰"，可谓确当②。《史记·周本纪》引用了上面这段话，《索隐》并以为不窋实非弃子③。

"太康失国"正当豫西王湾三期文化后期晚段衰败之时④，而"少康中兴"则应已进入二里头文化时期⑤。二里头文化一经形成，就以其极富活力的姿态，向周围地区迅速扩张。向北先后进入垣曲、运城、临汾盆地，融入部分当地及周围文化因素，形成二里头文化东下冯类型⑥。与此同时，陶寺晚期类型则在临汾盆地消失。既然陶寺晚期类型是后稷族系的文化遗存，则这次变故就意味着夏人对其进行了严厉的排挤压迫，不窋之失官与出走极可能与此相关。

---

① 《国语·周语上》："昔我先王世后稷，以服事虞、夏。"
② 韦昭注："衰，启子太康废稷之官，不复务农。《夏书序》曰：'太康失邦，昆弟五人须于洛汭。'"见《国语·周语上》，上海古籍出版社，1988年，第2~3页。
③ 《史记·周本纪》："后稷卒，子不窋立。不窋末年，夏后氏政衰，去稷不务，以失其官而犇戎狄之间。"索隐"《帝王世纪》云'后稷纳姞氏，生不窋'，而谯周按《国语》云'世后稷，以服事虞、夏'，言世稷官，是失其代数也。若以不窋亲弃之子，至文王千余岁唯十四代，实亦不合事情。"
④ 韩建业、杨新改：《王湾三期文化研究》，《考古学报》1997年第1期，第1~22页。
⑤ 中国社会科学院考古研究所：《偃师二里头——1959年~1978年考古发掘报告》，中国大百科全书出版社，1999年。
⑥ 李伯谦：《东下冯类型的初步分析》，《中原文物》1981年第1期，第25~29页；中国社会科学院考古研究所、中国历史博物馆、山西省考古研究所：《夏县东下冯》，文物出版社，1988年；中国历史博物馆考古部、山西省考古研究所、垣曲县博物馆：《垣曲商城（1985~1986年度勘察报告)》，科学出版社，1996年。

那么，不窋所窜之"戎狄之间"到底在什么地方呢？似乎难以确指①。而朱开沟文化的发现则为我们提供了解决问题的珍贵线索。朱开沟文化是分布于北方地区的早期青铜时代文化，以三足瓮、鬲、甗等器物为代表，可以分为3期。其中早期（约公元前1900~前1700年）又至少可分出鄂尔多斯区的朱开沟类型和陕北区的石峁类型②。朱开沟类型的大肥袋足鬲、深腹簋、三足杯、单耳杯、鬶形器、素面或饰压印纹的折肩罐、深腹罐等陶器，都与山西襄汾陶寺③、曲沃东许④等陶寺晚期类型的典型器十分相似（图一）。石峁类型也有深腹簋、深腹罐等陶器⑤。如此多的陶寺晚期类型典型器在鄂尔多斯和陕北地区的发现，不正是不窋西北向"自窜于戎狄之间"的结果吗？邹衡曾将晚期先周文化的渊源追溯到朱开沟文化（当时称光社文化），细部差别虽大，结论却与本文相合。值得注意的是，晋中汾阳峪道河朱开沟文化早期遗存中并未见典型的陶寺晚期类型陶器⑥，似乎表明姬周并未正北向退居晋中老家。

从朱开沟文化早期兽骨的鉴定情况来看，以猪、羊和牛等家畜为大宗⑦。

———————

① 《史记·周本纪》正义引《括地志》云："不窋故城，在庆州弘化县南三里，即不窋在戎狄所居之城也。"《元和郡县图志》并谓"不窋墓，在县东二里"。可知唐代庆州一带流行不窋的传说，但缺乏更早期的记载。

② 内蒙古自治区文物考古研究所、鄂尔多斯博物馆：《朱开沟——青铜时代早期遗址发掘报告》，文物出版社，2000年；田广金、韩建业：《朱开沟文化研究》，《考古学研究》（五），科学出版社，2003年，第227~259页。

③ 中国社会科学院考古研究所山西工作队、临汾地区文化局：《山西襄汾县陶寺遗址发掘简报》，《考古》1980年第1期，第18~31页。

④ 山西省考古研究所、曲沃县博物馆：《山西曲沃东许遗址调查、发掘报告》，《三晋考古》（第二辑），山西人民出版社，1996年，第220~244页。

⑤ 西安半坡博物馆：《陕西神木石峁遗址调查试掘简报》，《史前研究》1983年第2期，第92~100页；王炜林、邢福来：《陕西神木新华遗址的考古新发现》，《古代文明研究通讯》总第2期，1999年，第30~33页。

⑥ 山西省考古研究所：《山西汾阳县峪道河遗址调查》，《考古》1983年第11期，第961~965页；国家文物局、山西省考古研究所、吉林大学考古学系：《晋中考古》，文物出版社，1999年。

⑦ 朱开沟早期居址出土的兽骨，大部分为猪（32.14%）、绵羊（38.10%）、牛（16.67%）、狗（2.38%）等家畜，少量属捕获的马鹿、狍、青羊、獾、豹等野生动物（10.71%）。据黄蕴平《朱开沟遗址兽骨的鉴定与研究》（《朱开沟——青铜时代早期遗址发掘报告》，文物出版社，2000年，第400~421页）表一换算。

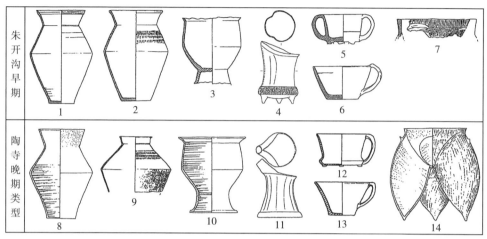

图一　朱开沟早期与陶寺晚期类型陶器比较①

1、2、8、9. 折肩罐（朱开沟 M1051：7、朱开沟 M3024：4、陶寺 M2384：2、东许 H6：4）　3、10. 簋（朱开沟 M1033：3、陶寺 H303：18）　4. 鬶形器（朱开沟 M1010：2）　5、12. 三足杯（朱开沟 M2020：2、东许 H3：2）　6、13. 单耳杯（朱开沟 M3027：4、东许 T3④：2）　7、14. 大肥袋足鬲（朱开沟 F1018：2、陶寺Ⅲ H303：12）　11. 盉形器（陶寺 H3406：3）

家猪是伴随中国农业聚落始终的动物，而绵羊和牛则需较大草场的放养。这可能说明当时虽以农业经济为主体，但畜牧业经济已经萌芽，人们的活动范围已扩展到周围广阔的草原环境。朱开沟文化之后北方长城沿线的半农半牧—畜牧业文化带，恰以鄂尔多斯为轴心，又包含花边鬲、蛇纹鬲和鄂尔多斯青铜器等因素，其形成自当与朱开沟文化有密切关系②。因此且不论《国语·周语上》所谓"戎狄"是否为夏朝时称谓，仅以后世对"戎狄"的一般理解来看，朱开沟文化作为其源头之一当没有多大疑问。

三　迁至豳邑

《诗·大雅·笃公刘》生动地叙述了姬周族在公刘的带领下向南迁徙的过程，其中"豳居允荒"和"于豳斯馆"两句，指明其目的地是"豳"。

---

① 其中陶寺陶器图出自李文杰：《中国古代制陶工艺研究》，科学出版社，1996 年。

② 韩嘉谷：《花边鬲寻踪——谈我国北方长城文化带的形成》，《内蒙古东部区考古学文化研究文集》，海洋出版社，1991 年，第 41～52 页；田广金、郭素新：《北方文化与草原文明》，《内蒙古文物考古文集》（第 2 辑），中国大百科全书出版社，1997年，第 1～12 页。

《史记·周本纪》将此事归于公刘子庆节，也与之没有本质区别①。关于豳邑的具体地望虽有多种说法，但大体不出泾河上游南部地区②。

朱开沟中期与早期遗存的主要区别之一，是上述来自陶寺晚期类型的陶器突然消失，墓葬中除随葬羊和猪的下颌骨外再极少有陶器随葬，生活用器则重现以三足瓮、鬲和甗为主的传统的北方文化面貌。这表明周人确已脱离"戎狄"而迁徙。而在属于"豳"地范围的陕西长武碾子坡③、彬县断泾④遗址的发掘，为公刘迁豳提供了一些线索。

碾子坡和断泾"先周"遗存均可分为二期。其中早期以碾子坡 H134、H507 和断泾 G1 为代表，陶质分夹砂和泥质，陶色以灰为主，红褐色次之，陶色不够纯正。主要器类有鬲、甗、罐、瓮、盆、簋、豆、甑等，年代大致在殷墟一、二期（约公元前 1350～前 1200 年）。虽与朱开沟文化早期之间尚存在三四百年的缺环，但仍能看出两者间的亲密联系：有领分裆鬲、深腹簋、圈足罐、大口尊，以及鬲口沿外贴边、花边、带纽（錾）或耳饰戳印纹、刻划纹等是两者共有的特征。尤其是深腹簋和圈足罐，历千年沧桑而还能大体保持特征，使人不能不感叹其生命力之强！这说明碾子坡早期类遗存的确属于姬周早期之遗存⑤。至于折沿鬲、深弧腹盆、甑、小口鼓肩瓮、罐，以及侈口甗、敛口瓮、豆、碗形簋等，则是当时北方和中原大部地区普遍流行的器物，同类器还见于朱开沟文化晚期和二里岗上层至殷墟一、二期文化等当中（图二）。另外，在麟游县蔡家河、园子坪等遗址也有同类遗存发现：其一期与碾子坡和断泾早期相当，二期则可晚到殷墟二

---

① 《史记·周本纪》："不窋卒，子鞠立。鞠卒，子公刘立。……公刘卒，子庆节立，国于豳。"

② 胡谦盈：《浅谈先周文化分布与传说中的周都——姬周民族起源探索之二》，《华夏文明》（第二集），北京大学出版社，1990 年，第 60～79 页。

③ 中国社会科学院考古研究所泾渭工作队：《陕西长武碾子坡先周文化遗址发掘记略》，《考古学集刊》（第 6 集），中国社会科学出版社，1989 年，第 123～142 页。

④ 中国社会科学院考古研究所泾渭工作队：《陕西彬县断泾遗址发掘报告》，《考古学报》1999 年第 1 期，第 73～96 页。

⑤ 胡谦盈：《试谈先周文化及相关问题》，《中国考古学研究——夏鼐先生考古五十年纪念论文集》（二），科学出版社，1986 年，第 61～80 页；李峰：《先周文化的内涵及其渊源探讨》，《考古学报》1991 年第 3 期，第 265～284 页。

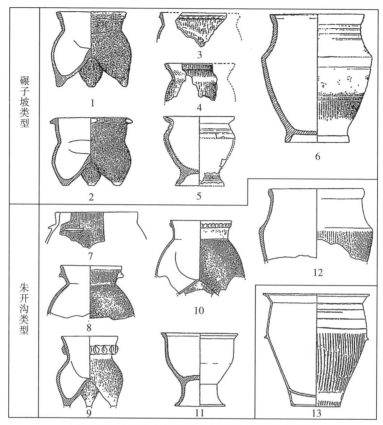

图二　碾子坡早期类遗存与朱开沟类型陶器比较

1～4、7～10. 鬲（碾子坡 H134：5、M660：1，断泾 H17：3、T201④：2，朱开沟 T402④：2、T246④：4、M3002：1、H1058：9）　5、11. 深腹簋（碾子坡 H813：35，朱开沟 M3027：2）　6、12、13. 深腹圈足罐（碾子坡 H507：22，朱开沟 H2047：3，陶寺Ⅲ H303：14）（13 为陶寺晚期类型）

期晚段至三期早段①。似乎表明碾子坡类遗存有逐渐南移的趋势。

　　于此可补充五点：

　　（1）以不窋、公刘等为首的周人在戎狄间一二百年而未被完全同化，自然与其对血统和传统文化的顽强维持有关②。这似乎表明，原属陶寺晚期

①　雷兴山：《蔡家河、园子坪等遗址的发掘与碾子坡类遗存分析》，《考古学研究》（四），科学出版社，2000 年，第 210～237 页。

②　《国语·周语上》："我先王不窋用失其官，而自窜于戎狄之间，不敢怠业，时序其德，纂修其绪，修其训典。"《史记·周本纪》："不窋以失其官而奔戎狄之间。不窋卒，子鞠立。鞠卒，子公刘立。公刘虽在戎狄之间，复修后稷之业，务耕种，行地宜。"

类型的文化因素虽已成为朱开沟文化的组成成分，但与当地土著文化并未完全融为一体，在一定的时机就成为文化发生分化的重要原因。

（2）在可能属"姜炎"①"姜戎"②或"羌方"③的刘家文化④、辛店文化当中，也存在类似碾子坡早期同类器的饰贴边、花边或带纽（錾）的有领分裆鬲，表明其形成也当与朱开沟文化早期的西南向影响有一定关系⑤。这与姬姜二姓间存在亲密关系的记载吻合。但刘家文化和辛店文化中流行的双耳鬲则少见于碾子坡早期类遗存，前两者中更具特色的双耳圜底或平底罐等则基本不见于后者，说明彼此间毕竟存在着相当的区别。

（3）据《史记·周本纪》，在公刘和公亶父之间有 10 个先公之多，占有记载的周先公先王总数的大半，可知其在豳邑附近的时间甚长⑥。如果从公元前 1700 年左右从朱开沟类型中脱离出来算起，至公元前 1200 年左右公亶父进驻周原为止，就有差不多 500 年的漫长时光。可惜我们对泾河上游南部地区二里头后期至二里岗上层文化时期的文化状况还缺乏起码的了解。

（4）姬周在泾河流域徘徊数百年而未南下岐山，可能与关中西部地区土著居民的存在有关。不过我们对关中西部地区二里头时期至二里岗上层文化时期的文化状况同样缺乏了解。但至殷墟一、二期之时，该地区属商

---

① 邹衡：《论先周文化》，《夏商周考古学论文集》，文物出版社，1980 年，第 297 ~ 356 页。

② 陕西周原考古队：《扶风刘家姜戎墓葬发掘简报》，《文物》1984 年第 7 期，第 16 ~ 29 页。

③ 牛世山：《刘家文化的初步研究》，《远望集》，陕西人民美术出版社，1998 年，第 200 ~ 213 页。

④ 仅指以刘家墓地一、二期为代表的分布在渭河上游地区的文化遗存（陕西周原考古队：《扶风刘家姜戎墓葬发掘简报》，《文物》1984 年第 7 期，第 16 ~ 29 页；牛世山：《关于刘家墓地的几个问题》，《中原文物》1997 年第 4 期，第 79 ~ 86 页），不包括碾子坡类遗存。

⑤ 田广金：《中国北方系青铜器文化和类型的初步研究》，《考古学文化论集》（四），文物出版社，1997 年，第 266 ~ 307 页。

⑥ 《史记·周本纪》："公刘卒，子庆节立，国于豳。庆节卒，子皇仆立。皇仆卒，子差弗立。差弗卒，子毁隃立。毁隃卒，子公非立。公非卒，子高圉立。高圉卒，子亚圉立。亚圉卒，子公叔祖类立。公叔祖类卒，子古公亶父立。"

文化和土著的郑家坡文化角逐之地已无可疑①。从扶风壹家堡②和岐山王家嘴③的发现来看，殷墟一期前后郑家坡文化虽受到商文化的严重压制，但已经存在；殷墟二期偏晚商文化退却，郑家坡文化得到较大发展④。殷墟一期晚段至二期早段约当武丁在位之时⑤，而当时商文化对郑家坡文化的强大影响，恰与武丁伐周的记载吻合⑥。然则郑家坡文化就确属土著的"周人"遗存了。不过不管此"周"何姓何源，至少它此时还与姬姓的后稷—公刘族系没有直接瓜葛。

（5）壹家堡早期遗存中所见蛇纹鬲⑦，和耀县北村、礼泉朱马嘴商文化遗存中所见蛇纹鬲、厚背弯身石刀等一样⑧，不过是鄂尔多斯区朱开沟文化晚期向南影响的表现，它本身并不构成姬周北来说的证据。

四　崛起周原

《诗·大雅·绵》叙述公亶父南迁周原之事甚详。《帝王世纪》说："南有周原，故始改号曰周"或"邑于周地，故始改国曰周"（《太平御览》百

---

① 宝鸡市考古工作队：《陕西武功郑家坡先周遗址发掘简报》，《文物》1984 年第 7 期，第 1～15 页。

② 北京大学考古系商周组：《陕西扶风县壹家堡遗址 1986 年度发掘报告》，《考古学研究》（二），北京大学出版社，1994 年，第 343～390 页。

③ 孙华：《关中商代诸遗址的新认识——壹家堡遗址发掘的意义》，《考古》1993 年第 5 期，第 426～443 页。

④ 孙华：《陕西扶风县壹家堡遗址分析——兼论晚商时期关中地区诸考古学文化的关系》，《考古学研究》（二），北京大学出版社，1994 年，第 101～130 页。

⑤ 夏商周断代工程专家组：《夏商周断代工程 1996～2000 年阶段成果报告》（简本），世界图书出版公司，2000 年。

⑥ 甲骨文关于武丁时期"璞周"等的记载有近 20 条，见姚孝遂等：《殷墟甲骨刻辞类纂》，中华书局，1989 年，第 819～820 页。

⑦ 北京大学考古系商周组：《陕西扶风县壹家堡遗址 1986 年度发掘报告》（图一二，17），《考古学研究》（二），北京大学出版社，1994 年，第 343～390 页。

⑧ 北京大学考古系商周组、陕西省考古研究所：《陕西耀县北村遗址 1984 年发掘报告》（图一一，3；图三三，1、4），《考古学研究》（二），北京大学出版社，1994 年，第 283～342 页；北京大学考古系商周组、陕西省考古研究所：《陕西礼泉朱马嘴商代遗址试掘简报》（图五，6；图九，12），《考古与文物》2000 年第 5 期，第 3～12 页。

五十六引），当为确论。《孟子·梁惠王》和《吕氏春秋·审为》中更提到其迁徙原因是为躲避狄人入侵，迁徙的路线是从邠到岐。"周原"的原意可能是指非姬姓的土著"周人"所居平坦之地，大体相当于关中西部。至于扶风、岐山交界处的狭义的周原，极可能正是公亶父初到的地方。

由上文可知，在殷墟二期晚段至三期早段之时，关中西部的郑家坡类土著"周人"遗存在摆脱了商文化的羁绊后，得到迅猛发展，向西扩展到扶风西部。但到殷墟三期晚段之时，扶风西缘一线则突然新插入壹家堡三期类遗存。壹家堡三期类遗存虽继承了一些当地的联裆鬲等因素，但其典型器双錾"尖裆鬲"的领、腹交接处有一周抹痕，"尖裆甗"沿面略内凹，通体饰绳纹，总体特征与断泾早期、蔡家河—园子坪二期遗存很相近①。这表明前者应是后者所代表的人群南下岐山之遗留②。公亶父恰时当殷墟三期晚段，则此一文化变迁不正是姬周迁岐的真实反映吗？

在壹家堡三期类遗存的西、东两侧，同时还分布着刘家文化和郑家坡文化。

（1）刘家、王家嘴、贺家③遗址此期遗存以口略敛的双耳鬲、双耳罐为代表，证明刘家文化当时东进到扶风、岐山交界处。这或许说明当时存在姜姓随姬姓一起进取周原的现象。当时归属公亶父的"他旁国"大概也应包括姜姓国在内④。

（2）武功岸底三期虽总体属郑家坡文化，但类似壹家堡的尖裆鬲和尖裆甗类器物明显增多⑤，表明公亶父入周原后对土著"周人"施加了看得见

---

① 在断泾、蔡家河—园子坪遗存发现之前，孙华将壹家堡三期直接与陕北、河套地区文化相联系自然是可取的。

② 王巍、徐良高：《先周文化的考古学探索》，《考古学报》2000 年第 3 期，第 285 ~ 310 页。

③ 陕西省考古研究所：《岐山贺家村周墓发掘简报》，《考古与文物》1980 年第 1 期，第 1 ~ 11 页；陕西省博物馆、陕西省文物管理委员会：《陕西岐山贺家村西周墓葬》，《考古》1976 年第 1 期，第 31 ~ 38 页。

④ 《史记·周本纪》："豳人举国扶老携弱，尽复归古公于岐下。及他旁国闻古公仁，亦多归之。"

⑤ 牛世山：《陕西武功县岸底商代遗存分析》，《考古求知集——'96 考古研究所中青年学术讨论会文集》，中国社会科学出版社，1997 年，第 308 ~ 333 页。

的影响。

　　不过关中西部这种三足鼎立的情况大概仅仅是昙花一现，他们不久就彼此融为一体了。这与公亶父他们主动"贬戎狄之俗"的开明做法自然是分不开的①。在文化方面，他们兼容并蓄，在一定程度地保持自己尖裆鬲、尖裆甗等传统文化因素的同时，逐渐使郑家坡文化的联裆鬲等变成周原地区共有的文化特征之一。在名称方面，他们入乡随俗，使"周"成为姬姓族的代名词。"姬周"的称谓实应从此开始。但以公亶父为首的姬姓贵族，却十分在乎自己的"高贵"血统和光辉历史，《诗》讴歌之，典记载之，而姜姓族、土著"周人"及"他旁国"的历史，在他们耀眼光环的映照下就黯然失色，渐被淡忘。

　　在姬周定居周原并与当地居民融合的过程中，逐渐成为诸侯之长"西伯"，并以屡伐诸戎来扩张自己的势力②，还将商王朝的势力逐渐赶到西安以东③。姬周势力的膨胀当然不是商王朝愿意看到的，所以才有文丁杀季历的事件发生④。不过仅此已远远不能遏制周人的发展势头了。

　　从公元前 1200 年左右算起，历经公亶父、季历和文王三代，姬周在周原大约经营了 100 年。

五　定都丰镐

　　文王灭崇后建都于丰，武王又迁都于镐，地在今沣河两岸，这已是学界的共识⑤。而新近又有了沣西以 H18 为代表的重要遗存的发现⑥。

　　沣西 H18 包含大量陶器，以火候偏低的褐陶为大宗，灰陶少量，大部

---

① 《史记·周本纪》："于是古公乃贬戎狄之俗，而营筑城郭室屋，而邑别居之。"
② 仅《古本竹书纪年》就记武乙、文丁时季历伐西落鬼戎、燕京之戎、余无之戎、始呼之戎、翳徒之戎。《古本竹书纪年辑校》，辽宁教育出版社，1997 年。
③ 《诗·鲁颂·閟宫》："后稷之孙，实维大王；居岐之阳，实始翦商。"
④ 据《竹书纪年》等记载，公亶父时当殷王武乙，其子季历经武乙、文丁两朝，终为文丁所杀。参见陈梦家：《殷墟卜辞综述》，科学出版社，1956 年，第 292 页。
⑤ 中国科学院考古研究所：《沣西发掘报告》，文物出版社，1963 年；中国科学院考古研究所丰镐工作队：《1961～62 年陕西长安沣东试掘简报》，《考古》1963 年第 8 期，第 403～412 页。
⑥ 中国社会科学院考古研究所丰镐工作队：《1997 年沣西发掘报告》，《考古学报》2000 年第 2 期，第 199～245 页。

分饰细绳纹。虽以联裆鬲为多，但乳状双錾或双耳袋足鬲也占一定比例，还有深腹"周式簋"、大口尊、敞口或侈口瓿、双耳罐等器物。其文化面貌上承壹家堡三期类遗存（乃至于蔡家河—园子坪二期、碾子坡—断泾早期）与郑家坡文化的融合体，下接西周早期遗存，为典型的晚期先周文化无疑。不过单从陶器的角度着眼，由于其中联裆鬲等因素占主要地位，故仍将其称为郑家坡文化也无可厚非。

当时，以沣西 H18 为代表的郑家坡文化的势力极度膨胀，分布区迅速扩大，"其中在殷墟四期偏早或略早，向西推进到凤翔一带，向东沿渭河北岸扩展到耀县一带，基本占据了整个关中平原，向北更扩展到甘肃庆阳一带。随着郑家坡文化的向外扩张，向东把商文化挤出了关中地区，向西、向北进入、占据了刘家文化的分布区，形成郑家坡文化斗鸡台类型。"[①] 这种文化态势的变动，与文、武王时期迅猛发展终至克商的记载完全吻合。

文王进驻丰都的年代虽无法确指，但其与帝乙大致同时是没有问题的。如果依照帝乙即位为公元前 1076 年，武王克商为公元前 1046 年来算，则姬周东进丰镐至创建周王朝不过 30 年左右。

需要补充的是，由于先周末期墓葬发现不多[②]，壹家堡三期类遗存的墓葬情况不甚明了，故在将其与以前的姬周遗存联系时就失去了很重要的一个方面。如果从沣西西周早期墓葬的情况来看[③]，其口略小底稍大的墓葬形制与碾子坡早期墓葬十分相似，随葬的深腹簋与碾子坡早期乃至于陶寺晚期类型的同类器一脉相承（图三）。

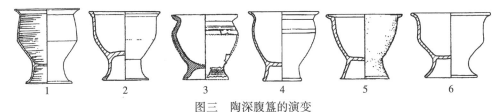

图三　陶深腹簋的演变

1. 陶寺Ⅲ H303∶18　2. 朱开沟 M3027∶2　3. 碾子坡 H813∶35　4. 断泾 M7∶2　5. 沣西 H18∶46　6. 张家坡 M21∶1

①　牛世山：《先周文化探索》，《文物季刊》1998 年第 2 期，第 40~57 页。
②　张长寿：《沣西的先周文化遗存》，《考古与文物》2000 年第 2 期，第 20~27 页。
③　中国社会科学院考古研究所：《张家坡西周墓地》，中国大百科全书出版社，1999 年。

六　结束语

在从后稷到武王千余年的漫长时光中，姬周族辗转沉浮而能终成大业，与其"自强不息"的精神存在莫大关系。而此精神的长存，又与姬周族对其血统和文化传统的顽强维持有关。这大概也就是西周宗法制度的根源所在。

（原载《考古与文物》2002 年增刊（先秦考古））

附记：最近王明辉对周人体质特征进行了分析，发现碾子坡等周人组与陶寺、游邀等山西古代居民组有最为密切的关系，在一定程度上支持本文的研究结论（见王明辉：《周人体质特征分析》，《二十一世纪的中国考古学——庆祝佟柱臣先生八十五华诞学术文集》，文物出版社，2006 年，第 909~924 页）。

2006 年 5 月

以华夏为核心的五帝时代古史
体系的考古学观察

《史记·五帝本纪》的古史体系，基本采自《大戴礼记》的《五帝德》和《帝系》篇。这个体系以居于中原一带的五帝为中心，而五帝彼此都有亲缘关系，颛顼、帝喾、尧、舜并且都以黄帝为宗。这种华夏本位、五帝一脉的古史体系遭到疑古派的唾弃自不必说①，即使是傅斯年、蒙文通、徐旭生等人也明确反对②。不过现在看来，五帝时代存在三大集团（民族）的观点固然基本符合实际，但不应当因此而忽视华夏集团的核心地位，更不能够静态地看待三大集团（民族）的分布区域和相互关系。实际上《史记》中的五帝可能彼此确有密切关系，五帝时代的古史体系的确基本以华夏为主体，考古学上新石器时代的中原文化总体上也确具有一定的核心地位③。本书前面诸文已经对五帝时代的一些重要事件进行了讨论，涉及若干考古学文化与部族集团的对应关系，确立了一些基本点。本文拟在上述基本点的基础上，分早、中、晚三大阶段，从考古学角度更宏观地对以华夏为核心的五帝时代的古史体系做一初步观察（表一）。

---

① 顾颉刚：《战国秦汉间人的造伪与辨伪》，《古史辨》（第七册）（上），上海古籍出版社，1982 年，第 1 ~ 64 页。

② 傅斯年：《夷夏东西说》，《庆祝蔡元培先生六十五岁论文集》（下册），国立中央研究院历史语言研究所集刊外编第一种，1935 年，第 1093 ~ 1134 页；蒙文通：《古史甄微》，商务印书馆（上海），1933 年；徐旭生：《中国古史的传说时代》（新一版），文物出版社，1985 年。

③ 韩建业：《论新石器时代中原文化的历史地位》，《江汉考古》2004 年第 1 期，第 59 ~ 64 页。

表一　五帝时代集团族系与新石器时代考古学文化对照表

分期		绝对年代	华夏集团		东夷集团		苗蛮集团
			炎帝族系	黄帝族系	少昊族系	太昊族系	蚩尤族系
早期	半坡类型期	公元前5000～前4000年	仰韶文化半坡类型	仰韶文化东庄类型	北辛文化	龙虬庄文化侯家寨文化	仰韶文化后岗类型
	庙底沟类型期	公元前4000～前3500年	仰韶文化泉护类型	仰韶文化庙底沟类型、白泥窑子类型	大汶口文化		边畈早期遗存
中期	半坡晚期类型期	公元前3500～前3000年	仰韶文化半坡晚期类型、马家窑文化石岭下类型	仰韶文化义井类型、海生不浪类型（黄帝系）仰韶文化西王类型（先夏文化）仰韶文化秦王寨类型（祝融）大汶口文化（颛顼）	大汶口文化颍水类型		油子岭类型
	庙底沟二期类型期	公元前3000～前2600年	仰韶文化泉护二期类型、马家窑文化马家窑类型	仰韶文化白燕类型、阿善三期类型（黄帝系）仰韶文化庙底沟二期类型、谷水河类型（先夏文化）大汶口文化（帝喾）			屈家岭文化
晚期	龙山前期	公元前2600～前2200年	客省庄二期文化、马家窑文化半山—马厂类型、菜园文化、齐家文化	陶寺类型（陶唐氏尧）王湾三期文化（先夏文化）老虎山文化游邀类型（先周文化）	龙山文化（羿）		石家河文化
	龙山后期	公元前2200～前1900年		造律台类型（有虞氏舜）王湾三期文化（早期夏文化）陶寺晚期类型（先周文化）哑叭庄类型（先商文化）			

一　早期——炎黄时期

据《涿鹿之战探索》一文所论，炎黄时期大致相当于仰韶文化前期（约公元前5000～前3500年），半坡类型和庙底沟类型可能分别属于炎帝和黄帝族系的遗存，他们共同构成华夏集团文化；后岗类型可能属于蚩尤族系，或者苗蛮集团，至庙底沟类型阶段则部分南迁江汉；北辛文化—大汶口文化早期属于少昊族系，或者东夷集团。现在看来，早期东夷集团还当包括太昊族系，大致对应江淮地区的龙虬庄文化和侯家寨文化。

（一）华夏集团

1. 崇鱼的炎帝族系及其扩张

炎帝族系之半坡类型彩陶上最常见的动物题材为具象鱼纹和变形鱼纹（图一，1～6），还有神秘的人面鱼纹图案（图一，7、8），或者该族系竟有

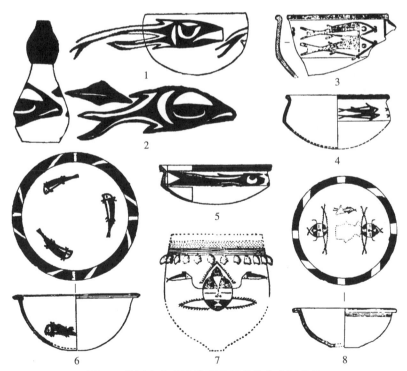

图一　仰韶文化半坡类型彩陶鱼纹和人面鱼纹

1～3、7、8. 临潼姜寨（T8⑤：2、M238：4、T75①：1、H493：32、W156：1）　4～6. 宝鸡北首岭（T113：2、M169：1、M243：1）

崇鱼习俗。半坡类型早期从秦岭南北向外拓展到陕西大部乃至于鄂尔多斯地区西南部，并进而朝人烟稀少的东北方向拓展，和蚩尤之后岗类型在内蒙古中南部、晋中乃至于冀西北一带碰撞并融合，形成仰韶文化鲁家坡类型、石虎山类型[①]。向东拓展至和枣园类型在晋南相遇，融合成黄帝族系之东庄类型。半坡类型晚期（史家类型），在东庄类型西迫压力下，炎帝族系西进至甘肃东部的天水、秦安一线[②]。稍后随着庙底沟类型的强烈影响，关中陇东和晋南豫西遗存的共性大为增加，但仍保留了不少土著特点，因此被称为"泉护类型"，推测该类型仍属以炎帝族系为主的遗存。其西向进而扩展至青海东部、西北至宁夏南部、西南至白龙江流域[③]。

2. 崇鸟的黄帝族系及其扩张

黄帝族系之东庄—庙底沟类型最突出的文化特征是圆点、勾叶、三角纹的弧线黑彩，以及崇鸟日习俗。陕西华县泉护村、河南陕县庙底沟发现有神俊的陶枭形器（图二，16）和枭面饰[④]（图二，10），山西翼城北橄遗址大口尖底罐（或为陶鼓）口沿外的勾鋬也为鹰首状[⑤]（图二，11），说明其崇拜之鸟包括鹰类。在彩陶上也有不少侧面、正面的鸟形图案，正面者其实是圆点、三角下接三竖，即所谓"三足乌"（图二，2、3、5~9、12~15）。这样看来，其他未接三足的圆点三角组合又未尝不是三足乌的简化版（图二，17）？不过还不能确定三足乌是否是一种特定的鸟类。三足乌即日之

①　韩建业：《中国北方地区新石器时代文化研究》，文物出版社，2003 年。

②　以大地湾仰韶早期、天水师赵村二期与西山坪二期遗存为代表，见甘肃省博物馆文物工作队：《甘肃秦安大地湾遗址 1978 至 1982 年发掘的主要收获》，《文物》1983 年第 11 期，第 21~30 页；中国社会科学院考古研究所：《师赵村与西山坪》，中国大百科全书出版社，1999 年。

③　中国社会科学院考古研究所甘青工作队、青海省文物考古研究所：《青海民和县胡李家遗址的发掘》，《考古》2001 年第 1 期，第 40~58 页；北京大学考古实习队等：《隆德页河子新石器时代遗址发掘报告》，《考古学研究》（三），科学出版社，1997 年，第 158~195 页；北京大学考古学系、甘肃省文物考古研究所：《甘肃武都县大李家坪新石器时代遗址发掘报告》，《考古学集刊》（第 13 集），中国大百科全书出版社，2000 年，第 1~40 页。

④　北京大学考古学系：《华县泉护村》，科学出版社，2003 年；中国科学院考古研究所：《庙底沟与三里桥》，科学出版社，1959 年。

⑤　山西省考古研究所：《山西翼城北橄遗址发掘报告》，《文物季刊》1993 年第 4 期，第 1~51 页。

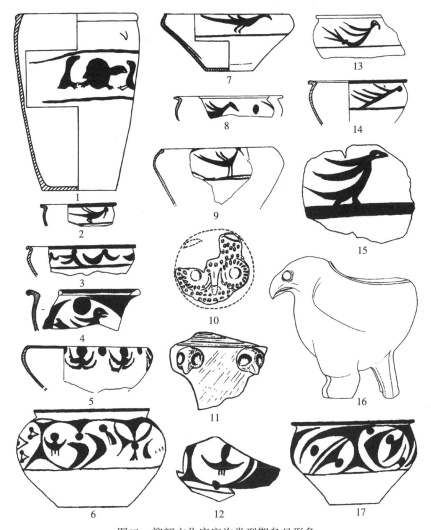

图二　仰韶文化庙底沟类型期鸟日形象

1. 汝州洪山庙（W84：1）　　2~5、7~10、13~16. 华县泉护村（H1060：01、H22：01、H165：402、H163：02、H14：180、H22：04、H190：01、H1024：782、H1052：01、H22：03、H1005：274、M701：1）
6. 芮城大禹渡村①　11. 翼城北橄（T8④：1）　12. 陕县庙底沟（H322）　17. 华阴西关堡

象征，鸟日一体，即"日中有踆乌"（《淮南子·精神训》）。此外，在泉护

———————

① 中国科学院考古研究所山西工作队：《晋西南地区新石器时代和商代遗址的调查与发掘》，《考古》1962 年第 9 期，第 459~464 页。

村和汝州洪山庙遗址还有"金乌负日"图像①（图二，1、4）。

以晋南豫西为核心的黄帝族系，有着超大型聚落、大型房屋，其发展水平远高于周围同时期文化。这既是其具有很强的对外扩张实力的基础，也可能是扩张带来的结果。由于黄帝族系的强力扩张，使类似东庄类型的遗存扩展至晋中和内蒙古中南部，并较大地影响到关中陇东和河南大部；至庙底沟类型时期，则几乎同化了整个仰韶文化，使得所谓泉护类型、白泥窑子类型都和庙底沟类型大同小异，向西还一直影响至青海东部。后世陕西桥山有黄帝陵②、陇东有黄帝传说③，或者就因此而来。

涿鹿之战后，类似庙底沟类型的遗存出现于河北，说明黄帝族系控制了太行山以东地域。《礼记·乐记》记载："武王克殷，反商，未及下车而封黄帝之后于蓟。"正义解释说"今涿郡蓟县是也，即燕国之都也"。姬姓的燕国可能早在西周以前就已存在，则其初始或在黄帝时期④。商代的"亚夨"、周代的"匽侯"、秦以后的"燕国"，均与"燕燕于飞"（《诗经·邶风》）的燕子有关⑤。联想到崇鸟习俗，或者燕子竟为黄帝族系崇拜的另一种鸟。庙底沟类型的影响通过张家口还一直到达西辽河，对崇龙的红山文化产生较大影响⑥，将东北南部地区也与中原紧密联系起来，有人甚至因此将红山文化视为黄帝文化⑦。此外，北京地区也可能是联系中原和东北的重

---

① 河南省文物研究所：《汝州洪山庙》，中州古籍出版社，1995 年；袁广阔：《仰韶文化的一幅"金乌负日"图赏析》，《中原文物》2001 年第 6 期，第 70～72 页。

② 在陕西黄陵或子长县境内，见徐旭生：《中国古史的传说时代》（新一版），文物出版社，1985 年，第 42～43 页。

③ 《史记·五帝本纪》说黄帝"至于空桐"，《庄子·在宥》说黄帝见广成子于空同之上。《汉书·武帝本纪》说武帝元鼎五年冬十月，"行幸雍，祠五畤，遂踰陇，登空同"。徐旭生据《新唐书·地理志》以为在今甘肃镇原（徐旭生：《中国古史的传说时代》（新一版），文物出版社，1985 年，第 43 页）。另甘肃平凉有崆峒山。

④ 徐旭生：《中国古史的传说时代》（新一版），文物出版社，1985 年，第 46 页。

⑤ 葛英会：《燕国的部族及部族联合》，《北京文物与考古》（第一辑），1983 年，第 1～18 页。

⑥ 苏秉琦用"华山玫瑰燕山龙"一句诗来概括这种文化交融现象，见苏秉琦：《晋文化问题——在晋文化研究会上的发言》，《华人·龙的传人·中国人——考古寻根记》，辽宁大学出版社，1994 年，第 17～21 页。

⑦ 郭大顺：《追寻五帝》，商务印书馆（香港），2000 年。

要地域，可惜该地区至今仍未发现明确属于庙底沟类型阶段的遗存。

《史记·五帝本纪》在黄帝"北逐荤粥"条下，集解："《匈奴传》曰：'唐虞以上有山戎、猃狁、荤粥，居于北蛮。'匈奴别名也。唐虞已上曰山戎，亦曰熏粥，夏曰淳维，殷曰鬼方，周曰猃狁，汉曰匈奴。"其后很多学者都相信该说，也有不同看法。不管荤粥和山戎、淳维、鬼方、猃狁、匈奴间关系如何，他们均大致在北方长城沿线大概没有问题。从考古上来说，半坡类型时期的仰韶文化鲁家坡类型和石虎山类型的北界至于阴山—大青山一线，以北可能为使用细石器镞从事狩猎经济的人群，或即荤粥。在长城沿线仰韶文化当中也常见这种精美的细石器镞，表明两者间存在交流。至庙底沟类型时期，仰韶文化越过阴山—大青山，向北扩展至内蒙古固阳、商都等地①，或即黄帝"北逐荤粥"的结果。《山海经·大荒西经》"黄帝之孙曰始均，始均生此北狄"的说法或许也来源与此。

3. 炎黄之战

《史记·五帝本纪》记载黄帝和炎帝间发生过"阪泉之战"。徐旭生说："炎帝族还没有衰败的时候，黄帝族已经开始强盛，两强相忌相争，也是一件常遇的情形。"② 可是在很多文献中，又将阪泉与蚩尤拉上关系。如《逸周书·史记解》中称蚩尤为"阪泉氏"，《水经注·灢水》引《晋太康地记》说"阪泉，亦地名也。泉水东北流，与蚩尤泉会，水出蚩尤城"。还有时将涿鹿、阪泉、黄帝放在一起，如《史记》正义引《括地志》云："阪泉，今名黄帝泉，在妫州怀戎县东五十六里。出五里至涿鹿东北，与涿水合。又有涿鹿故城，在妫州东南五十里，本黄帝所都也。晋《太康地里志》云'涿鹿城东一里有阪泉，上有黄帝祠'。"因此，清人梁玉绳《史记质疑》即认为阪泉之战即涿鹿之战。近人钱穆又提出阪泉在山西解县盐池附近的说法，也仍然肯定阪泉之战即涿鹿之战③。

① 包头市文物管理所：《内蒙古大青山西段新石器时代遗址》，《考古》1986 年第 6 期，第 485～496 页；内蒙古文物考古研究所、乌兰察布博物馆、商都县文物管理所：《商都县章毛勿素遗址》，《内蒙古文物考古文集》（第 2 辑），中国大百科全书出版社，1997 年，第 137～150 页。

② 徐旭生：《中国古史的传说时代》（新一版），文物出版社，1985 年，第 100 页。

③ "黄帝又与神龙战于阪泉之野，阪泉在山西解县盐池上源，相近有蚩尤城、蚩尤村及浊泽，一名涿泽，则即涿鹿矣。"钱穆：《国史大纲》（上册），商务印书馆（上海），1948 年，第 4 页。

看来，要从文献上将阪泉之战与涿鹿之战分开实在不大可能。但即便不能确定战争的具体地点和名称，我们也不应当否认炎黄之间曾经发生战争的可能性。从考古学来说，在现在河北涿鹿一带主要是庙底沟类型和后岗类型间的碰撞，只能与黄帝同蚩尤的涿鹿之战联系。如果说炎黄之间发生战争，自然应当在晋陕交界之处才对。

晋南豫西庙底沟类型的前身为东庄类型，而东庄类型又是半坡类型东进并与当地土著文化融合的产物。这里所说土著文化，应当就是以山西翼城枣园 H1 为代表的遗存，发掘者称其为"枣园文化"①，也有人称其为"古城东关一期文化"②，其实都属于初期仰韶文化范畴，可暂称为"枣园类型"。枣园类型流行素面、旋纹、红彩、鼎、平底瓶，墓葬简陋且基本不见随葬品。当接受了半坡类型的黑彩、绳纹、小口尖底瓶等因素后，便孕育出以弧线勾叶、圆点、宽带纹黑彩为特点和有崇鸟习俗的东庄类型。关中半坡类型有早晚之分，其早期又分为以宝鸡北首岭下层③、临潼零口二期④为代表的偏早段，和以西安半坡早期⑤、临潼姜寨一期⑥为代表的偏晚段，两段一脉相承。早期与枣园类型同时，彩陶图案尚直线多鱼纹；至晚期（即史家类型）出现了大量葫芦瓶以及弧线勾叶、圆点等彩陶纹饰，说明东庄类型对其有很大影响。这时产生的"水鸟衔鱼"题材（图三，1），和稍晚河南汝州阎村的"鹳鱼石斧图"一样（图三，2），都可能为崇鸟族系战胜崇鱼族系的证据⑦。推测此时（大约公元前 4200 年）炎黄族系间可能的

① 山西省考古研究所：《山西翼城枣园新石器时代早期遗址调查报告》，《文物季刊》1993 年第 2 期，第 1～15 页。

② 中国历史博物馆考古部等：《山西省垣曲县古城东关遗址Ⅳ区仰韶早期遗存的新发现》，《文物》1995 年第 7 期，第 40～51 页。

③ 中国社会科学院考古研究所：《宝鸡北首岭》，文物出版社，1983 年。

④ 陕西省考古研究所：《临潼零口村》，三秦出版社，2004 年。

⑤ 中国科学院考古研究所、陕西省西安半坡博物馆：《西安半坡——原始氏族公社聚落遗址》，文物出版社，1963 年。

⑥ 半坡博物馆、陕西省考古研究所、临潼县博物馆：《姜寨——新石器时代遗址发掘报告》，文物出版社，1988 年。

⑦ 严文明：《〈鹳鱼石斧图〉跋》，《文物》1981 年第 12 期，第 79～82 页；赵春青：《从鱼鸟相战到鱼鸟相融——仰韶文化鱼鸟彩陶图试析》，《中原文物》2000 年第 2 期，第 13～15、41 页。

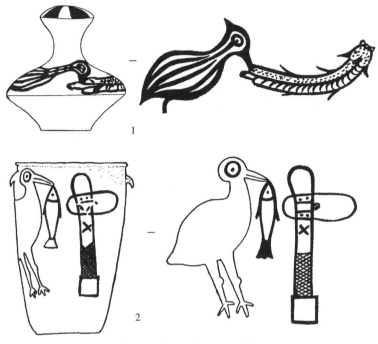

图三　仰韶文化鸟衔鱼形象

1. 水鸟衔鱼图（北首岭 M52:1）　　2. 鹳鱼石斧图（阎村）

确有过较大冲突。此后姬姜又继续融合、彼此联盟，共同构成更为坚实的华夏基础。

（二）苗蛮集团

主要指后岗类型所代表的蚩尤或黎苗族系。后岗类型流行陶鼎、崇尚图案简洁的红色彩陶；是在磁山文化和裴李岗文化基础上，受到流行圜底釜的北辛文化的强烈影响而形成[①]，因此其面貌和北辛文化很是近似，张忠培先生就把他们都划归"后岗一期文化"[②]。如果后岗类型是蚩尤所代表的黎苗族系的遗存，则北辛文化所属族系也必定与其关系密切，或者受蚩尤

① 戴向明：《黄河流域新石器时代文化格局之演变》，《考古学报》1998 年第 4 期，第 389～418 页。
② 张忠培、乔梁：《后冈一期文化研究》，《考古学报》1992 年第 3 期，第 261～280 页。

控制。河南濮阳西水坡发现的 45 号"龙虎墓"①，或为精晓天文而又能沟通天地的大巫之墓②，显示后岗类型具有很高的文化发展水平。后岗类型以豫北冀南为其中心，分布范围还包括北京和冀西北一带，和黄河以南的下王岗类型、晋南的枣园类型有较大一致性；其西向扩展至晋中和内蒙古中南部而与半坡类型碰撞融合。涿鹿之战后后岗类型衰亡，部分人群南迁江汉。

　　蚩尤为九黎、黎苗、苗民、三苗、苗蛮之祖。"黎"即《尚书·禹贡》"厥土青黎"之黎，通"骊"，后作"黧"，即黑色。河北一带古有玄鸟、玄水、玄蛇之物，玄丘、玄丘之水、大玄之山、幽州、幽都、幽都之山等地，曾居河北的商先公有玄王（契）、玄冥，位当玄武，可能都与"黎"有关。与蚩尤处于同一阵营的还有夸父。《山海经·大荒北经》《山海经·海外北经》《山海经·大荒东经》《列子·汤问》中有夸父逐日以及与蚩尤一同被杀的记载③。现在苗族也有黄帝杀蚩尤再杀夸佛（夸父）的传说④。夸父逐日和涿鹿之战或许有所关联。

（三）东夷集团

　　徐旭生所划分的东夷集团泛指东方沿海地区有着近似习俗的非华夏的族系，实际上包括西周金文中的"东夷"和"南淮夷"在内⑤。

1. 少昊与大汶口文化

　　涿鹿之战后，海岱文化局势也相应发生重要改变，鲁南和苏北地区最

①　濮阳西水坡遗址考古队：《1988 年河南濮阳西水坡遗址发掘简报》，《考古》1989 年第 12 期，第 1056 ~ 1066 页。

②　张光直：《濮阳三蹻与中国古代美术上的人兽母题》，《文物》1988 年第 11 期，第 36 ~ 39 页；冯时：《河南濮阳西水坡 45 号墓的天文学研究》，《文物》1990 年第 3 期，第 52 ~ 60、69 页。

③　《山海经·大荒北经》："夸父不量力，欲追日景，逮之于禺谷。将饮河而不足也，将走大泽，未至，死于此。应龙已杀蚩尤，又杀夸父，乃去南方处之，故南方多雨。"《山海经·海外北经》："夸父与日逐走，入日。渴欲得饮，饮于河渭，河渭不足，北饮大泽。未至，道渴而死。弃其杖，化为邓林。"《山海经·大荒东经》："应龙处南极，杀蚩尤与夸父。"

④　贵州省安顺地区民委少数民族古籍整理办公室编：《蚩尤的传说》，贵州民族出版社，1989 年。

⑤　王迅：《东夷文化与淮夷文化研究》，北京大学出版社，1994 年。

先由北辛文化转变为大汶口文化。与北辛文化相比，大汶口文化刘林类型增加了觚形杯、豆、壶（包括多口壶）、带把实足盉、猪形壶等造型复杂、用途特别的陶器，太阳纹、八角星纹等特征鲜明的陶饰图案，石钺、玉（石）镯等精美玉石器，其源头当在江淮东部的龙虬庄文化（以前一般称青莲岗文化）①（图四），与江浙地区的马家浜文化—河姆渡文化也有关联②。少昊遗虚在鲁（今曲阜）③，其后裔小国郯、莒、徐、费、英、六、江、黄等，也都在鲁中南至豫东南一带④，则少昊族系不能包括整个东夷，大约只是鲁中南苏北地区与淮夷有更多联系的部分⑤。

　　另一方面，早期大汶口文化中还有不少圆点、勾叶、三角纹彩陶，以及多人二次合葬墓等，显见庙底沟类型因素已深深渗入其中，这自然与涿鹿之战后黄帝族系对山东地区的控制有关。十分有趣的是，属于大汶口文化末期的山东莒县陵阳河和安徽蒙城尉迟寺等遗址陶尊上刻划的"⬤"形陶文⑥（图五，1、2），竟然与庙底沟类型彩陶上的圆点三角纹组合形态完全一致（图五，4、5）：只是在陵阳河等地有时还下加山形呈日出山巅之状（图五，3），庙底沟类型有时还下加三竖呈三足乌之形（图五，6）。或许这种日鸟合一的图像同时是黄帝和少昊族系的"族徽"。昊或作皞、皓，

---

①　龙虬庄遗址考古队：《龙虬庄——江淮东部新石器时代遗址发掘报告》，科学出版社，1999 年。张弛提出大汶口文化的玉、石器主要来自北阴阳营—薛家岗系统，见张弛：《大溪、北阴阳营和薛家岗的石、玉器工业》，《考古学研究》（四），科学出版社，2000 年，第 55～76 页。

②　浙江省文物管理委员会：《浙江嘉兴马家浜新石器时代遗址的发掘》，《考古》1961年第 7 期，第 345～351、354 页；浙江省文物管理委员会、浙江省博物馆：《河姆渡遗址第一期发掘报告》，《考古学报》1978 年第 1 期，第 39～94 页。

③　《左传·定公四年》："因商奄之民，命以伯禽，而封于少皞之虚。"

④　徐旭生：《中国古史的传说时代》（新一版），文物出版社，1985 年。

⑤　高广仁、邵望平：《析中国文明主源之一——淮系文化》，《东方考古》（第 1 集），科学出版社，2004 年，第 36～64 页。

⑥　山东省考古所、山东省博物馆、莒县文管所：《山东莒县陵阳河大汶口文化墓葬发掘简报》，《史前研究》1987 年第 3 期，第 62～82 页；中国社会科学院考古研究所：《蒙城尉迟寺——皖北新石器时代聚落遗存的发掘与研究》，科学出版社，2001 年；王树明：《从陵阳河与大朱村发现陶尊文字谈起》，《东方考古》（第 1 集），科学出版社，2004 年，第 385～404 页。

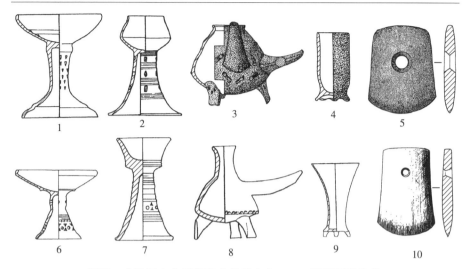

图四　大汶口文化早期和龙虬庄文化一、二期陶石器比较

1～5. 龙虬庄（M98：1、M40：1、M126：1、M92：4、M68：2）　6～10. 大汶口（M1016：9、M2005：72、M2018：34、M1002：3、M2008：6）（1、6. 陶豆，2、7. 陶高柄杯，3、8. 陶盉，4、9. 陶觚形杯，5、10. 石钺）

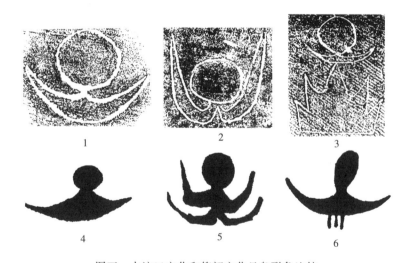

图五　大汶口文化和仰韶文化日鸟形象比较

1～3. 莒县陵阳河采集　4. 华阴西关堡　5. 华县泉护村（H163：02）　6. 陕县庙底沟（H322）（1～3. 大汶口文化，4～6. 仰韶文化）

正与崇日有关。正因为黄帝和少昊关系密切，所以《逸周书·尝麦》才有涿鹿之战后黄帝命令少昊"司马鸟师"的记载。

2. 太昊与江淮地区文化

太昊遗墟在陈（《左传·昭公十七年》），即今河南淮阳；其风姓后裔小国任、宿、须句、颛臾等①，大约在鲁西南济宁、东平、费县一带②，总体上属于淮河中下游及邻近地区。仰韶文化前期阶段，分布于江淮东部的龙虬庄文化是大汶口文化刘林类型亦即少昊文化的重要来源之一，则龙虬庄文化或许就是太昊遗存。同时期江淮中部的安徽濉溪石山子③、亳州后铁营④、定远侯家寨⑤，以及鹿邑武庄一期⑥一类遗存，流行双錾釜、锥足鼎、小口壶、三足或圈足钵、豆、杯、带錾（把）实足鬶（盉）等陶器，与龙虬庄文化颇为近似，也有属于太昊遗存的可能性。江淮中东部文化有一个重要的共同来源，就是新石器时代中期的裴李岗文化贾湖类型，贾湖类型已有个别太阳纹⑦。

龙虬庄文化发现有太阳纹，与其大体属于同一文化系统的长江下游地区的马家浜文化、河姆渡文化、崧泽文化、北阴阳营文化、薛家岗文化等也常见太阳纹、可能与太阳有关的八角星纹，河姆渡遗址甚至还发现"双凤朝阳"象牙雕刻，表明他们都有崇鸟日习俗，可见长江下游这些文化所代表的人群与太昊族系有着密切关系。长江下游诸文化的重要源头，以及龙虬庄文化另一个重要来源，就是也有太阳纹的跨湖桥文化⑧。

概括起来说，涿鹿之战前，华夏集团占据黄土高原，黎苗集团领有河北平原，东夷集团据有山东江淮。涿鹿之战后，蚩尤南迁江汉，黄帝占领

---

① 《左传·僖公二十一年》："任、宿、须句、颛臾，风姓也，实司太暤与有济之祀。"
② 徐旭生：《中国古史的传说时代》（新一版），文物出版社，1985 年。
③ 安徽省文物考古研究所：《安徽濉溪石山子新石器时代遗址》，《考古》1992 年第 3 期，第 193～203 页。
④ 张敬国：《近年来安徽徽北地区新石器时代考古的主要收获》，《文物研究》（第九辑），黄山书社，1994 年，第 25～30 页。
⑤ 阚绪杭：《定远县侯家寨新石器时代遗址发掘简报》，《文物研究》（第五辑），黄山书社，1989 年，第 157～170 页；阚绪杭：《试论淮河流域的侯家寨文化》，《中国考古学会第九次年会论文集》，文物出版社，1997 年，第 125～139 页。
⑥ 河南省文物考古研究所：《河南鹿邑县武庄遗址的发掘》，《考古》2002 年第 3 期，第 3～15 页。
⑦ 河南省文物考古研究所：《舞阳贾湖》，科学出版社，1999 年。
⑧ 浙江省文物考古研究所、萧山博物馆：《跨湖桥》，文物出版社，2004 年。

河北，才大体形成徐旭生所说三大集团的格局。这三大集团实际构成早期
"中国相互作用圈"的主体。在这一主体地区之外，还有与他们存在联系的
东北地区崇龙的红山文化，以及洞庭湖峡江地区的大溪文化。在以华夏为
核心的古史体系中，他们的历史缺乏记述。

庙底沟类型的重要作用，在于创造了一次使信息能够在中国大部地区
内得以迅速而充分交流的机会，这会使有效能量和先进的东西有可能向腹
心地区集聚，经酝酿提高后再反馈到周围地区。这不但使中原文化尤其是
中原腹地文化达到一个新的发展水平，同时也带动了周围地区文化的发展，
使周围地区此后也逐渐向文明社会发展。这个过程还从客观上再一次在一
个更高层次上加强了中原乃至于中国大部地区的文化统一性，极大地增进
了中国大部地区的文化认同感，促成了更广大范围的"中国相互作用圈"
的最终形成，奠定了以"黄帝"作为其共同认知核心的"早期中国"的文
化基础。

二 中期——颛顼、帝喾时期

据《苗蛮集团来源与形成的探索》《先商文化探源》两文所论，颛顼对
应大汶口文化中晚期，帝喾对应大汶口文化末期，两者总体上相当于仰韶
文化后期（约公元前 3500～前 2600 年）。颛顼和帝喾到底属于东夷还是华
夏集团不太好确定，他们的活动地域也正好处于两集团交界的豫东鲁西，
这一带的大汶口文化的确也融合了很多仰韶文化因素在内。实则颛顼和帝
喾的兴起正是两集团互相交融的结果，也可以说他们同时属于东夷和华夏
集团。但这并非说东夷和华夏集团的区分已经没有意义，实际上交界区外
两集团其他区域的文化差别仍然相当明显。

（一）东夷集团和华夏集团

1. 颛顼与帝喾

颛顼与少昊和黄帝均有很深关系[1]，徐旭生认为其"属于华夏集团，但

---

[1] 《山海经·大荒东经》："东海之外大壑，少昊之国，少昊孺帝颛顼于此。"《山海
经·海内经》："黄帝……生昌意，昌意……生韩流……生帝颛顼。"

是受东夷集团的影响很大"①；我们曾从文化上将其归入东夷集团②，但也认为其和华夏集团关系很密切（见本书《苗蛮集团来源与形成的探索》）。实际上高阳氏颛顼是两大集团交融的象征，无怪乎其有那么大的宗教神通！《尚书·吕刑》记载颛顼之"绝地天通"，或被认为是将宗教事务专门化③，或被认为反映出当时开始"神权独占"④，都与社会进入铜石并用时代后的社会变革吻合。

王国维从五个方面考证《山海经》中的帝俊即帝喾，可谓确论⑤。帝喾是唐尧、商契、周稷之祖，又有与其妻羲和、常羲生日月的传说⑥，地位十分显赫；所居之亳在曹县⑦，冢在濮阳⑧，总之离不开豫东鲁西。可见其与颛顼一样，仍介于华夏、东夷两大集团之间。《国语·鲁语》说"帝喾能序三辰以固民"，《大戴礼记·五帝德》说他"历日月而迎送之"，说明帝喾（帝俊）对日月运行、天文历算有大贡献，这或许是其生日月传说的由来。

颛顼和帝喾族系大约分别对应豫东鲁西皖西北地区的大汶口文化中晚期和末期遗存，不见得能够包含整个大汶口文化，更不可能对应整个东夷集团。

2. 处于低谷期的华夏集团

仰韶文化后期，中原腹地文化核心地位降低。在晋南豫西西部西王类型的身上，再也看不到庙底沟类型那种澎湃的活力和开拓精神，不再具备向周围广大地区不断施加影响的充沛能量；仰韶文化各类型，尤其是处于

---

① 徐旭生：《中国古史的传说时代》（新一版），文物出版社，1985年，第86页。

② 大汶口文化枕骨变形的习俗，或可与"颛顼"本意吻合，见何光岳：《炎黄源流史》，江西教育出版社，1992年，第575页。

③ 徐旭生：《中国古史的传说时代》（新一版），文物出版社，1985年。

④ 郭大顺：《追寻五帝》，商务印书馆（香港），2000年。

⑤ 王国维：《殷卜辞中所见先公先王考》，《观堂集林》卷第九，中华书局，1959年，第409～436页。

⑥ 《山海经·大荒南经》："羲和者，帝俊之妻，生十日。"《山海经·大荒西经》："帝俊妻常羲，生月十有二。"

⑦ 王国维：《说自契至于成汤八迁》，《观堂集林》卷第十二，中华书局，1959年，第515～516页。

⑧ 《史记·五帝本纪》集解引《皇览》曰："帝喾冢在东郡濮阳顿丘城南台阴野中。"

边缘的类型间就失去了彼此紧密联系的基础，降低了对外来文化影响的自御能力，只能朝不同的方向发展，中原文化的统一性因此也就受到明显削弱，接受东夷、苗蛮文化影响的程度明显加深，华夏集团暂时处于相对的低谷时期。

这时的华夏集团总体上仍然应当是炎帝和黄帝族系的延续，两者大体仍以南流黄河为界；不过由于不断的交流，局部更加复杂起来。首先，渭河中下游的仰韶文化半坡晚期类型、甘青宁地区的马家窑文化（石岭下类型、马家窑类型）仍应属于与炎帝有关的姜戎族系[①]，该族系以甘肃秦安大地湾大型聚落和殿堂式建筑最引人注目[②]；但属于姜姓的可能还有分布在豫北一带的共工族系[③]，其对应的考古学文化可能为仰韶文化大司空类型。其次，晋南豫西地区的西王类型—庙底沟二期类型、晋中的义井类型—白燕类型、内蒙古中南部的海生不浪类型—阿善三期类型，都应当属于和黄帝有关的族系，其中西王类型—庙底沟二期类型更可能是最早的先夏文化。其三，豫中地区的秦王寨类型应是华夏和东夷交融的结果，或即祝融族系，郑州西山古城即为其中心聚落之一（见本书《西山古城兴废缘由试探》）；而深受庙底沟二期类型影响的谷水河类型就已经是河南境内最早的先夏文化了（见本书《夏文化的起源与发展阶段》）。

3. 处于高峰期的东夷集团

这时鲁中南地区大汶口文化可能属于少昊族系后裔遗存，豫东、皖西北大汶口文化可能属于太昊族系后裔遗存[④]。至大汶口文化末期，除在陵阳河、尉迟寺等遗址发现"🐦"形鸟日合体陶文外，在尉迟寺遗址还发现陶鸟形神器[⑤]，表明鲁中南、豫东、皖西北地区仍流行崇鸟日习俗，有人推

---

① 谢端琚：《甘青地区史前考古》，文物出版社，2002年。
② 甘肃省文物工作队：《甘肃秦安大地湾901号房址发掘简报》，《文物》1986年第2期，第1～12页。
③ 《山海经·海内经》："炎帝之妻，赤水之子听訞生炎居，炎居生节并，节并生戏器，戏器生祝融。祝融降处于江水，生共工。"《国语·周语下》："共之从孙四岳佐之……祚四岳国，命以侯伯，赐姓曰'姜'、氏曰'有吕'。"
④ 杜金鹏：《试论大汶口文化颖水类型》，《考古》1992年第2期，第157～169、181页。
⑤ 王吉怀、陶威娜：《大汶口文化惊现罕见器物》，《中国文物报》2002年5月1日。

测帝俊生"十日"的传说就产生在这一地域①。

大汶口文化中晚期社会复杂化趋势明显，墓葬反映的贫富分化加剧，聚落、手工业分化严重，军事与宗教权利日益集中。大汶口、陵阳河等大型高等级墓地，以及轮制黑陶、精美玉器、象牙装饰品等，反映当时东夷具有很高的发展水平。在此基础上，东夷文化以强劲势头对外扩张，使黄河中游和长江中下游文化局势发生很大改变。具体来说，大汶口文化中期强烈西渐的结果，是在郑洛地区形成秦王寨类型，其余波还一直到达晋南、关中，可能对最早如夏族的形成做出了贡献。其东北向扩张可能引发与大司空类型所代表的共工族系之间发生战争，向更北还一直影响到燕山南北，对雪山一期文化的形成做出重要贡献②。中晚期之交向东南的扩张，直接导致了屈家岭文化所代表的新的苗蛮集团正式形成（见本书《苗蛮集团来源与形成的探索》）。至晚期阶段，由于苗蛮集团的崛起而向豫南、江汉的影响减弱，但向其他方向的扩张变本加厉：西向影响到河南中西部和晋南地区，西北向影响到河北中部，南向的扩张可能与良渚文化的覆灭存在关联，甚至陶寺类型所代表的陶唐氏在晋南的崛起也极可能与此相关（见本书《唐伐西夏与稷放丹朱》）。

与大汶口文化联系密切的崧泽文化—良渚文化（包括崧泽文化阶段的所谓薛家岗文化、北阴阳营文化等）鸟日形象更多，属崧泽文化的安徽含山凌家滩发现有鸟日合体的腹饰八角星纹的玉鹰形器③；良渚文化玉器上还常见所谓"阳鸟山图"④。该文化系统有着极为发达的玉器制造业、大型"王墓"、"台城"等，其发展水平绝不次于大汶口文化。大汶口文化和良渚文化间有交流也有碰撞。到大汶口文化晚期，有证据表明其与良渚文化之

---

① 王守功：《夷羿族团的衍变与考古发现辨证》，《古代文明》（第 1 卷），文物出版社，2002 年，第 153 ~ 179 页。

② 韩建业：《论雪山一期文化》，《华夏考古》2003 年第 4 期，第 46 ~ 54 页。

③ 安徽省文物考古研究所、含山县文物管理所：《安徽含山县凌家滩遗址第三次发掘简报》，《考古》1999 年第 11 期，第 1 ~ 12 页。

④ 杜金鹏推测良渚文化属于《尚书·禹贡》所谓"岛夷"，见杜金鹏：《关于大汶口文化与良渚文化的几个问题》，《考古》1992 年第 10 期，第 915 ~ 923 页；夏星南推测其与防风氏有关，见夏星南：《试说防风氏国与良渚文化的关系》，《史前研究》，三秦出版社，2000 年，第 558 ~ 566 页。

间发生过战争。江苏新沂花厅墓地殉人现象就被认为是良渚对大汶口的远征所致；而有的良渚玉琮上刻有大汶口文化的符号，又可能是大汶口征服良渚的纪念品[①]。到大汶口文化末期（约公元前 2600 年），良渚文化基本衰落，而大汶口文化遗存则恰巧见于江浙的南京北阴阳营等地[②]，推测这之间或许存在一定的因果关系。

4. 颛顼、共工之战

最早在《楚辞·天问》中就有"康回冯怒，地何故以东南倾"一句，王逸《楚辞章句》云："康回，共工名也。"在《列子·汤问》更明确记载："其后共工氏与颛顼争为帝，怒而触不周之山。"《淮南子》对这场战事叙述颇详，见于《兵略训》《天文训》等多篇之中[③]。《国语·周语下》说："昔共工弃此道也，……欲壅防百川，堕高堙庳，以害天下。"《淮南子·本经训》也说"共工振滔洪水以薄空桑"。可见战争起因似乎是由于上游的共工制造洪水，给下游的颛顼族系带来灾难所致。据徐旭生考证，古代叫共的水三条，叫共的国两个，其中《汉书·地理志》河内郡的共县最有可能为共工氏原居地。这个共县在《庄子·让王》中称"共首"，在《荀子·儒效》中称"共头"，实即今河南辉县一带。"颛顼之虚"在帝丘，即今河南濮阳[④]。"独辉县与濮阳临近，颛顼与共工战，才有可能"[⑤]。

颛顼之中期大汶口文化和仰韶文化大司空类型同时。两者虽然在地域上紧相连属，但文化上却有很大差别。大汶口文化以鼎、豆、壶等陶器为

---

① 南京博物院：《花厅——新石器时代墓地发掘报告》，文物出版社，2003 年；严文明：《碰撞与征服》，《文物天地》1990 年第 6 期，第 18～20 页。

② 南京博物院：《北阴阳营——新石器时代及商周时期遗址发掘报告》，文物出版社，1993 年。

③ 《淮南子·原道训》："昔共工之力触不周之山，使地东南倾。与高辛争为帝，遂潜于渊，宗族残灭，继嗣绝祀。"提到共工与高辛氏发生过战争。由于其事全同于《兵略训》《天文训》的记载，只是战争对象不同，怀疑"高辛"很可能为"高阳"之误。

④ 《左传·昭公十七年》"有星孛于大辰"条下："卫，颛顼之虚也。"

⑤ 徐旭生：《中国古史的传说时代》（新一版），文物出版社，1985 年，第 48 页。据徐旭生考证，洪水在今辉县及东邻各县，与淇水汇合后入黄河，略与今卫河相当。而濮阳恰在黄河故道附近。

特征，而大司空类型则纯为平底器①，两者泾渭分明。同时期大汶口文化的豆、壶、八角星纹等因素，能够沿着大司空类型的东缘北上至冀中北乃至于西辽河流域的雪山一期文化当中，但却在邻近的大司空类型中毫无踪迹可寻，两文化的关系交恶程度可见一斑。说明颛顼、共工之战的确有合乎情理的背景，大司空类型有可能就是共工遗存。可惜我们还无法从文化的大变迁中为这场战争提供令人信服的考古学证据。这在很大程度上是由于大司空类型之后，豫北冀南地区的文化面貌还不十分清晰的缘故。不过就辉县孟庄 H91 等庙底沟二期末段遗存来看，其中明显包含有较多大汶口文化的成分，与以前的文化对立情况形成鲜明对照②。这或许正好与文献所载共工败北的情况吻合，其时约在大汶口文化中晚期之交（公元前 3000 年左右）。

5. 先夏文化的最早来源

《左传·昭公元年》："昔金天氏有裔子曰昧，为玄冥师，生允格、台骀。台骀能业其官，宣汾、洮，障大泽，以处大原。帝用嘉之，封诸汾川。沈、姒、蓐、黄，实守其祀。"金天氏即少昊，可见其事在大汶口文化早期之后，也就是仰韶晚期阶段。仰韶晚期"汾川"晋南的西王类型，虽然主要是在庙底沟类型基础上发展而来，却也接受了少量豆、鼎等大汶口文化因素，这或许与少昊后人允格、台骀迁晋南这一背景有一定联系。允格、台骀既为兄弟，允、骀、姒又同源③，很可能允格、台骀就是姒姓夏人最早的祖先。实际上"允姓之戎"也可能与此有关。我们以前曾经追溯早期先夏文化至庙底沟二期类型（见本书《夏文化的起源与发展阶段》《唐伐西夏与稷放丹朱》），现在看来还可上溯至西王类型。最早的先夏文化实即黄帝族系和少昊族系融合的产物。当然还有夏人源于颛顼的说法，如"夏后氏禘黄帝而祖颛顼"（《国语·鲁语上》）、"颛顼生鲧"（《大戴礼记·帝系》）

---

① 中国科学院考古研究所安阳发掘队：《1958～1959 年殷墟发掘简报》，《考古》1961 年第 2 期，第 63～76 页；陈冰白：《略论"大司空类型"》，《青果集——吉林大学考古专业成立二十周年考古论文集》，知识出版社，1993 年，第 72～84 页。

② 袁广阔：《孟庄龙山文化遗存研究》，《考古》2000 年第 3 期，第 21～38 页。

③ 刘师培：《姒姓释》，转引自杨宽《中国上古史导论》，《古史辨》（第七册）（上），上海古籍出版社，1982 年，第 300～301 页。

等。考虑到少昊和颛顼本属一系，则两种说法其实有相通之处。

（二）苗蛮集团

仰韶文化后期，在江汉地区分布着苗蛮集团。具体来说，就是半坡晚期类型阶段的油子岭类型，和庙底沟二期阶段的屈家岭文化。屈家岭文化是在油子岭类型的基础上，接受很多大汶口文化、仰韶文化因素而形成，其中或许有祝融族系的贡献（见本书《苗蛮集团来源与形成的探索》），但仍应以蚩尤族系为主体。其斜腹杯、小陶塑等颇具特色。由于其博采众长，因此发展势头很猛，不但出现了天门石家河等多座规模宏大的古城，还将其分布范围从江汉东部迅速扩展至长江中游大部，北向还拓展至豫西南、豫东南地区；其对外影响则及于豫中西、晋南甚至关中地区（见本书《斜腹杯与三苗文化》）。可以说，此时处于极盛期的苗蛮集团，对华夏集团产生了很大压力和影响。但在以华夏为核心的古史传说体系中，则不见此时关于苗蛮集团的明确记载。

仰韶文化后期，中国大部地区的文化发展仍然以三大集团及其交互关系为主线，不过文化局势转变为东夷、苗蛮强盛而华夏较弱。由于此时华夏和东夷关系密切，因此在交界地带孕育出了兼两集团之长、可同时代表两集团的颛顼、帝喾，华夏集团的弱势地位似乎借此可以稍得弥补。对华夏人们来说，东夷、苗蛮文化因素的大量涌入自然意味着更多的被动与痛苦，但经过磨难与奋争之后，日益增强的外来影响反而逐渐转化为新的能量源泉。这正是龙山时代华夏集团重新焕发辉煌的基础。

三　晚期——尧、舜、禹时期

据《唐伐西夏与稷放丹朱》《禹征三苗探索》《王湾三期文化研究》《晋西南豫西西部庙底沟二期—龙山时代文化的分期与谱系》几文所论，龙山时代前期（约公元前2600～前2200年）的陶唐氏文化即临汾盆地的陶寺类型，先夏文化即豫中西地区的王湾三期文化前期。龙山时代后期（约公元前2200～前1900年）姬周之陶寺晚期类型代替陶唐氏之陶寺类型，豫中西则进入王湾三期文化后期所代表的早期夏文化阶段。其中尧约时当龙山前期末段，舜、禹则在龙山后期之初。据《尚书》《国语》《山海经》等所记载，与他们大约同时代的还有多人（族），舜、契、稷、丹朱、共工、四岳等属于华夏集团，羿、羲和、皋陶等属于东夷集团，可能大致属于苗蛮集团的仅有驩兜一人（族）。无论是出场人物数量还是社会地位，均以华夏为主体，东夷其次，苗蛮分量最轻。

（一）华夏集团

1. 华夏集团文化

大约公元前 2600 年以后，一方面一些古老传统的分化继续进行，另一方面石灰、水井、夯土技术、石镰以及陶器的轮制技术与灰黑化等不少较新因素开始在大范围逐步流行，龙山时代就成为一个整合文化内涵、调整文化格局的变革时代。这使得原仰韶文化分布范围遗存可以被划成一些不同的"文化"或"类型"。但不可否认的是，该区域文化古老的共性基础仍然存在，内部区域彼此间的交流仍相对密切，因此还可以用"中原龙山文化"这个概念将他们囊括在一起①——中原龙山文化基本对应华夏集团文化。以公元前 2200 年左右夏王朝建立为界，还可以将中原龙山文化分为前后两个阶段。

龙山前期，除陶唐氏和夏后氏文化外，豫北冀南还有可能为共工氏遗存的后岗二期文化（河北龙山文化）②，晋中有可能为初期先周文化（稷）的老虎山文化游邀类型（见本书《唐伐西夏与稷放丹朱》《先周文化的起源与发展阶段》），关中有可能为姜戎（四岳）遗存的客省庄二期文化③。此外，甘青宁地区的马家窑文化半山类型、菜园文化④、齐家文化也当属于姜戎或氏羌族系⑤。

---

① 严文明：《略论仰韶文化的起源和发展阶段》，《仰韶文化研究》，文物出版社，1989 年，第 122～165 页。

② 邹衡：《关于夏商时期北方地区诸邻境文化的初步探讨》，《夏商周考古学论文集》，文物出版社，1980 年，第 253～294 页。

③ 中国科学院考古研究所沣西发掘队：《沣西发掘报告》，文物出版社，1962 年；张忠培：《客省庄文化及其相关诸问题》，《考古与文物》1980 年第 4 期，第 78～84 页。

④ 宁夏文物研究所、中国历史博物馆考古部：《宁夏菜园——新石器时代遗址、墓葬发掘报告》，科学出版社，2003 年。

⑤ 谢端琚：《甘青地区史前考古》，文物出版社，2002 年。

龙山后期，临汾盆地乃至于晋西南大部被姬周之陶寺晚期类型所占据，豫中西地区已属于王湾三期文化后期所代表的早期夏文化（见本书《夏文化的起源与发展阶段》），晋中、关中、豫北冀南大体依旧，可能属姜戎的马家窑文化马厂类型已西拓至河西走廊西端。这时最为重要的变化，是禹征三苗所引起的王湾三期文化的大范围南扩；此外，在豫东还形成可能为有虞氏（舜）遗存的造律台类型，在冀中形成有可能为早期先商文化（契）的哑叭庄类型（见本书《先商文化探源》）。

考虑到陶唐氏、有虞氏、夏后氏，以及尧、舜、鲧、禹、稷、契均与东夷有密切联系，而且中原龙山文化的形成也与龙山文化的影响直接相关，则这时的东夷、华夏集团仍然关系密切。但由于渗透进来的东夷文化因素已经成为华夏文化的有机组成部分，黄河流域的力量重心又从华夏、东夷交界重新回到华夏集团的核心地域，则华夏、东夷集团的分界与以前相比就清楚多了。

2. 陶唐氏文化及其核心地位

陶寺遗址 200 多万平方米的大城[①]、奢华的"王墓"[②]、特殊的天文设施[③]、先进手工业技术等，在龙山前期均无出其右，这既是陶唐氏海纳百川、博采众长的结果，也是显示其强大实力的明证。姜戎文化、先夏文化、早期先周文化、共工氏文化等正好分布在临汾盆地周围，恰以陶唐氏为中心，有一定程度上受陶唐氏（尧）节制的可能。或者当时确如《尚书·尧典》所记载那样，已经存在雏形的以陶唐氏为核心的国家。《论语·泰伯》盛赞尧"巍巍乎其有成功也，焕乎其有文章"，徐旭生认为当时文字已经较为普遍的使用；在陶寺遗址确已发现朱书陶文"易文"，形态成熟，与甲骨文、金文已很近似[④]。

---

① 中国社会科学院考古研究所山西队、山西省考古研究所、临汾市文物局：《山西襄汾陶寺城址 2002 年发掘报告》，《考古学报》2005 年第 3 期，第 307～346 页。

② 中国社会科学院考古研究所山西队、山西省考古研究所、临汾市文物局：《陶寺城址发现陶寺文化中期墓葬》，《考古》2003 年第 9 期，第 3～6 页。

③ 中国社会科学院考古研究所山西队、山西省考古研究所、临汾市文物局：《山西襄汾县陶寺城址祭祀区大型建筑基址 2003 年发掘简报》，《考古》2004 年第 7 期，第 9～24 页。

④ 罗琨：《陶寺陶文考释》，《中国社会科学院古代文明研究中心通讯》第 2 期，2001年，第 13～18 页。

陶唐氏将中原和东方文化融合提高后又扩散出去，对黄河中上游龙山时代及其以后文化有深远影响。仅以最具代表性的玉器来说，如良渚文化的琮、璧，源头在薛家岗文化的多孔刀等，经陶寺类型改造变异，传播至同时的庙底沟二期类型晚段，龙山后期的陶寺晚期类型、齐家文化晚期，甚至还流播至二里头文化早期及朱开沟文化石峁类型等当中。陶唐氏对中国文明走向成熟起到了关键性作用。

3. 有虞氏的强大与扩张

豫东、皖西北地区在龙山前期仍然为大汶口文化尉迟寺类型的分布区，至龙山后期受到龙山文化和王湾三期文化的强烈影响，演变为造律台类型。该类型正分布在舜之后裔所居陈地，时当龙山时代，或许就是有虞氏（舜）遗存①，实际上与太昊族系颇有渊源关系。该类型或被认为属于中原龙山文化，或被划分在海岱龙山文化，正反映其处于两者过渡性质，这与舜或属东夷，或属华夏的情况吻合②。从淮阳平粮台古城来看，其建筑技术先进、形制规整、布局严谨，反映有虞氏具有很高的发展水平③；甚至一度可能曾经成为中原华夏之领袖，如《尚书·尧典》所记。

《尚书·尧典》记载，舜曾经奉尧命"流共工于幽州，放驩兜于崇山，窜三苗于三危，殛鲧于羽山""四罪而天下咸服"。《史记·五帝本纪》有类似记载。从考古上来看，造律台类型继大汶口末期文化之后，的确曾有向外扩张趋势，尤其南向扩展尤为明显，类似遗存见于江苏兴化南荡④、高邮龙虬庄与周邶墩⑤，以及上海松江广富林⑥等诸多遗址。其影响还一度到达江汉流域，

① 李伯谦：《论造律台类型》，《文物》1983 年第 4 期，第 50 ~ 59 页。
② 陈为有虞氏舜后，其地在豫东淮阳。《左传·昭公八年》："陈，颛顼之族也。"《国语·鲁语上》："有虞氏禘黄帝而祖颛顼，郊尧而宗舜。"颛顼、尧、舜均有过渡性质，但最终仍与黄帝有关。
③ 秦文生：《舜都于淮阳平粮台龙山文化古城考》，《中原文物》1991 年第 4 期，第 45 ~ 50 页。
④ 南京博物院考古研究所、扬州博物馆、兴化博物馆：《江苏兴化戴家舍南荡遗址》，《文物》1995 年第 4 期，第 16 ~ 31 页。
⑤ 南京博物院考古研究所、扬州博物馆、高邮文管会：《江苏高邮周邶墩遗址发掘报告》，《考古学报》1997 年第 4 期，第 481 ~ 514 页。
⑥ 上海博物馆考古研究部：《上海松江区广富林遗址 1999 ~ 2000 年发掘简报》，《考古》2002 年第 10 期，第 31 ~ 48 页。

这或许就是"舜葬于苍梧之野"（《礼记·檀宫》）这类传说的来由。

4. 夏王朝的建立与扩张

禹借治水和征三苗之机而创建夏王朝，王湾三期文化后期所代表的早期夏文化实力强盛。登封王城岗东西小城曾被推测为"禹都阳城"①，但因面积太小而遭到许多质疑。近年发现其外还有面积达 30 万平方米的大城②，进一步增强了其为禹都的可能性。密县古城寨古城更有先进的版筑技术、大型的宫殿建筑③。禹州瓦店遗址规模宏大、陶器制作精美，还有一般王湾三期文化罕见的铲、鹰形笄等玉器④，反映其也具有中心聚落性质。

后期王湾三期文化对外强力扩张，除南向一直到达江汉并影响到洞庭湖地区外，向东对造律台类型、向西北对三里桥类型及客省庄二期文化，向北对后岗二期文化等都有较大影响。《荀子·议兵》有"禹伐共工"之说，《山海经》也有"禹攻共工国山"以及禹杀共工臣"相繇"或"相柳氏"的记载⑤，这或许反映王湾三期文化对后岗二期文化的影响。《尚书·甘誓》记载启（或作禹）伐有扈，或许与王湾三期文化对西北方向的影响有关。实际上夏后氏继陶唐氏、有虞氏之后，不但成为中原华夏之核心力量，而且直接控制范围更大、影响更为深远。《左传·哀公七年》："禹合诸侯于涂山，执玉帛者万国。"《国语·鲁语下》："昔禹致群神于会稽之山，防风氏后至，禹杀而戮之。"可见其对周围小国不但有很大号召力，甚至可能还有生杀之权。《禹贡》"九州"反映的或许就是夏王朝建立后有效控制

---

① 河南省文物研究所、中国历史博物馆考古部：《登封王城岗与阳城》，文物出版社，1992 年。

② 方燕明：《登封八方王城岗遗址的聚落形态考察》，《东方考古》（第 1 集），科学出版社，2004 年，第 169～176 页。

③ 河南省文物研究所、新密市炎黄文化历史研究会：《河南新密市古城寨龙山文化城址发掘简报》，《华夏考古》2002 年第 2 期，第 53～82 页。

④ 河南省文物考古研究所：《河南禹州市瓦店龙山文化遗址 1997 年的发掘》，《考古》2000 年第 2 期，第 16～39 页。

⑤ 《山海经·大荒西经》记载："西北海之外，大荒之隅，有山而不合，名曰不周负子……有禹攻共工国山。"《山海经·大荒北经》："共工臣名曰相繇……禹湮洪水，杀相繇。"《山海经·海外北经》："共工之臣曰相柳氏……禹厥之。"

中国大部地区的情况①。

（二）东夷集团

龙山时代的东夷文化，是在大汶口文化基础上发展而来的龙山文化，其著名人物大约就是尧时的羿了。《山海经·海外南经》："羿与凿齿战于寿华之野，羿射杀之。"《淮南子·本经训》："尧乃使羿诛凿齿于畴华之野，杀九婴于凶水之上，缴大风于青邱之泽，上射十日而下杀猰貐，断修蛇于洞庭，禽封豨于桑林。"可见龙山前后期之交的确存在较大的对外军事行动。王守功认为羿族团活动在鲁北，而流行拔牙习俗的"凿齿"、崇日的"十日"、有仍氏后裔"封豨"②　都居于鲁中南③。此外，"大风"也可能与豫东、皖西北地区太昊的风姓后裔有关。可见羿之军事行为主要不过是东夷内部的兼并。

龙山文化有章丘城子崖④、临淄桐林⑤等几十处城址或中心聚落，有临朐朱封棺椁大墓⑥、邹平丁公陶文⑦，还有玉器、蛋壳黑陶等发达手工业技术，显示其发展水平绝不低于中原。龙山前期之初，其西向影响对后岗二期文化、王湾三期文化的兴起起到很大的推动作用；龙山前期后段，深入

---

① 邵望平：《〈禹贡〉"九州"的考古学研究》，《考古学文化论集》（二），文物出版社，1989年，第11~30页。

② 《左传·昭公二十八年》："昔有仍氏生女，黰黑而甚美，光可以鉴，名曰玄妻。乐正后夔取之，生伯封，实有豕心，贪惏无餍，忿颣无期，谓之封豕。有穷后羿灭之，夔是以不祀。"

③ 王守功：《夷羿族团的衍变与考古发现辨证》，《古代文明》（第1卷），文物出版社，2002年，第153~179页。

④ 傅斯年等：《城子崖——山东历城县龙山镇之黑陶文化遗址》，国立中央研究院历史语言研究所，1934年；张学海：《试论山东地区的龙山文化城》，《文物》1996年第12期，第40~52页。

⑤ 北京大学考古文博学院：《2003年度山东临淄桐林遗址的调查发掘》，《古代文明研究通讯》总第20期，2004年，第1~5页。

⑥ 中国社会科学院考古研究所山东工作队：《山东临朐朱封龙山文化墓葬》，《考古》1990年第7期，第587~594页。

⑦ 山东大学历史系考古教研室：《山东邹平丁公遗址第四、五次发掘简报》，《考古》1993年第4期，第295~299页。

影响皖西北、豫东等地，使造律台类型带有明显的龙山文化色彩；龙山后期，随着王湾三期文化和造律台类型的逐渐强盛，龙山文化的扩张主要转到北方，于是就有了先商文化之哑叭庄类型的出现。

（三）苗蛮集团

龙山时代的苗蛮文化即和屈家岭文化一脉相承的石家河文化，其红陶杯、陶塑小动物、陶塑抱鱼小人、漏斗形擂钵，以及陶缸连接而成的宗教设施等都颇具特色，陶缸（尊）及其陶文仍反映与大汶口文化末期存在联系。龙山前期天门石家河等古城继续沿用，石家河文化实力仍较为强劲；分布范围和屈家岭文化近似，与华夏集团之王湾三期文化在西平—上蔡一线交界。其影响则见于豫中西、豫北、豫东、皖西北，甚至远达晋南和陕北南部（见本书《斜腹杯与三苗文化》）。禹征三苗之后，石家河文化基本被以王湾三期文化为代表的夏文化代替，甚至苗蛮集团中心的江汉平原遗存也具有浓厚的中原文化风格，龙山文化、造律台类型因素也同时涌入。或许当地人群仍以苗蛮为主，但富有特色的苗蛮文化则基本消亡。

龙山前期，随着华夏集团的重新崛起，三大集团逐渐势均力敌，华夏和苗蛮集团间的斗争则日趋激烈；龙山后期，苗蛮集团衰败，早期中国的大局势变为"夷夏"东西对峙。而华夏集团以夏王朝为中心，最终占取了核心地位。此后从夏晚期直至商周时期，以中原为核心的华夏集团的主体地位再没有大的改变。

古史传说中的原始文化

世界上许多地区，都曾有过一个"口耳相传"的时期。这主要是由于未发明文字，或文字还不成系统，不足以将当时人类的主要事迹记载下来的缘故。中国先秦文献中所谓"五帝"大约正处于这样一个时期，所以当时被称为"传疑时代"或"传说时代"。能够长期"口耳相传"，人们群体就必须有相当的连续性和稳定性，这常常是与定居和生产性经济联系在一起的，一般也就是新石器时代以来的事情。

中国的原始文化丰富多彩、灿烂辉煌，留下了很多动人的传说，见于先秦两汉的众多典籍当中。但如何分辨哪些是真实的古史，哪些仅残留一点历史的影子，哪些干脆是后来人的杜撰，是非常困难的。20世纪二三十年代，顾颉刚在《古史辨》中明确提出"层累地造成古史说"，认为"时代愈后，传说的古史期越长""时代愈后，传说中的中心人物愈放大"。徐旭生在《中国古史的传说时代》一书中也指出，"综合材料比未经系统化的材料价值低"，并将有关传说时代的文献分为三等，其中《诗经》《左传》《国语》等先秦文献被列为第一等。这些对我们追寻传说时代原始文化的真实都很有帮助。

现在考古学昌盛，有关物质文化的许多重大问题都可在考古上找到答案，不必仅在文献内部打圈子了。而且考古学和传说的双重印证，无疑会大大加强有关历史的真实性。但考古遗存也有零碎、片面等缺点，而且精神文化的很多内容至今还极难解读，只有结合古史传说，才有可能揭露出相关遗存所包含的真正内涵。

一　治水布土

大概没有几个中国人不知道大禹治水的故事。大洪水给人们留下的伤痛，禹的英雄气概和敬业精神，都永远令人难忘。禹又称夏禹、伯禹，是夏王朝的实际创建者，其治水敷土的故事在《诗经》中就被反复传颂。《诗经·商颂·长发》说："洪水茫茫，禹敷下土方"（敷土即以土布填洪水）。《诗经·小雅·信南山》说："信彼南山，维禹甸之。"《诗经·鲁颂·闳宫》说："奄有下土，缵禹之绪。"西周豳公盨铭文中也有"天令禹敷土，随山浚川"之句。《尚书·尧典》也记载禹为司空，负责平水土。《尚书·禹贡》更专门讲述禹治水布土和划分九州岛的情况，其中还涉及各地的山川物产等内容。

但大禹只是治水成功的典范而已，治水布土实际上是一项持续了几代人的事业。《国语·周语下》中说，由于共工堵塞河道，引发洪水，鲧也站在共工一边，结果都被诛灭。而鲧的儿子禹在共工的从孙四岳的帮助下，疏通河道，终于治水成功。在《国语·鲁语上》中还提到能平九土的共工氏的儿子后土。这里共工和鲧为反面人物，他们的子孙禹、后土、四岳为正面人物。联系《山海经·海内经》鲧偷窃上帝息壤的记载，可以知道，之所以正面和反面主要出于治水的成功与否，或者是使用了正确的疏导的方法，还是错误的堰塞的方法。不过《韩非子·五蠹》却说"鲧禹决渎"，父子两人都使用了疏导的办法。

像治水布土这样的重大工程，没有理想的工具实在是难以想象的。《韩非子·五蠹》说"禹之王天下也，身执耒臿以为民先"。以禹的身份，拿着耒臿带头干的不正是治水的事吗？

无论如何，大禹治水的传说仍然充满神话色彩。在当时的生产力水平下，仅凭人力而有如此大规模的治水成功，确实令人难以置信。不过结合环境演变情况来看，这个传说本身其实有着合理的背景。东亚地区全新世气候几经波折，至距今 4500 年左右正处于一个稍为暖湿的洪水多发时期，至距今 4200 年左右夏王朝建立前夕才渐转干冷。当时的人们大概采取了包括堰塞和疏导在内的各种办法以试图制服洪水，但一开始都未获真正的成功，一直到禹的时候洪水才逐渐自然消退。大禹正可谓生逢其时。

二　农业生产

在早期记载中，发明和改进农业的最重要的人物是周人的先祖弃，即后稷。《诗经·鲁颂·闷宫》记载："是生后稷，降之百福，黍稷重穋，稙稺菽麦。奄有下国，俾民稼穑。有稷有黍，有稻有秬。"是说后稷发明农作物，使老百姓开始农耕。稷本意为粟粱类谷物，后稷就是管理农业的意思，可见后稷与农业的关系的确非同一般。在《山海经》中也有关于后稷与农业关系的传说。《山海经·大荒西经》记载："帝俊生后稷，稷降以百谷。稷之弟曰台玺，生叔均。叔均是代其父及稷播百谷，始作耕。"《山海经·海内经》更说"稷之孙曰叔均，是始作牛耕"。看来，不但后稷（也就是弃）整个家族都与农业有关，而且谷物也是后稷发明的，牛耕是其侄子（或孙子）叔均发明的。所以《吕氏春秋·君守》才说"后稷作稼"。

也还有另外的说法。《国语·鲁语上》说："昔烈山氏之有天下也，其子曰柱，能殖百谷百蔬；夏之兴也，周弃继之，故祀以为稷。"原来周弃被当作后稷来祭祀，只是夏人兴起之后的事情，更早的会种植谷物蔬菜的是烈山氏的儿子，一个叫作柱的人。这样看来，柱在周弃之前就已经是后稷了。

周人发源于汾河谷地，崛起于渭河平原，其经济基础自然是农业。其先祖弃在农业上的功绩被反复吟诵，家喻户晓，可见其实不虚。烈山氏虽记载不多，但也不像是杜撰的故事，烈山本身可能有刀耕火种的意思，与农业，尤其是农业发展的初期阶段或许存在关联。那么，两者是一个传说的两部分，还是《国语》将两套传说综合在一起呢？我们一时还弄不清楚。

按照《尚书·尧典》等的记载，后稷和禹、契同时，大概都是尧舜时代的人，当时大约相当于距今 4000 多年前的龙山时代。但中国农业的起源至少在距今一万年前后，龙山时代的周弃与农业的实际起源断然扯不上关系，最多只是周人心目中与农业有关的被崇拜者而已。因此，《孟子·滕文公》"后稷教民稼穑，树艺五谷"，《荀子·解弊》"好稼者众矣，而后稷独传者，壹也"，说后稷只是农耕文化的倡导和发扬者，显然更符合实际。但烈山氏和他的儿子柱呢？他们是否代表人们关于农业的更早记忆？《孟子·滕文公》虽有"舜使益掌火，益烈山泽而焚之"的说法，但我们还不至于因此就将烈山氏和与舜禹同时的益联系起来吧。

　　至战国秦时期的《吕氏春秋》中，却出现了神农氏的传说。《孟子·滕文公上》虽有"为神农之言者许行"的说法，但还不能确定"神农"是善于农业的人的通称，还是指神农氏。《吕氏春秋·爱类》中则明确说"神农之教曰：'士有当年而不耕者，则天下或受其饥矣。'"这里将神农和农业明确联系起来。至西汉时期，《淮南子·修务训》说："古者民茹草饮水，采树木之实，食蠃蛖之肉，时多疾病毒伤之害。于是神农乃始教民播种五谷，相土地宜，燥湿肥硗高下；尝百草之滋味，水泉之甘苦，令民知所辟就。"这就是著名的神农氏教民稼穑和尝百草的传说。在农业发明以前，存在一个茹草饮水的时期，这在《韩非子·五蠹》中也有记载，但《韩非子》中并未提到神农氏发明农业的事情。

　　当时的农业工具是什么？是谁发明的？在早期没有关于这些的记载。但战国秦汉之际的《世本·作篇》有垂作耒耜、耨，垂作銚（锹类器物）的记载，也有咎繇（即皋陶）作耒耜的说法。耒耜是典型的早期中国的农具，这固然不错，但不知垂和大禹时期的咎繇之间又有什么关系。

　　总之，关于农业起源和发展的传说，在先秦时期多有异说，至西汉以后神农氏的传说盛行，后稷和烈山氏便黯然失色。至西晋皇甫谧撰《帝王世纪》，将神农和炎帝视为一人，又将其与烈山氏（连山氏、列山氏、厉山氏）联系，其实不过是一种和稀泥的做法。

三　居住形态

　　《孟子·滕文公》中说："当尧之时，水逆行，泛滥于中国。蛇龙居之，民无所定。下者为巢，上者为营窟。"中国新石器时代一般的居住形式，在南方低洼潮湿之处流行干栏式建筑，黄土高原高亢干燥之处多为半地穴式或窑洞式建筑。所以这段话虽然表面似乎指特殊时期，但根据不同的地理环境选择不同的建筑形式，尤其是"上者为营窟"这一点，却也和实际吻合。但不知是否真有过"巢居"的情况。《韩非子·五蠹》则认为，"巢居"是上古之时社会的一个重要进步："上古之世，人民少而禽兽众，人民不胜禽兽虫蛇。有圣人作，构木为巢以避群害，而民悦之，使王天下，号曰有巢氏。"然后燧人氏才发明了生火的方法。这似乎是旧石器时代的事了。但我们不大相信那么遥远的事情会流传下来，而且直到战国后期才见于著作，而宁愿相信这只是时人绝妙的想象。

即使是在战国人的眼中，城的出现也应该是较为后来的事。《吕氏春秋·君守》说"夏鲧作城"，《世本·作篇》也有同样的记载，这么说城是夏王朝前夕才发明的事物。但考古发现却证明城的出现要早到仰韶文化时期。水井的出现和增多，对人们居住地的扩展，尤其对城市生活提供了很大的便利。《吕氏春秋·勿躬》说"伯益作井"，《世本·作篇》说"化益作井"，指的都是同一个人。《世本·作篇》又有"黄帝见万物始穿井"的说法，或许黄帝和益确实对水井的改良做出过贡献，可水井的出现至少要追溯到距今7000年以前的新石器时代中期。

除非在树上和山洞中居住，否则就需有房屋建筑，这自然不可能是哪个个人的发明。但战国人还是要将其与"圣人"联系。《墨子·辞过》说："古之民未知为宫室时，就陵阜而居，穴而处，下润湿伤民。故圣王作为宫室。"这"圣人"是谁呢？《吕氏春秋·勿躬》说"高元作室"，《世本·作篇》说"尧使禹作宫室"。我们不知道高元是谁，但对治水的禹却熟悉得很，原来他还发明了宫室。不过《淮南子·修务训》还提到"舜作室筑墙茨屋，辟地树谷，令民皆知去岩穴，各有家室"。看来在战国秦汉人的心中，总坚持宫室与尧舜禹等圣人有关，至于具体是哪个，他们并不十分在意。我们自然也不很在意，因为无论哪一种说法，都与实际不相符合。《韩非子·五蠹》还提到"尧之王天下也，茅茨不翦，采椽不斫"，尧时还是用树的枝干自然搭建的茅草顶的房屋，多么简陋！的确，瓦的明确出现一直要等到西周时期，但对椽的加工却要比尧的时候早得多，作为尧都的陶寺古城的宫殿建筑恐怕也不会简陋到如此程度。

四　器用生活

早期文献如《左传·哀公七年》说："禹合诸侯于涂山，执玉帛者万国。"使我们知道夏禹时期有玉帛类作为朝会时的物事。玉帛从新石器时代以来，就在中国东部地区盛行，因此这句话说不定反映了当时的真实情况。战国晚期以来，关于发明器物用具和生活状况的记载就很多了。

1. 生活用具与日常生活

据战国人的想象，上古时期的人直接食用采集捕捞的自然物。《韩非子·五蠹》："上古之世……民食果蓏蚌蛤，腥臊恶臭而伤害腹胃，民多疾病。"后来，燧人氏发明用火，极大地改变了人民的生活和体质："有圣人作，钻燧取火以化腥臊，而民说之，使王天下，号之曰燧人氏。"奇怪的是，这个过程和旧石器时代早期的情况有吻合之处。不过《世本·作篇》在说"燧人出火"的同时，还提到"黄帝造火食"，似乎发明火和有熟食之间还有一段路程要走。《太平御览》一百八十六卷引《淮南子》佚文说"黄帝作灶，死为灶神"，这就更加具体，恰巧与黄帝族系对应的庙底沟类型的确有成套的釜和灶。

到了尧舜禹的时代，就已经明确使用陶器、漆器等作为饮食器皿了。根据《韩非子·十过》的记载，似乎尧舜禹时的器物还历历如在眼前："昔者尧有天下，饭于土簋，饮于土铏。……虞舜受之，作为食器，斩山木而财之，削锯修其迹，流漆墨其上。……禹作为祭器，墨漆其外，而朱画其内，缦帛为茵，蒋席颇缘，觞酌有采，而樽俎有饰。"尧仅用简朴的陶饮食器，舜有了漆食器，而禹的祭器则外黑内红，装饰华丽。《墨子·节用》也说尧"饭于土塯，啜于土形，斗以酌"。从考古上看，与尧有关的陶寺类型大墓的彩绘陶器已经很是华丽，似乎不存在如此理想的排列。

《左传·宣公三年》还有夏禹铸九鼎的传说。禹约当王湾三期文化后期之初，虽流行陶鼎，也有零星小件青铜器，可似乎还不具备铸鼎技术；能够铸造出青铜鼎，那应当是少康之后的二里头文化，也就是晚期夏文化时候的事了。《吕氏春秋·勿躬》还有"赤冀作臼"的说法，《世本·作篇》为"雍父作杵臼"。杵臼是新石器时代较早出现的石器，在不少文化遗址都有发现，不会是一两个人的发明。

关于饮食，《墨子·节用》说尧"黍稷不二，羹胾不重"，《韩非子·五蠹》说"尧之王天下也，……粝粢之食，藜藿之羹"。一饭一粥，何其简朴！还有酒，这不但是上古时最重要的饮料，而且又是举行祭祀时不可或缺的东西。《吕氏春秋·勿躬》记载"仪狄作酒"。《说文解字》《世本·作篇》记载仪狄为禹时人，作酒的还有杜康。酒最早的出现时间可能在距今8000年以前，仅从酒具来看，也至少应在5000年前，远早于大禹的时代。

上古的人一开始还不知道制作衣服，只以自然物遮蔽身体，后来才发明了丝麻，织出了布料，制作了衣服。《墨子·辞过》对此有所记载："古之民，未知为衣服时，衣皮带茭。冬则不轻而温，夏则不轻而清。圣王以为不中人之情，故作诲妇人，治丝麻，捆布绢，以为民衣，为衣服之法。"至于发明服饰的圣人，《吕氏春秋·勿躬》说是"胡曹作衣"，《世本·作篇》除"胡曹作衣""胡曹作冕"外，还有"黄帝作冕旒""伯余作衣裳""于则作扉屦"等说法。除黄帝外，其余诸人的时代不可确知，或者确实对服饰的改进做出过贡献也未可知。考古上距今两三万年前的辽宁海城小孤山、北京山顶洞遗址都已经有精美骨针，或许已能缝制皮衣。《韩非子·五蠹》："尧之王天下也，……冬日麑裘，夏日葛衣"，则冬夏有别，已经相当讲究了。服饰越华美，人们越注意自己的形象。《世本·作篇》载"尹寿作镜"，从此就可以对镜自我陶醉了。其实铜镜源于西方，至距今 4000 年前后经新疆、甘青而至于中原。

在疾病盛行的上古时期，医药和医生容易被赋予神圣的光环。除上述神农氏尝百草的传说外，《吕氏春秋·勿躬》还记载"巫彭作医"，《世本·作篇》记"巫咸作医"，都将医疗与巫师联系在一起。现在知道新石器时代的确已经有了对中草药的应用。

2. 武器与战争

说到武器，古人会先想到蚩尤。的确，他能够和炎黄二帝长期战争，没有先进的武器怎么行。《世本·作篇》就说"蚩尤以金作兵器"。但《吕氏春秋·荡兵》对"蚩尤作兵"的解释是："蚩尤非作兵也，利其械矣。"在汉代人的心目中，蚩尤通常是头顶和四肢拿五种兵器的人。早期的武器原本就是普通的生产工具，专门武器钺等的流行，大概开始于距今 5500 年以后，和蚩尤没有关系。

夷羿善射，自然令人将他与弓箭联系起来。《山海经·海外南经》："羿持弓矢"，《吕氏春秋·勿躬》则为"夷羿作弓"。可另外的传说则说夷羿的弓矢是上帝赐予的。另外，《荀子·解蔽》说"倕作弓，浮游作矢，而羿精于射"，《世本·作篇》载"挥作弓""牟夷作矢"。《山海经·海内经》甚至将弓矢的发明推到少昊时期："少暤生般，般是始为弓矢。"有趣的是，与发明弓矢有关的几乎都是东夷之人。实则东夷人改进弓箭抑或善射可能是事实，但弓箭的发明则可能要早到旧石器时代之末。

除弓矢外，《山海经》记载的上古时期的兵器还有盾、戈、干、戚等。《山海经·海外南经》："凿齿持盾，一曰戈"，《山海经·海外西经》："形天……操干戚以舞。"有机质的盾可能难以保存下来，作为专门武器的戈则最早出现于二里头文化，或许与车战有关。

东汉袁康在《越绝书》的《宝剑》篇中记载春秋时风胡子的一段话："轩辕神农赫胥之时，以石为兵……黄帝之时，以玉为兵……禹穴之时，以铜为兵。"这段话由于和考古发现基本吻合，所以十分引人注意。看来古人很早就知道武器的演化发展过程，这或许出自更早的传说。

3. 交通工具与交通

车船是先秦时期主要的陆水路交通工具，其起源颇引人注意。据《山海经·海内经》："帝俊生禺号，禺号生淫梁，淫梁生番禺，是始为舟。番禺生奚仲，奚仲生吉光，吉光是始以木为车。"番禺作舟，吉光作车，可见发明车船的都是帝俊（帝喾）的后人。《荀子·解弊》载"奚仲作车，乘杜作乘马，而造父精于御"，《吕氏春秋·君守》载"奚仲作车"，与《山海经》的记载大同小异。《吕氏春秋·勿躬》则说"虞姁作舟""乘雅作驾""寒哀作御"。《世本·作篇》说"共鼓、货狄作舟""相土作乘马""腊作驾"。与上述有所不同。看《尚书·甘誓》，有"御非其马之正"一句，似乎夏启时已经有了马车。考古上新石器时代中期就在中国东南沿海有了独木舟，车的出现则要晚至夏商时期，而且极可能为从西方传入。此外，《吕氏春秋·勿躬》还有"王冰作服牛"的说法，《世本·作篇》作"胲作服牛"。这里指的是商先公王亥的故事，在《易经》中早有记载。其实作为家畜的牛早在新石器时代中期就已出现了。

4. 经济生活

《孟子·公孙丑》记载，舜亲自实践过"耕、稼、陶、渔"的生活。《韩非子·难一》有类似的记载。《墨子·尚贤》除说到舜耕、陶、渔的事迹外，还说他"灰于常阳"。灰即贩，是说舜还从事商品买卖。《淮南子·齐俗训》将尧时期经济的情况说得更加具体："故尧之治天下也，舜为司徒，契为司马，禹为司空，后稷为大田师，奚仲为工。其导万民也，水处者渔，山处者木，谷处者牧，陆处者农。地宜其事，事宜其械，械宜其用，用宜其人。泽皋织网，陵阪耕田。得以所有易所无，以所工易所拙。"不但宜农则农，宜牧则牧，宜渔则渔，各有专人管理，而且可以通过交换来互通有无，一派欣欣向荣的景象。但《世本·作篇》还有"祝融作市"的提法，如果这个祝融是颛顼之后的那个重黎，那就比尧舜时代早多了。新石器时代晚期以后，社会分工、物品交换在长江流域、黄河下游越来越普遍，倒与祝融、舜等的地域有相合之处。

关于当时的手工业，还有更细致的记载。《山海经·海内经》："帝俊有子八人，三身生义均，义均是始为巧倕，是始作下民百巧。"帝俊即帝喾，巧倕为木工工具。但《世本·作篇》则说"垂作规矩准绳"。不知"垂"仅是"巧倕"的意思，还是真有其人。木工工具锛、凿是距今 1 万年前后就已有的最古老的磨制石器，甚至可能早于农业工具的出现。巧倕、规矩、准绳是更专业的工具，当然要后来才能够发明。《吕氏春秋·君守》说"昆吾作陶"，昆吾是夏代前后的一个族，当时有专门的制陶手工业不足为奇。

五　职官礼法

职官礼法是伴随社会复杂化而出现的，一般都是产生阶级，尤其是进入国家阶段的事情，不过其萌芽应该更早。据《左传·昭公十七年》的记载，少皞挚时已有各类专业负责人，包括历正、司分、司至、司启、司闭、司徒、司马、司空、司寇、司事、鸠民、工正、农正等，涉及天文历法、土地民事、农业手工业等各个方面。同篇还记载，少皞氏的叔叔重为句芒，该为蓐收，修及熙为玄冥；颛顼氏的儿子犁为祝融，共工氏的儿子句龙为后土，烈山氏的儿子柱为稷，即田正。《国语·郑语》还说"黎为高辛氏火正"。这些记载恐怕不会都是子虚乌有。至尧舜时，职官制度似乎已经初具规模。据《尚书·尧典》，舜就任命禹为司空以平水土，弃为后稷播时百谷，契为司徒敬敷五教，皋陶负责制定刑法，垂为共工以管理手工业，益为虞，伯夷为秩宗，夔典乐，龙作纳言。《孟子·滕文公》也有"契为司徒，教以人伦"的记载。尧舜所处龙山时代社会相当复杂，已经进入早期国家阶段，有一定职官分工和礼法制度是完全可能的。

《国语·鲁语上》说"尧能单均刑法以仪民"，其具体的刑法制定者应当就是《尚书·尧典》中的皋陶。此外，《吕氏春秋·君守》也有"皋陶作刑"的说法。《世本·作篇》既有"皋陶作五刑"，也说"伯夷作刑"。但据《尚书·吕刑》"苗民弗用灵，制以刑，惟作五虐之刑曰法"的说法，则蚩尤时已有五刑，刑法并不由皋陶始。

六　宗教习俗

《国语·楚语》："古者民神不杂。……及少昊之衰也，九黎乱德，民神杂糅，不可方物。夫人作享，家为巫史，……颛顼受之，乃命南正重司天以属神，命火正黎司地以属民，使复旧常，无相侵渎，是谓绝地天通。"绝地天通可能与天文和宗教都有关系，古代的天文学家原本就可能是巫师。早期时人人都享有祭祀鬼神和沟通天地的权利，至高阳氏颛顼则设专职祝融重黎垄断其事。这是宗教上的一次大变化，意味着社会出现重大变革，早期文明社会初步形成。在重黎之后，掌管宗教事务的祝融还一直存在，著名者如吴回。而高阳氏作为宗教领袖的地位也一直流传下来，直至"禹征三苗"的时候，还打着他的名号。《墨子·非攻下》说"高阳乃命玄宫"，说明玄宫是举行宗教仪式的专门场合。《国语·郑语》中还记载"商契能和合五教"，说明商人的先祖、出于颛顼—帝喾系统的契也有掌教的权利。

占卜是重要的宗教形式。《吕氏春秋·勿躬》："羲和作占日""尚仪作占月""后益作占岁""巫咸作筮"。《世本·作篇》的记载与《吕氏春秋》基本一致，但提到是黄帝使羲和作占日、常羲作占月，还提到"臾区占星气""大挠作甲子"。但关于占卜最系统的论述则见于《周易·系辞下》："古者包牺氏之王天下也，仰则观象于天，俯则观法于地，观鸟兽之文，与地之宜。近取诸身，远取诸物。于是始作八卦，以通神明之德，以类万物之情。"将伏羲氏作为八卦的发明者。但"太皞伏羲氏"连称，则最早见于《汉书·律历志》引刘歆《世经》。考古上以骨占卜可以早到距今5000多年的马家窑文化，以龟占卜甚至可能早到距今8000多年前的裴李岗文化，不知是否与这些名人存在关系。

《墨子·节葬》记载，"尧……葬蛩山之阴，衣衾三领，谷木之棺，葛以缄之。既窆而后哭，满坎无封。已葬而牛马乘之。舜……葬南已之市，衣衾三领，谷木之棺，葛以缄之。已葬而市人乘之。禹……葬会稽之山，衣衾三领，桐棺三寸，葛以缄之。绞之不合，通之不坎。土地之深，下毋及泉，上毋通臭。既葬，收余壤其上，垄若参耕之亩。"圣人尧舜禹的葬礼如此简单，恐怕大半出于墨家节葬的理想。细节具体如亲眼所见，或者只是杜撰吧。龙山文化和陶寺类型的大墓极尽奢华，有目共睹，其领袖人物的墓葬不可能如此简陋。

七　天文历法

早在《左传·昭公十二年》中，就记载高辛氏（帝喾）的儿子阏伯主辰星，实沈主参星。辰星也叫商星，即大火星，也就是心宿二。大约这颗明亮的红色星黄昏时见于东方的时间，正好是焚山的适宜时间，对农业生产意义重大，故很早就被关注。《国语·周语下》说："星与日辰之位，皆在北维。颛顼之所建也，帝喾受之。"可见除了帝喾，同样居于东方的颛顼也和天文有莫大关系；《国语·楚语下》还有颛顼令重黎绝地天通的传说。《山海经·大荒西经》："颛顼生老童，老童生重及黎，帝令重献上天，令黎邛下地。下地是生噎，处于西极，以行日月星辰之行次。"可知绝地天通的确与天文有关联。

在《尚书·尧典》中，有著名的敬授民时的传说。说尧让羲仲、羲叔、和仲、和叔四人，分管鸟、心、虚、昴四宿，来确定春分、夏至、秋分、冬至四季。而且为平衡太阴年和太阳年而创设了闰月。最近陶寺发现的圆形放射状遗迹就被推测为与此有关。《尧典》中的天文学思想在传世文献中虽然很有地位，但总体上比较简单。而湖南长沙子弹库楚墓发现的楚帛书中的内容，就显得更加具有系统性。楚帛书说，在天地未形成的远古，伏羲降生，当时宇宙广大而无形，混沌莫辨。后来伏羲娶女娲，生四子，由他们定立天地，化育万物。以后夏禹和商契为天地规划历法，定九州，平水土，测量天周度数。当时日月尚未产生，伏羲和女娲的四个孩子便在天盖上轮流步算时间，确定了春分、夏至、秋分、冬至。千百年后，日月由帝俊孕育产生。接着炎帝又命祝融，让四子定出春分、夏至、秋分、冬至时太阳在天盖上运行的三条轨道。后由于共工步算历法过疏而使阳历长于阴历 10 日，导致四时失度，但四子创设闰法，从而使年岁有序（见冯时《中国天文考古学》，社会科学文献出版社，2001 年）。很明显，帛书描述了 12 位上古时代传说人物的创世历史，实际上是对以前传说的综合，大概代表了战国中晚期人们的创世观和天文说。

《天问》有"女娲有体，孰制匠之"一句。屈原见楚先王之庙图画山川神灵，故图画在《天问》前，而《天问》至少在战国早期。因此顾颉刚先生说，在盘古的传说流行以前，女娲实际上是开天辟地的第一人。《尚书》羲和的名字可能与伏羲、女娲也有联系，伏羲主日，女娲主月。而且《山海经》说，远古时代，天上一度有 10 个太阳和 12 个月亮，他们分别是帝俊的妻子羲和与常羲所生。在《山海经·海内经》还有"共工生后土，后土生噎鸣，噎鸣生岁十有二"的说法。《淮南子·天文训》记载："昔者共工与颛顼争为帝，怒而触不周之山。天柱折，地维绝。天倾西北，故日月星辰移焉。地不满东南，故水潦尘埃归焉。"《淮南子·览冥训》更有女娲炼石补天的故事。这些都与楚帛书内容相关。

八 音乐艺术

早期文献如《国语·周语下》曾讲到七律和天象的对应关系："故以七同其数，而以律和其声，于是乎有七律。"《国语·郑语》则认为乐器的产生与舜的先人有关："虞幕能听协风，以成乐物生者也。"

《山海经·大荒西经》："颛顼生老童，老童生祝融，祝融生太子长琴，是处榣山，始作乐风。"始作乐风的是颛顼的后裔太子长琴。但《山海经·海内经》则将其功归于炎帝的后裔鼓和延："炎帝之孙伯陵，……是生鼓、延、殳。始为侯，鼓、延是始为钟，为乐风。"《山海经·海内经》："帝俊生晏龙，晏龙是为琴瑟。帝俊有子八人，是始为歌舞。"琴瑟和歌舞原来均与帝俊（帝喾）家族有关。

《吕氏春秋·古乐》系统记述了音乐的发明过程：黄帝让伶伦作声律，又命伶伦与荣将铸十二钟以和五音，并命名为"咸池"。颛顼令飞龙效仿八风之音，命名为"承云"；又令鳝（鼍）用他的尾巴敲打腹部，发出英英的声音。帝喾命咸黑作声歌，即"九招""六列""六英"。当时倕发明了鼙、鼓、钟、磬、吹、苓、管、埙、篪、鼗、椎、钟，令凤凰伴舞。尧命质作乐，质就效仿山林溪谷之音作歌，拊石击石，以象上帝玉磬之音，百兽群舞。舜的父亲瞽叟作十五弦之瑟，命名为"大章"。舜命延作二十三弦之瑟。这里的乐章"咸池""大章"，还见于《庄子·天下》："黄帝有'咸池’，尧有‘大章’”，不过其后还有“舜有‘大韶’，禹有‘大夏’”的记载。延我们在《山海经》中曾见过，知道是炎帝的子孙，曾铸过钟；倕则为手工业的鼻祖，无怪乎会制造各种乐器；瞽叟作乐的传说还见于他处。但也有不少我们是第一次听说。《吕氏春秋·察传》说："舜以为乐正，夔于是正六律，和五声，以通八风。"作为乐正的夔似乎有很高的地位。《荀子·解弊》则说："好乐者众矣，而夔独传者，壹也。"《吕氏春秋·音初》还记载了各地民歌的最早起源。说大禹视察南方的时候，涂山氏之女令其侍女等候。"女乃作歌，歌曰：‘候人兮猗’，实始作为南音。"有娀氏的两个女儿，由于看到燕子在她们的筐内下蛋后然后向北飞去，"二女作歌，一终曰：‘燕燕往飞’，实始作为北音。"

《世本·作篇》记载，"伶伦造律吕""伶伦作磬""垂作钟""颛顼令飞龙氏铸洪钟""尧修黄帝乐为咸池""夔作乐"等，大体都可在《吕氏春秋·古乐》中找到出处。此外，"舜作萧"可能与其家族通音律有关。"巫咸作铜鼓"，他还作医作筮，真是一位神通广大的巫师。其余"伏羲作琴""伏羲作瑟""神农作琴""神农作瑟""女娲作笙簧""随作笙""随作竽""夷作鼓""无句作磬"等，不但互相歧异，而且也不见于前述记载。《礼记·乐书》："昔者，舜作五弦之琴以歌南风。"《尸子》："舜作五弦之琴，以歌‘南风’：南风之熏兮，可以解吾人之愠。"《国语》早就讲到有虞氏和音乐有密切关系，现在说舜作琴当歌，似乎也说得过去。

考古上新石器时代中期以后出现了陶埙、骨笛、骨哨、鼍鼓、陶鼓、石磬、铜（陶）铃等很多种吹奏打击乐器，弦乐器或许因难以保存而少有发现，但我们还很难将这些乐器的发明与战国秦汉时流传的这些音乐人联系起来。至于那些乐章和旋律，更是只能存在于人们的想象之中了。

九　文字图画

文字的发明被认为是"惊天地、泣鬼神"的大事，但相关记载并不多。《吕氏春秋·君守》记载："苍颉作书。"《世本·作篇》说："沮诵、仓颉作书，沮诵、仓颉为黄帝左右史"，使我们知道他们是黄帝时人。但据更早的《荀子·解弊》，也只说"好书者众矣，而仓颉独传者，壹也"，仓颉只是统一了文字而已。现在知道成熟的文字甲骨文见于商代，龙山时代邹平丁公、襄汾陶寺的文字也有一定的成熟性，则其起源还当更早，大概不可能是一两个人的发明。

图画和文字互相联系，更有文字来源于图画之说。《吕氏春秋·勿躬》："史皇作图。"《世本·作篇》："史皇作图，敤首作画。"不知他们都是什么时候的人。新石器时代彩陶很是盛行，后来还有精美壁画，有的类似现在时髦的绘画作品。

总之，文献中的许多记载虽不排除有历史的真实的一面，但错植杜撰者也不在少数，而且越往后越严重。将各种发明创造多归之于"圣人"名下的做法，也显然有人为造作之嫌。《国语·鲁语上》说"黄帝能成命百物"，将许多发明创造都归于黄帝，显然与黄帝作为"五帝"之首的地位有关。但并未详说黄帝到底发明了什么，仍显得有些空洞。到了《周易·系辞下》，则不但在黄帝之上有更古更伟大的伏羲氏和神农氏，而且将前面的几乎所有发明一并归之于伏羲氏、神农氏、黄帝、尧、舜等圣人，而且还认为这一切均是根据八卦创造的。作这篇文章的先生，似乎不屑于去理会以前的传说，而专注于自己的发明。从考古上来看，物质文化的创造发明是多地多元的，其传播、改进的过程也很是复杂，总体上应是各地先民集体智慧的产物。但不容否认，事物的发明往往和某些个人或群体的特殊才能有关，只是不能够简单地将其都归功于黄帝、神农、伏羲那些无所不能的"圣人"。